资助项目：

教育部人文社会科学研究青年基金项目
“以共治求善治：学术共同体治理学术不端的共生交往机制研究”
（项目批准号：20YJC880004）

法理与学理

——大学学术不端行为问责研究

陈亮◎著

西南师範大學出版社
国家一级出版社 全国百佳图书出版单位

图书在版编目(CIP)数据

法理与学理：大学学术不端行为问责研究 / 陈亮著. — 重庆：西南师范大学出版社, 2021.8
ISBN 978-7-5697-0817-2

Ⅰ. ①法… Ⅱ. ①陈… Ⅲ. ①高等学校 - 学术研究 - 法律 - 研究 - 中国 Ⅳ. ①G644②D920.4

中国版本图书馆 CIP 数据核字(2021)第 160213 号

法理与学理——大学学术不端行为问责研究

FALI YU XUELI DAXUE XUESHU BUDUAN XINGWEI WENZE YANJIU

陈 亮◎著

责任编辑：翟腾飞
责任校对：周明琼
装帧设计：山林意造
排　　版：杨建华
出版发行：西南师范大学出版社
地址：重庆市北碚区天生路 2 号
邮编：400715
市场营销部电话：023-68868624
印　　刷：重庆市正前方彩色印刷有限公司
幅面尺寸：170mm×240mm
印　　张：19
字　　数：349 千字
版　　次：2021 年 8 月第 1 版
印　　次：2021 年 8 月第 1 次
书　　号：ISBN 978-7-5697-0817-2

定　　价：68.00 元

序 一

学术不端行为治理是高等教育法治研究的重要课题,在提升学术治理能力与学术治理体系现代化的关键期中,如何能净化高校的学术风气、如何能够有效遏制学术不端这一毒瘤,已成为学界重点关注的话题。学术不端行为不仅违背学术职业伦理,严重的学术不端行为还会触犯法律,造成国家利益受损,从法理与学理的角度论证大学学术不端行为问责的理论逻辑与分析框架具有重要价值与现实意义。陈亮博士凭借自己的理论功底和他在教育法学领域的敏锐洞察力,捕捉到这一重要社会现实问题并进行了深度研究。我非常愿意为他的著作《法理与学理——大学学术不端行为问责研究》说几句。

《法理与学理——大学学术不端行为问责研究》一书是陈亮博士在西南大学教育学部攻读博士学位的主要成果,也是他近年来开展教育法学研究的一个总结,同时也是陈亮博士近几年将自己有关学术不端治理研究成果发表在国内期刊如《教育发展研究》《高校教育管理》《现代大学教育》《江苏高教》《吉首大学学报(社会科学版)》的延伸与扩展。一定意义而言,《法理与学理——大学学术不端行为问责研究》一书是陈亮博士致力于教育法学、高等教育政策学习与研究的一个缩影与侧写,倾注了他诸多心血。他以严谨治学的态度以及对学术求真的追求让《法理与学理——大学学术不端行为问责研究》一书问世,为教育法学理论与实践研究提供了一个新的视角。

《法理与学理——大学学术不端行为问责研究》立足于责任与问责的相关理论,以责任与问责为研究的逻辑起点,通过法理与学理的双重主线论证了学术不端行为问责的逻辑构架、理论分析框架、内在机理以及法律性质，在此基础上该书运用问卷调查法、访谈调查法、比较研究法等研究方法探究了实然状态下大学学术不端行为问责存在的现实困境，在学术道德与学术法治间寻找平衡点，从学理和法理的角度分析大学学术不端行为久治不愈的深层原因，进而在内生与外推互动共生的生态中构建出大学学术不端行为问责的推进机制与制度。《法理与学理——大学学术不端行为问责研究》在理论与实践上联系较为紧密，能够从现实问题着手，通过层层的理论与法理论证找到现代大学学术治理善治路径，为大学学术治理能力现代化提供参考。该书最大亮点在于将一般意义上的行政问责与学术不端行为问责做出区别，并通过理论论证与法理阐释的方式对学术不端行为问责的法理性质、生成机理与运行逻辑做出分析。该书认为，大学学术不端行为问责是以“教育善”的价值为灵魂守候，倡导塑造学术人的学术责任伦理，呼唤学术人理性学术精神回归。大学学术不端行为问责更强调在解中心化的理性学术空间内达成参与互动的学术交往问责共识。学术人违反了某种学术规则后应付出报应成本，问责不可避免地含有强制性、报复性的惩处韵味，但这仅仅是达到学术善治目的的一种必要的手段恶。

同时，我认为作者在有些方面的研究和思考尚不够全面与深入。如作者对学术不端行为问责现状调查样本选取的科学性、有效性等方面缺少深入论证；缺少可操性的问责制度文本设计；问责作为治理学术不端的有效性、必要性尚需深度论证。这些瑕疵也为作者后续研究相关课题提供了空间。

总之，该书不失为一部具有较强问题意识的学术创新之作，相信该书的出版，会对丰富和推进学术治理的理论研究具有积极意义。因此，我很欣慰向学界推荐此书，是为序。

中国教育政策与法律研究专业委员会副理事长
西南大学教师教育学院院长、教授、博士生导师

序 二

学术不端行为治理一直是高等教育政策与法律常谈常新的话题，在全面提升大学治理能力以及大学内部治理结构现代化的浪潮中，如何能够有效规制大学学术场域中出现的学术不端行为、如何能够真正净化大学学术风气，已成为构建新时代现代大学制度的关键议题。因此，从法理与学理的双重角度，基于责任与问责的关系对大学学术场域中的现实学术问题进行系统深入研究，是非常有必要、有意义的。

《法理与学理——大学学术不端行为问责研究》是陈亮博士近年来从事教育法学研究的一个成果汇总，他为此倾注了大量的心血，映射了他在教育法学领域的理论功底。该书遵循了从理论到实践再到理论的研究逻辑，主线清晰、框架严谨，以大学学术不端行为及其治理困惑为基础指向，引出了学术不端行为问责是大学学术场域中的一种有效学术治理方式，并以善治治理理论、权责一致理论为理论基础，通过问卷调查法、访谈调查法、制度分析法等研究方法考察了大学学术不端行为问责的具体问题。在此脉络与逻辑的观照下，该书以大学学术不端行为问责为研究焦点，着力对大学学术不端行为问责的内在机理、性质特征以及逻辑构架进行了应然层面的学理分析，形成了对大学学术不端行为问责的基本理论认识，即为问责形成应然的理论路向。进而通过应然理论部分建构的大学学术不端行为问责逻辑构架，编制大学学术不端行为问责问卷与访谈提纲，通过实地调研与案例呈现，深入剖析了当前大学学术场域对学术不端行为问责的现状与存在的问题，在此基础上分析了影响大学学术不端行为问责的因素。在实然层面的分析基础上，对优化与完善大学学术不端行为问责制度的内容体系与外部保障机制具体构建指向进行了研究。

《法理与学理——大学学术不端行为问责研究》一书创新之处在于，能够将现实问题上升到理论高度，通过理论分析框架的设定与论证观照实然境遇下的现实问题，进而再围绕设定好的框架去构建学术不端行为问责制度，明确学术不端行为的责任类别。一定意义而言，该书通过学理与法理的论证，思路清晰、层次感强，赋予学术不端行为问责一种特殊的意义，将其与行政问责进行细致区分。学术不端行为问责是一种学术交往主体的共识行动，其产生于学术交互主体对一种普遍意义上的学术问责情境通常的解释已达成的基础上，需要在与内在提出的有效性学术主张相关联中进行理解，需要积极、开放地回应公众以及社会媒体的质疑与监督，及时向公众发布问责相关信息，形成学术共同体内与社会的良性互动，避免因信息不对称而出现学术交往信任危机。

当然，该书也存在某些有待进一步改进和完善的空间，如学术不端行为问责的特有属性、实施与运行等问题还没有深入展开，希望作者在后续的研究中继续深化。

总之，该书是一部具有较强学理与法理味道的创新之作，相信该书的出版能够为高等教育法治建设起到一定的推动作用，也会为丰富教育法学理论与实践研究提供借鉴。因此，我很高兴向学界同仁推荐该书，是为序。

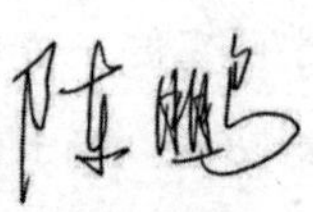

中国教育政策与法律研究专业委员会副理事长
陕西师范大学教育学院院长、教授、博士生导师

前言

大学能在历史长河中流淌跳动着文明的脉搏不仅仅凭借其外在的符号标签，重要的是大学为知识变革与学术研究提供了合法化的文化生存空间。这种文化生存空间是纯净的、无价值指向的，更是探寻真理、发现真理的“宜居”之地。大学利用知识与知识间的“纯粹”冲突培养了具有理性思维与批判精神的知识分子，建立了文化与知识间的交往纽带。然而，现代社会中的大学已逐步走出“象牙塔”模式，与外部社会联系愈加密切，学术场域中的学术人在面对充满利益诱惑的诸多社会发展目标时，会将学术场域之外的功利化元素带入其中，“创造”出异化的知识，“从事”着学术造假、学术抄袭等惯习作用下的学术不端行为。2015年，国务院办公厅发布《关于优化学术环境的指导意见》，明确提出：“坚持道德自律和制度规范并举，建设集教育、防范、监督、惩治于一体的学术诚信体系。完善科研机构学术道德和学风监督机制，实行严格的科研信用制度，建立学术诚信档案，加大对学术不端行为的查处力度。”随后，国家出台的《高等学校预防与处理学术不端行为办法》《关于进一步加强科研诚信建设的若干意见》《新时代高校教师职业行为十项准则》《关于进一步加强依托单位科学基金管理工作的若干意见》《2019年政府工作报告》《关于进一步弘扬科学家精神加强作风和学风建设的意见》等一系列政策举措都表明，根治大学学术场域中的这一学术毒瘤，明晰学术人的学术责任，成为推进学术治理规范化、繁荣学术发展亟待解决的关键问题。

纵古观今，学术不端行为一直作为一种学术投机行为而存在，它是在原本徜徉公共理性的学术环境中由于学术人自身规范意识的不断消解而造成的学术失范现象。这种失范现象若不能得以有效根除，极易导致大学成为技术的加工厂，令长久以来大学标榜的学术本真使命发生异化畸变。根据韦伯的行为合理化论述旨要，本书将学术行动者采取的手段与达致学术目标的偏离程度、学术行动者预见的学术后果与履行学术责任的偏离程度以及给学术秩序造成的危害程度作为依据，以“学术研究—学术评价—学术管理”为主线，对学术人在学术场域中出现的学术不端行为进行详细分类。无论何种形式的学术不端行为，只要它在大学这种理性环境中滋生繁衍，就会削弱大学作为一个社群组织得以存在与运行的合法性基础。它会引发消解大学的知识权威地位，颠覆大学的社会公信力；削弱大学的学术创新力，阻碍国家“科教兴国”战略实施；破坏大学的学术公正性，影响大学社会功能的发挥等学术危机。大学学术场域虽然通过技术调整、制度控制以及道德说教等手段对学术不端行为采取了“应景”的治疗，但权威性治理工具的单一运用使学术不端治理面临短期高效却并不持久的困境，学术不端行为仍频繁发生。究其原因，关键在于未能将学术人的角色认同、角色责任与学术不端行为治理相结合，只是就事论事的“治疗”，未能在学术场域中形成具有内省性的学术责任伦理与问责的学术契约理念。

根治大学学术场域中的学术不端行为不仅需要学术人“内生式”的自省，更需要借助“外推式”的契约问责来唤醒学术人的学术责任伦理意识，以此来呼唤学术人真正将学术研究作为传播科学真理的一种使命。大学学术不端行为问责是内生于学术本质中的一种约定俗成的学术规范契约，凝聚着学术责任使命感，有其应然的学理价值——内在机理、特性意蕴与逻辑构架。其一，从内在机理层面来看，大学作为一种存在意义上的社群组织，秩序是维系其生存与发展的基础，秩序的存在离不开道德规范的润养，一定的社会秩序总是同一定的道德行为规范紧密相连。学术规范是大学学术发展所必须遵守的共同道德，当学术人在学术场域中出现了学术不端行为，践踏了学术共同道德时，问责作为学术“善治”的一种必要方式，便成为学术共同道德规范发挥效力的“强制善”。其二，从特征层面来看，大学学术不端行为问责具有惩罚性、报应性、互动性与救济性的特征。其三，从性质层面来看，大学学术不端行为问责是一种公共权力，不能排除国家公权力影响的学术自治公权力，是一种特殊意义上的“准行政处罚”。其四，从逻辑构架来看，大学学术不端行为问责涵摄问责主体、问责客体、问责目标及依据、问责程序与责任类型五大要素构架。

大学学术不端行为问责是推进学术治理走向常态化、规范化发展的必然趋势，能否得以有效运行，关键取决于问责间的五大要素是否明确。基于对大学学术不端行为问责相关案例以及实地调研数据的统计与分析，我们发现大学学术场域对学术不端行为当事人施以的问责并不理想，尚存诸多问题。这些问题集中在问责主体的职责未得到确证、问责客体间的连带责任追究不详、问责目标错位、责任追究模糊，问责方式单一、问责程序不健全等方面。大学学术不端行为问责中存在的这些问题很大程度上阻滞了学术治理科学化、法治化的发展进程。

本书通过归因理论的因素分析，发现造成大学学术不端行为问责出现上述诸多问题的原因是多维的。其一，学术规章制度供给缺位，导致问责缺乏指导性。在我国现行的法律法规体系中，尚无一部专门的学术立法，多以行政色彩的规范性文件呈现，很少涉猎基于民事合同纠纷和刑事司法审判的学术不端行为规章。而且这些规范性文件的效力等级过低，约束力差，规定较为模糊，很难给予大学学术不端行为治理清晰规范的参见。其二，人情关系社会冲淡了学术人对学术正义的追求。社会转型给大学学术不端行为问责带来了诸多影响，学术与社会的复杂交织、社会人情关系与权力的隐性勾结以及“得过且过”的“门面”式治理方式夹杂在学术不端行为问责中，侵染了学术人对学术正义的追求，湮灭了学术人对学术理性的希冀。其三，工具主义治理目标的价值偏向窄化了问责理念。技术理性癫狂中的规训占据上风，为了问责而问责的工具价值过度依赖已成为学术场域中工具主义治理目标的价值取向，强制规训代替了问责应有的教化意蕴，造成学术人在问责面前判若温顺的“小猫”，实则其内心是抗拒与抵触的。其四，学术问责生态文化羸弱。大学学术场域中尚未形成一种良好的学术问责文化氛围，缺乏问责文化认同感，加之功利浮躁环境的渲染，导致问责主体出于功利化的治理目标而单纯解决某一学术不端现象。最终造成问责客体对自身产生的学术不端行为毫无羞耻感，对问责未能形成应有的文化认同感。

基于对大学学术不端行为问责的学理阐释与现实考证，本书对大学学术不端行为问责的生成机理、基本特征、性质属性以及实然状态下的大学学术不端行为问责存有的诸多瑕疵有了深入认知。为了能够真正有效地实施大学学术不端行为问责，在综合理论与实践考量基础上，本书构建了正义有序的大学学术不端行为问责制度内容体系，以此来明确问责制度功能的发挥，确保大学学术场域独有的学术不端行为问责能够释放正义的学术自治教化能量。具体而言，第一，健全大学学术不端行为问责主客体体系。明确大学学术不端行为同体问责主体与异体问责主体的具体指向，问责主体既应包括学术场域内部的同体问责主体，还应包括社会人士、社会媒体、第三方学术评价机构等异体问责主体。除了教师和研究生是大学学术不端行为问责客体外，也应明确大学学术不端行为连带责任的问责客体。在此基础上，我们需要明确问责主体与问责客体间的多维法律关系。第二，确证大学学术不端行为问责依据。确证以德性论导向的德能品性价值、道义论导向的行为规范价值、功利论导向的行为结果价值为大学学术不端行为问责伦理学依据，以因果关系为导向的大学学术不端行为问责事实依据，以现行法律法规、学校规范性文件为导向的法律依据，进而能为高校制定统一的大学学术不端行为问责处分参考标准提供依据。第三，明晰大学学术不端行为问责目标。明确大学学术不端行为问责本身并非工具导向的规训与单向度的服从，牢固树立人本主义关怀、程序公平正义、和谐共生的大学学术不端行为问责目标教化理念。第四，厘清大学学术不端行为问责程序。厘清以事前准备程序、事中处置程序以及事后完善程序为核心的正义合理的大学学术不端行为问责程序。第五，划清大学学术不端行为问责责任类型并明确责任的分配方式。明确大学学术不端行为责任类型应包括以学术个体之“责”、学术共同体之“善”、社会发展之“理”相观照的道德责任类型和以民事责任、行政责任与刑事责任为核心的法律责任。大学学术不端行为问责中的责任分配应在比例原则的规导下遵守合目的性、必要性与狭义比例原则来实施学术自由裁量权。由于大学学术场域中的学术不端行为形式复杂多样，往往一个学术不端行为会牵扯到不同类别的责任划分，因此需要处理好大学学术不端行为道德责任与法律责任间的责任聚合问题。

保障机制是促使事物发生质变的推动力量，在优化大学学术不端行为问责有效运行的过程中，离不开外部保障力量的推进。在借鉴以政府干预和高校主导的美国和荷兰两国治理大学学术不端行为的成功经验基础上，本书试图通过健全大学学术不端行为问责法律制度供给机制、规范大学学术不端行为问责监督机制、增设大学学术不端行为问责评价改进机制、构建良好的大学学术不端行为问责文化机制等方式为确保大学学术不端行为问责的有效运行提供外部保障支持。

陈亮

2020年11月

目　录

导　论

一、选题缘由　/002

(一)大学学术不端事件频发引发学术生态危机　/002

(二)单一伦理控制及道德约束致使学术不端行为治理乏力　/003

(三)学术不端行为责任界定模糊需要完善的问责制来调适　/004

(四)学术不端行为问责的制度化和理论化有待深入研究　/005

二、研究目的与研究意义　/006

(一)研究目的　/006

(二)研究意义　/006

三、核心概念界定　/007

(一)学术不端行为　/008

(二)责任与学术不端行为责任　/011

(三)问责与学术不端行为问责　/012

(四)学术制度　/015

四、文献综述　/017

(一)文献的基本检索情况　/017

(二)关于学术规范的相关研究综述　/018

(三)关于学术不端行为的相关研究综述　/021

(四)关于学术问责的相关研究综述　/028

(五)关于学术不端行为问责的相关研究综述　/034

(六)文献的评述与启示　/036

五、研究方法 /038
(一)文献研究法 /038
(二)案例分析法 /039
(三)调查研究法 /039
(四)制度分析法 /039
(五)比较研究法 /040
六、研究内容与研究思路 /040
(一)研究内容 /040
(二)研究思路 /041

第一章 大学学术不端行为及其治理困惑

一、大学学术不端行为的本质阐释 /044
二、大学学术不端行为的在场表现 /049
(一)大学学术不端行为分类依据 /049
(二)大学场域中的学术不端行为表现形式 /051
三、大学学术不端行为治理困境反思 /062
(一)大学学术不端行为治理面临的困境 /062
(二)大学学术不端行为治理启示 /070

第二章 大学学术不端行为问责的学理阐释

一、大学学术不端行为问责的内在机理 /074
(一)秩序存在是大学生存与发展的基础 /074
(二)学术规范是大学学术发展所必须遵守的共同道德 /076
(三)学术不端行为的发生是对学术场域共同道德的践踏 /079
(四)学术不端行为问责是学术共同道德规范发挥效力的“强制善” /080
二、大学学术不端行为问责的特征 /082
(一)惩罚性 /082
(二)报应性 /083
(三)互动性 /083

(四)救济性 /085

三、大学学术不端行为问责的性质判定 /085

(一)大学学术不端行为问责是一种公共权力 /086

(二)大学学术不端行为问责是学术自治的公权力 /092

四、大学学术不端行为问责的逻辑构架 /097

(一)问责逻辑构架的分析标准 /097

(二)基于标准的问责内容构架 /100

(三)问责构架的合理性论析 /101

第三章 大学学术不端行为问责的实然考证

一、大学学术不端行为问责的现状调查 /106

(一)调查目的 /106

(二)调查对象 /107

(三)调查工具 /109

(四)调查结果分析 /112

二、大学学术不端行为问责的问题表征 /131

(一)问责主体的职责未得到确证 /131

(二)问责客体间的连带责任追究不详 /136

(三)问责目标尚存错位 /138

(四)责任追究模糊、方式单一 /139

(五)问责程序尚不健全 /140

第四章 影响大学学术不端行为问责的因素分析

一、制度性因素:学术规章制度供给缺位,导致问责缺乏指导性 /146

(一)现行的国家学术法律效力等级过低,约束力差 /146

(二)现行的国家学术法律相对孱弱、模糊 /148

二、社会性因素:人情关系社会冲淡了学术人对学术正义的追求 /150
(一)人情社会同学术权力争相勾结 /153
(二)人情社会导向下的学术治理面子工程 /154
三、价值性因素:工具主义治理目标的价值偏向 /155
(一)技术理性癫狂中的规训占据上风 /156
(二)为了问责而问责的工具价值过度依赖 /157
四、文化性因素:学术问责生态文化孱弱 /160
(一)问责文化认同感缺失 /160
(二)功利浮躁环境下的学术问责文化遮蔽 /162

第五章 大学学术不端行为问责的制度优化

一、健全大学学术不端行为问责主客体体系 /166
(一)明确大学学术不端行为问责的主体体系 /166
(二)明确大学学术不端行为问责的客体体系 /177
(三)明晰大学学术不端行为问责主客体体系间的法律关系 /177
二、确证大学学术不端行为问责依据 /184
(一)大学学术不端行为问责的伦理学依据 /185
(二)大学学术不端行为问责的事实依据 /189
(三)大学学术不端行为问责的法律依据 /191
三、明晰大学学术不端行为问责目标 /192
(一)人本主义关怀 /192
(二)程序公平正义 /194
(三)和谐共生 /196
四、厘清大学学术不端行为问责程序 /199
(一)学术不端行为问责事前准备程序 /200
(二)学术不端行为问责事中处置程序 /201
(三)学术不端行为问责事后完善程序 /204
五、划清大学学术不端行为问责责任类型 /206
(一)道德责任 /207
(二)法律责任 /208
(三)道德责任与法律责任间的责任聚合 /215

第六章 大学学术不端行为问责的保障机制构建

一、健全大学学术不端行为问责法律制度供给机制 /219

(一)臻善学术问责法律,着力医治立法低效顽疾 /219

(二)加强学术问责法律的宣传与普及工作 /222

(三)强化与高校学术规范性文件的衔接 /224

二、规范大学学术不端行为问责监督机制 /225

(一)建立大学学术不端行为问责监督共同体 /225

(二)明确问责监督共同体间的各自职责 /226

(三)建立问责监督共同体的“激励—共赢”模式 /228

三、增设大学学术不端行为问责评价改进机制 /230

(一)厘清问责评价改进机制的目标与标准 /230

(二)建立学术不端行为问责第三方评价改进机构 /232

(三)强化学术不端行为问责第三方评价机构与高校的多元联动 /233

四、构建良好的大学学术不端行为问责文化机制 /234

(一)明晰问责文化的价值导向功能 /235

(二)释放大学学术场域问责文化的权责能量 /237

(三)增添问责文化的人文元素 /239

结 语

一、研究结论 /244

(一)大学学术不端行为问责是学术治理的有效治理方式 /245

(二)大学学术不端行为问责有其内在机理与特征 /246

(三)大学学术不端行为问责具有学术自治公权力的性质 /247

(四)大学学术不端行为问责有其明确的制度内容指向 /247

(五)大学学术不端行为问责的有效运行需要外部机制保障 /249

二、研究创新 /250

三、研究不足 /251

四、研究展望 /251

主要参考文献

附　录

附录一　大学学术不端行为问责的访谈提纲　/265
附录二　大学学术不端行为问责现状调查问卷(师生问卷)　/267
附录三　大学学术不端行为问责现状调查问卷(校领导问卷)　/270
附录四　大学学术不端行为问责体系设定的专家征询问卷　/274
附录五　大学学术不端行为问责现状调查研究之专家征询问卷　/281

后　记

导　论

一、选题缘由

奥尔托加·加塞特(Ortega Y. Gasset)认为,大学的功能在于文化传授、专业教学、科学研究和新科学家的培养。[1]大学通过履行其职能,把人们培养成为各行各业的专家。大学实现这些功能离不开一个共同的话题——学术。在相当长的一段时间内,人们都坚信学术是学术人孜孜追求以给人类带来价值的一项神圣的、具有科学性及规范性的"志业"。在大学场域中,人们也常常听到庄重的字眼——学术自由,学术自由是学术自治的一种学术管理方式,意味着学术人肩负学术责任,在遵守学术秩序前提下享有探究客观真理、发现知识以及发表言论的权利。学术自由绝不是学术的自由化,而是一种受到学术秩序约束的"限定规范"。黑格尔(Georg Wilhelm Friedrich Hegel)强调的自由也是一种克服了自我主观意识的狭隘性而使得个体的特殊性达到与伦理规范的普遍性相统一的自由。国务院办公厅颁发的《关于优化学术环境的指导意见》明确指出:"坚持依法治学。建立保障学术自由的法治基础,强化知识产权保护。坚持道德自律和制度规范并举,建设集教育、防范、监督、惩治于一体的学术诚信体系。"20世纪90年代以来,学术界滋生的抄袭、造假、剽窃等学术不端行为,动摇了国人对中国学术的信任,人们开始怀疑真理背后的"科学",悼念学术人与"学术"相处的学术"礼仪"。在依法治国、依法治学背景之下,如何有效遏制、控制学术不端行为这一学术毒瘤,如何突破传统意义上的通过道德伦理、技术治理学术不端行为的单一乏力模式,成为新时期还原学术原生态价值,恢复受侵蚀的学术肌体生机、维护学术共同体的学术秩序的关键问题。具体而言,本研究之所以选择"大学学术不端行为问责"作为研究主题,基于如下四个原因:

(一)大学学术不端事件频发引发学术生态危机

学术不端与学术规范并肩存在。近年来,学术人抄袭剽窃、弄虚造假、违法套用科研经费等学术不端行为屡禁不止,而且这种现象在大学象牙塔中呈现"野火烧不尽,春风吹又生"的势态。我国知名学者、教授频频被揭发,爆出抄袭他人学术观点、博士论文造假、违法套用科研经费等严重学术不端行为,受到社会公众的谴责,引发学术生态危机。2006年,清华大学BBS上披露上海交通大学某教授发明的"汉芯一号"属于学术不端。该教授雇人将一片从美国购买的芯片上的原有标志磨掉

[1][西]奥尔托加·加塞特.大学的使命[M].徐小洲,陈军,译.杭州:浙江教育出版社,2001:61.

后附上自己的标志(LOGO),逐步演化成拥有独立知识产权的“汉芯一号”,成功骗取高达上亿元国家科研经费。2007年,复旦大学“自爆家丑”,处理三起知名教授抄袭国外公开出版的书籍、盗用他人部分图片的学术不端事件。2009年,辽宁大学副校长与学生联合署名的文章涉嫌大篇幅抄袭云南某校教师的文章。2011年,《第三军医大学学报》在2009—2010年处理的566篇稿件中,依据清华同方知网学术不端检测系统(AMLC)以及刊物文字复制比认定标准,认定有84篇稿件存在抄袭、剽窃、改头换面、拼凑、造假等学术不端行为。[1]北京大学历史系于某刊发在知名期刊《国际新闻界》的学术论文大量内容抄袭。种种学术不端行为不仅玷污了学术圈求真探索的良性学术生态,助长了学术人从事学术研究的功利心态,而且模糊的责任追究方式更是滋长了学术人的侥幸投机心理。科学的精神气质以及“以学术为业”的宏伟学术理念在学术不端这种恶性循环的学术生态体系中消失殆尽。这无疑会致使公众质疑国家各部委出台的有关规制学术不端行为政策法规的法律实效,同时引发学术共同体成员反思学术自由与学术责任的关系,呼吁学术人学术精神回归与学术信仰重拾。

(二)单一伦理控制及道德约束致使学术不端行为治理乏力

产生了学术不端行为,治理的路径是否有效?从20世纪90年代开始,国务院各部委就已经制定了有关加强学术道德规范建设、学术不端行为处理的部门规章,随后各高校在2009年以后也陆续制定了有关学术不端行为惩处的规范性文件,大学中的学术共同体也在不断强化对学术不端行为道德伦理规制。在学术实践过程中,大多时候这些文件成了摆设,并未得到有效执行。目前国家及大学对学术不端行为的治理仍停留在伦理批评教育、道德说教层面。观照网络媒体揭露的大量有关学术不端、学术腐败的案件,相关部门对其治理的效果并不尽如人意。我们发现这些案件的最终处理结果并无定论,无人追究涉嫌学术不端相关人的责任以及连带责任,更不用承担法律责任。“即使骗取了巨额的科研经费,处理的结果却只是追缴原额经费,也没有人追究其个人的法律责任。”“即使是博士学位论文造假,也只是取消了博士学位,但仍然可以留校继续工作,是否撤销副校长职务尚无定论。”单一的道德约束尚不能实现学术自治、学术自由功能的有效释放,学术人的学术自觉以及学术责任意识的养成也需要外在具有教化意义的学术他律制度的合理约束与

[1]汪勤俭,郭建秀,栾嘉,等.84篇因学术不端退稿稿件追踪分析与思考[J].编辑学报,2012,24(2):131-133.

正确导引。因此,这种单一的内在约束治理模式乏力折射出学术他律以及建立学术不端行为问责制度的重要性与必要性。道德与法律是治理理念的两个核心概念,两者相辅相成。法律是最低限度的道德,道德是较高层次的法律。整治学术不端行为需要道德、伦理的自律控制,以及法律、问责协同规制的他律约束,促成学术信仰与学术规制的互动共生,须明确大学学术不端行为的责任体系,并建立完善的大学学术不端行为问责制。

(三)学术不端行为责任界定模糊需要完善的问责制来调适

谈及"学术",学术界呼吁最多的是给予学者更多的学术自由空间,行政权力不要过度干涉学术权力。有自由就要有责任,自由也需要有一定的边界,自由如果继续延伸,就是允许具有非同寻常创造性的人享有非同寻常创造性的生活,研究者不受时间限制,很少涉及学术工作的具体规定。[1]学术研究需要秉承科学严谨的态度,遵守学术道德与学术责任精神。根治大学学术不端行为频发的问题,除了强化学术人的学术自律精神,关键要设定大学学术不端行为的责任界限、建立清晰的大学学术不端行为问责制度。虽然教育部等部门制定了惩处学术不端行为的若干意见、学位论文作假处理办法等,但对学术不端行为的归责模糊,哪些学术不端行为属于道德责任问题,哪些学术不端行为属于法律责任问题以及问责的主体、内容、程序、方式等尚未明确规定。而且这些文件尚属部门规章级别,法律约束力较低,问责力度不够,一定程度上也给学术人产生学术不端行为带来了可乘之机。这也正是唐纳德·肯尼迪(Donald Kennedy)对大学不能真正承担学术责任的批评。"学术责任是象牙塔里一件非常重要的难解之事。人们很少对新的教师成员提及责任,在学术文献中也很少能找到关于教师责任的内容。"[2]从现行的法律实践来看,我国对大学学术不端行为的处罚失当,大多数学术不端行为案件的揭发靠的是被侵权者的举报、媒体曝光,而非知识产权法所确定的监察机构来查处,且对学术不端行为的性质特征不明确,出现了"不告不究,告了不深究"的问责不力困境。虽然著作权法明确规定了侵权违法者的刑事责任,但并没有包括抄袭、剽窃等学术不端行为。《中华人民共和国刑法》(2020年修正)认定侵犯著作权罪的要件是主观故意和赢利,一些抄袭、剽窃等学术不端行为势必被排除在刑法的惩罚范围之外。如最近

[1][美]肯尼迪.学术责任[M].阎凤桥,等译.北京:新华出版社,2002:3.
[2][美]肯尼迪.学术责任[M].阎凤桥,等译.北京:新华出版社,2002:5.

网上热议的于某学术论文抄袭被北京大学撤销博士学位一案虽已有了终审判决，但笔者认为，北京大学在调查处理此案时存在严重的程序性瑕疵与实体性越权，责任认定过重以及证据不足等问题，未能合理认定该抄袭行为对应的责任承担方式。北京大学进行调查时并未及时通知原告，侵犯了原告的知情权。于某涉嫌抄袭的学术论文不属于在校期间发表的学术成果，其涉案论文发表之前于某已经达到了北京大学授予博士学位的要求，北京大学依据《中华人民共和国学位条例》撤销原告的博士学位，但该法并未授权高校可以根据博士论文以外的论文涉嫌抄袭来撤销学生的博士学位。北京大学对于某应承担的学术责任认定不清，学术裁量权的行使缺乏合法性，最终将校内的学术不端惩戒纠纷诉诸司法审查的救济范围。上述问题的出现也映射出建立公正合理健全的大学学术不端行为问责制的迫切性。

（四）学术不端行为问责的制度化和理论化有待深入研究

理论是解决实践问题的先导。大学学术不端行为问责的有效施行需要科学公正的制度以及理论的观照。正如闫光才教授对学术治理的忠告：学术不端行为的有效治理需要有明确的学术责任制度，明晰学术人的责任，搭建理论分析框架来实施学术治理。[1]然而，大学在对学术不端行为治理及实施问责的过程中很容易产生脱离理论观照的拍脑袋决策、非正义惩处的现象，结果会导致惩处缺乏依据、标准失当、治理低效等积弊。学术不端行为问责的制度化与理论化的形成能够促进学术治理实践朝着有序化方向发展，提升问责的理论厚度。

问责起源于西方，在公共管理学与政治学领域应用较为广泛，常以行政问责为表现，学术场域引入问责尚属新问题。学界对大学学术不端行为问责的研究尚未形成完善、系统的理论体系。首先，已有研究大多是在治理对策中简单涉及建立问责制度的规制建议，或是照搬套用国外行政问责中的理论，未能触及问题本质，同时也忽视了不同学科间理论移植的差异性。若要突破已有传统的研究范式，形成新的大学学术不端行为治理模式，尚需学界对大学学术不端行为问责的制度化与理论化进行深入的研究与探讨。其次，在谈及学术不端行为责任时，学界更多的是就某一单一学术责任泛泛而谈，未能将责任与问责有机结合起来，混淆责任与问责间的交错关系，缺乏对大学学术不端行为问责理论内涵的深入阐释，导致学界对大学学术不端行为责任的界定以及责任追究缺乏学理性与法理依据。本研究以政策

[1]阎光才．高校学术失范现象的动因与防范机制分析[J]．高等教育研究，2009，30（2）：10-16，65.

管理学与法理学视角为切入点，试图建立一种公平正义的大学学术不端行为问责的制度分析框架，明晰问责的要素与影响因素，在事实与规范之间寻找学术治理的内在逻辑与平衡点，以此规避非公共理性下的不同主体间由于利益博弈而导致的问责失灵困境。同时，开展大学学术不端行为问责的理论研究，能够让大学行使学术自由裁量权、实行有效的学术惩戒有章可循、有理有据。

综上所述，基于大学学术不端行为及其治理面临的严峻事态，加之相关理论研究存在的不足以及政策导向诉求，我们有必要选择以责任和问责为切入点来系统深入分析大学学术不端行为治理问题。

二、研究目的与研究意义

（一）研究目的

开展大学学术不端行为问责研究，实现学术信仰与学术规制“内生——外推”的互动共生学术生态，是学术治理走向规范化、常态化发展的应然选择。本研究基于对大学学术场域中独有的学术不端行为本质、表现、危害的论证以及梳理目前已有治理大学学术不端行为的措施基础上，论析大学学术不端行为问责在学术治理场域中的必要性，进而通过理论阐释明确大学学术不端行为问责发生机理、性质特征与基本逻辑构架，反观我国大学学术不端行为问责中存在的困境，通过分析其影响因素，厘清大学学术不端行为问责要素间的关系，进而提出优化大学学术不端行为问责有效运行的保障机制，从而最大限度地实现大学学术生态的良性运转，保障大学学术不端行为问责发挥其应有效力，促成学术法治与学术善治的利益表达与整合。

（二）研究意义

基于学理与法理的思考，开展大学学术不端行为问责研究，具有一定的理论和实践意义。

1.理论意义

其一，本研究有利于拓展大学学术不端行为治理的理论研究视野。本研究在规避以往研究弊端基础上，以责任和问责为研究基点，在学术自治与学术法治间寻找平衡点，从学理和法理的角度分析大学学术不端行为久治不愈的深层原因，认为学术不端行为的治理需要对大学学术不端行为的责任进行合理界定,建立完备的学术不端行为问责制,发挥学术共同体的作用,为大学学术不端行为治理提供新的研究视角。

其二,本研究有利于明晰与构建大学学术不端行为问责体系。本研究以责任与问责为研究的逻辑起点,从学理和法理角度来构建大学学术不端行为问责制,明确大学学术不端行为的责任类型,彰显权利、责任与义务相统一的学术秩序伦理理念,最终实现学术研究的无功利发展指向。

2.实践意义

第一,本研究有利于加强学术法治建设,为国家学术立法提供借鉴。我国现有的关于学术不端行为的立法中存在明显的局限性,大多法律文本限于部门行政规章层级,实体性规定较多,而程序性规定较少,效力范围狭窄,仅仅涉及少许的行政处分,尚未对学术不端行为法律责任追究程序做出系统规定。这就给实践层面的问责带来诸多困扰。虽然高校享有学术自治权,但学术自治与学术法治之间是怎样的关系,哪些学术不端行为惩处纠纷必须纳入司法审查的范围,哪些学术不端行为需要追究行为人法律责任尚无定论。开展本研究能为加强学术法治建设、依法治教,为国家制定层级较高的学术法律法规贡献绵薄力量。

第二,本研究有利于促进学术精神回归,实现多元共治的学术责任愿景。学术精神是学术人应秉持的学术节操,也是他们追求真理、独立创新的精神之脊。形形色色的学术不端行为致使学术人为了眼前的物质诱惑迷失了方向,丧失了学术伦理。针对单一的学术伦理自治不足,本研究通过建立权责明确的大学学术不端行为问责制来明晰学术人所应承担的学术不端行为责任,可促进学术人学术精神的回归,树立从事科学研究的正确学术价值观,进而为构建明晰的学术侵权责任制度、知识产权保护制度等社会多元责任制度提供实践基础,也是学术多元共治责任愿景的现实观照。

三、核心概念界定

核心概念是做研究的基础,也是敲门砖。开展大学学术不端行为问责研究需要厘清"学术不端行为""责任与学术不端行为责任""问责与学术不端行为问责""学术制度"这些概念。

(一)学术不端行为

诚信务真是学术人从事科学研究必备的素质。为了确保科学研究的有序、诚信开展,我们有必要从长远角度出发,将常规意义中的篡改、抄袭和剽窃等学术不端行为进行深度考察,拓展存有争议的学术不端行为的界定范围。学界对学术不端行为的界定以及称谓各异。依据我国制定效力较高的学术规章对学术不端行为的界定以及学者从不同角度对学术不端行为的界定,笔者认为有必要对大学学术不端行为的基本内涵从以下三个方面来考察。

1.学术不端行为有别于学术失范行为和学术腐败

首先,学术不端行为的严重性往往要高于学术失范行为。学术失范行为主要是指学术人在从事科学研究的过程中由于无意违背了学术规范制度而出现的不准确的数据、不恰当或不规范引用或注释的现象。学术不端行为不仅仅强调行为人从事科学研究过程中客观上存在不端行为,同时也表明其在主观上存在故意的意图,即学术行为人明知自己的学术行为是违背学术道德甚至是法律、法规或规章等相关规定的,而仍予以实施。学术失范行为的行为人主观上并无追求非正当利益的目的,而是对学术的技术性规范和道德规范的无知所致。其次,学术不端行为并不完全等同于学术腐败,两者之间存在一定的联系,涉及学术管理、学术评价等部分的学术不端行为也会与学术腐败联系在一起。前者本身不涉及权力关系,但现实学术场域中的学术往往与权力纠缠在一起。后者主要是权力关系凝集的产物。学术腐败主要是指在学术运作中实施的有损学术纯洁性的非学术行为,如权力寻租、学术金钱交易以及各种变相的利益转移交换行为等。学术不端行为是有意违反学术规范的学术越轨行为。学界通常将学术腐败看作学术人追求直接的、不正当的经济利益。倘若学术研究人员在学术活动中出现了学术腐败,这就是学术不端行为的一种表现;倘若学术管理者利用学术管理活动进行权力与学术的交易,这是工作人员的一种管理腐败行为,既可以按照行政法或刑法意义上的腐败认定该行为,并依法追究相应的法律责任,同时也可以按照学术不端行为的"共犯"进行追查。

2. 不同类型的学术不端行为性质也不相同

根据“法无规定即自由”的法理原则，高校中频频出现的学术不端行为很少受到法律的规制，大多数学术不端行为受到的是道德谴责与批评教育，规制力尚显不足。如研究生（硕士生和博士生）的学术论文抄袭、学位论文造假、教师在申报课题时出现的弄虚作假等大多受到道德层面的批评教育规制。一直以来，人们也形成了这样一种观念，无论是高校学生还是教师，他们产生的学术不端行为都属于道德层面的。学界对学术不端行为属于道德问题还是法律问题看法各异。持道德学说的学者们认为，首先，学术不端行为应界定在学术道德失范层面，学术人未能遵守学术共同体的学术道德，应受到自我谴责与自我批评，或是在外界道德舆论的压力下唤起行为人的自我羞耻感。其次，学术不端行为应界定在科学伦理道德层面，主要涉及基因伦理道德、网络道德伦理、生态环境道德伦理和科技道德伦理等不端行为。20世纪末以来，学界开始关注学术伦理层面的话题，典型的观点认为，学术伦理道德的内在精神包括学术个体的“德”、社会的“理”和学术共同体的“善”三者的结合。[1]而且近些年联合国也陆续成立了有关环境、能源、外层空间、水和信息等五方面的道德伦理建设委员会，制定了相应的法律规范加以规制。[2]持法律学说的学者们认为，科研伦理法律化成为道德伦理规制存在弊端、惩罚不力的趋势。道德伦理只是精神层面的规约，很难达到学术不端行为标本兼治的目标。例如，美国国会和政府部门通过立法调控与行政干预的手段，将已经失效的、主观性较强的、通过自律才能发挥作用的职业伦理规范转变为普遍有效的、刚性的、通过他律强制的政策法规甚至法律规范来约束学术场域中的学术不端行为。

我国著作权法虽然没有明确规定如何合理使用他人研究成果，何种学术行为属于学术不端行为，但版权学家沈仁干教授提出了合理使用他人研究成果的标准：“第一，使用已发表作者的作品应注明作者、作品出处，保护著作权人的合法权利；第二，使用他人的作品应符合著作权法的使用他人著作的目的，不得以营利为目的；第三，引用他人作品的内容不应包括作品的核心思想。”[3]可见，合理使用他人作品与学术不端行为是有区别的。本研究认为，部分学术不端行为属于法律层面追究的问题，如学术侵权、学术造假等情节严重的学术不端行为。（具体的分类将在下面章节体现，在此不赘述。）笔者认为，从学术诚实、学术公正的角度综合考虑，学术

[1]罗志敏．何谓学术伦理：一个解析框架[J]. 复旦教育论坛，2012，10（4）：5-9.

[2]白勤．高校教师学术不端行为治理研究[D]. 重庆：西南大学，2011：15.

[3]沈仁干．版权论[M]. 深圳：海天出版社，2001：97.

不端行为的确首先应表现为道德伦理判断。但部分学术不端行为反而越来越具备现实的法律性,侵损学术公共利益的严重学术不端行为,无法完全被道德判断所涵盖。另外,道德治理学术不端行为的脆弱性强烈要求道德约束、道德谴责的弱势效果应由法律的强制规范来调适,这种正当性来源于法律乃道德的底线,来源于规制逻辑的正当性。[1]

3. 学术不端行为事实上也是一种法律行为

法律行为指的是人们所实施的、能够在法律上发生效力的意志行为,即根据当事人的个人意愿而形成的一种有意识性的活动。这一行为受到法律的约束与保护,能够引起人们之间权利义务关系的产生、变更或消灭。社会行为构成法律行为,应具有三个应然要件:法律规范确认、外在行为表现以及内在意志动机。[2]

首先,法律规范确认是指法律行为必须由法律规范加以确定,且在法律上发生效力。就学术不端行为而言,它已具备符合《中华人民共和国专利法》《中华人民共和国著作权法》《中华人民共和国科学技术进步法》《国家科技计划实施中科研不端行为处理办法(试行)》《国家科学技术奖励条例》等法律规范确认并调整的行为。学术不端行为给科学领域以及社会带来了信誉危机、侵害了他人的合法权益。学术不端行为产生的法律效果,需要学术行为人承担相应的法律后果。其次,外在行为表现主要包括法律行为主体作用于客体对象所呈现出的行为、手段和结果。学术不端行为的主体是具有完全民事行为能力人,他们做出的这种法律行为结果是基于学术的实用价值以及学术能够给个人带来经济效益的客观意思表示。最后,内在意志方面是指法律行为含有主观目的、动机以及认知能力的主观意思表示。从这一方面来讲,学术不端行为并非简单的心理上的活动,而是基于主观不良动机,为了达到某种目的出现的有意抄袭、剽窃他人研究成果等外显行为意思。

综上所述,本研究所指的学术不端行为是大学场域特有的学术不端行为,区别于其他学术场域中的不端行为,是作为学术人的大学教师和研究生在从事科学研究中扮演不同角色如研究者、指导者、评价者以及管理者时出现的抄袭、剽窃、学术搭便车、钱权交易等违背学术责任伦理精神的行为。

---

[1]方金华.论科研不端行为道德法律化、限度及民法规制[J].福建农林大学学报(哲学社会科学版),2014,17(1):83-88.

[2]白勤.高校教师学术不端行为治理研究[D].重庆:西南大学,2011:16.

(二)责任与学术不端行为责任

"责任"一词的内涵具有多层次性。现代汉语中的"责任"是从古代汉语中的"责"一字逐渐发展起来的。在古代汉语中,"责"这个字属于多义概念,包含六个主要含义:索取;诘斥、非难、谴责;要求、督促;处罚、处理;义务、责任、负责;债。[1]"责任"一词在《汉语大词典》中包含两层含义:第一,做好分内应做的事,而担当起某种特定的职务和职责;第二,倘若没有做好分内的事,就应承担相应的不利后果或强制性义务。从基本含义以及现代汉语的词义演变来看,我们可以发现"责任"作为复合词,通常用在社会责任、责任感、责任意识、责任心等短语中。

从责任的内在属性分类来看,责任主要包括角色责任、能力责任、义务责任和原因责任四类。角色责任是指在角色共性的规则下应该做、必须做的责任范畴;能力责任具有一定评价性,超出共性角色责任的基本要求,可以将其理解为努力并结合自己的能力来做事情;义务责任是指没有角色责任限定范围的责任形式,即"可做或可不做的事情";原因责任是指由原因的存在而直接导致行为者承担相应的角色责任、能力责任与义务责任。

"责任"是一种对行为做出道德评价的负责式表达,也即是指倘若行为人在可以采取行动之时未采取行动时,那么行为人就应负责任,受到责罚。"责任"属于伦理学范畴,包括三个方面的内容:其一,责任属于行为主体分内应做好的事;其二,行为主体若未能做好分内之事应承担相应的责任,受到谴责和制裁;其三,对责任主体的行为进行评价。结合上述对"责任"的理解,我们在界定"责任"时需要注意两点。第一,责任强调的是由于行为人的故意或过失意思表示而承担的一种被动、受约束的惩罚方式。责任更多地体现为一种消极的、非自愿的受罚方式。第二,责任包含的评价因素兼具社会评价和自我评价两个方面:一是其他社会成员或社会对责任主体的评价即社会评价;二是责任主体的自我评价。

责任概念的引入有助于问责的有效实施。随着责任概念的发展与演变,"责任"一词引至法学领域,更强调行为人违反第一性义务而引起的承担第二性的强制性义务,如岗位责任、担保责任、违约责任、侵权责任。[2]而后,学界讨论比较多的是"行政责任",行政责任是政治伦理学中的核心概念,美国行政伦理学专家弗雷德里克·莫舍(Frederic Mosher)认为:"在公共行政和私人部门行政的所有词汇中,责任

[1]王成栋.政府责任论[M].北京:中国政法大学出版社,1999:2-3.
[2]张文显.法理学(第三版)[M].北京:高等教育出版社,2007:167.

一词是最为重要的。”[1]政治学中的“责任”强调的是行政主体(国家行政机关以及授权组织相关人员)违反了国家相关法律规范应当承担的责任。这种责任又称为政府责任或政府侵权责任。随着社会进步与发展,“责任”一词延伸到了学术研究领域,涉及学术责任、学术伦理责任以及学术道德等核心概念,强调对学术人的自律与他律约束,主要代表作有:马克斯·韦伯的《学术与政治》、爱德华·希尔斯的《学术的秩序》、唐纳德·肯尼迪的《学术责任》等。

综上,本研究认为,“责任”一词是个复合含义的词语,主要包含三层含义:第一,责任主体有承担某种特定职责的责任;第二,责任主体有做好分内之事的义务;第三,若责任主体未能完成分内之事或由于过失、故意而侵犯他人的利益,就应受到相应的惩罚。除了对责任的内涵进行了界定外,还需将角色与责任联系起来。首先,责任源于角色,角色是责任范畴中最基本的、最简单的概念。没有学者这一角色,也就没有学者的责任。其次,角色是人们认识责任的中介,有角色才有责任,角色在先,责任跟随其后,角色解除了,责任也就自然没有了。

大学中的学术研究者扮演的是学术人、文化人以及职业人的角色,这些角色作为一种符号,背后折射出权利、义务和责任三重关系,在学术场域中学术研究者被赋予了传承学术精神、弘扬学术文化的使命。学术研究者由于主观故意而出现的与自身角色认同不符的学术不端行为,应承担学术责任、道德责任、法律责任以及社会责任等学术不端行为责任。

(三)问责与学术不端行为问责

从历史词源分析的角度来看,“问责(accountability)”一词最早出现在英国,源于会计(accounting)这个词源,是指簿记,具有算账和计算的含义,而后引申为“说明、解释和评价”之意。从字面上分析“问责”,它主要是反映行为人能够解释清楚某件事或某个问题的能力。在问责这一环节中包含着透明、惩罚、绩效、权力以及外部监控等因素。[2]通过查阅《牛津英语词典》中对“accountability”的解释,责任具有负责的特点,兼有忠于职守与履行责任的含义。《现代汉语词典》(2005年版)首次引入了“问责”一词,并将其解释为责任追究。发源于西方的问责概念,随着责任政府、责任理念的不断深化,它已逐渐摆脱了“簿记”这一原始含义,成为公共部门善

[1][美]库柏.行政伦理学——实现行政责任的途径(第四版)[M].张秀琴,译.北京:中国人民大学出版社,2001:62.

[2]世界银行专家组.公共部门的社会问责:理念探讨及模式分析[M].宋涛,译校.北京:中国人民大学出版社,2007:7-9.

治的一个重要目标。问责的对象也逐渐延展到权力者向公民负责的实质性转变。在现代民主政治的背景下,问责彰显着对公正、公平治理承诺的价值。[1]

学界对“问责”概念的研究主要分为三类不同的观点,分别是方法说、制度说与关系说。持方法说的学者们把问责看作一种方法,是行为人必须履行的职责和承担义务的方法。正如学者戴维蒂(Dwivedi)和加布拉(Jabbra)所言,问责主要是指政府机关的工作人员承担责任、履行义务的方式和方法以及在处理各项具体事务中应对其做出的具体行为负责。持制度说的学者们认为问责与问责制相同。如渝纪法指出,问责是指拥有管辖权和人事任免权的行政机关根据相关法规对公务人员未履行职责或消极履行职责,给工作带来麻烦以及损害他人合法利益来追究其责任的一种制度。[2]这类观点更多体现的是一种等级问责制度,虽然说问责只有形成制度才能将其作用发挥最大,但并不能将其完全等同于制度。该学说在关于问责的广度以及制度的内涵上是存有不妥的。持关系说的学者们总结了问责对象与问责主体间的相互关系,把问责界定为一种关系间的属性。杰伊·M.沙夫里茨(Jay M. Shafritz)认为问责是委托—代理的关系,即委托方授权给代理方的工作,代理方要按照约定完成应尽的义务,委托方对其工作成效展开问责。这一学说受“委托—代理”理论的影响较深。

上述的三个代表性观点从多个角度对问责进行了分析与概括,三种解释具有一定的内在关联性。从综合的角度来看,问责是一个过程,这一过程可以有效界定问责主体与问责客体之间的关系。在这一过程中,可以将问责视为一种方法,受到相应关系的规约后产生一定后果,这些确定的过程、规约以及后果的制度化后逐渐形成了问责制。

另外,“职责—责任说”“权力—监督说”和“奖惩—提高说”是问责在逻辑上分类的主要代表性观点。首先,“职责—责任说”的基本观点是尽到应尽的职责,履行义务并承担相应的后果。如克莱恩(Stephen Crane)和戴尔(Day)两位学者认为,问责是双方为完成某项任务而达成的协议,一方负有完成这项任务的义务与职责,对结果必须要承担相应的责任。其次,“权力—监督说”的基本立场是权力与职责是辩证统一的,只要有权力,就会出现滥用的可能,就需要通过监督机制来约束。肯斯(Cains)认为问责是指权力主体要受到来自外部环境适度的约束进而实现规范化

[1]陈大兴.高等教育中责任与问责的界定——基于学理与法理的研究[D].上海:华东师范大学,2014:9.

[2]渝纪法.关于问责制有关问题的思考[J].探索,2005(4):82-84.

运转的目标。最后,“奖惩—提高说”是指在工作整个环节中需要通过明确责任、完善监督环节来改善工作效率。《简明国际教育百科全书》一书对问责做了详细阐释,它是指组织中的成员有责任和义务向团体汇报即将完成或正在进行的工作,促进和改善团体工作有效运行的方式也是通过奖惩来实现的。

无论哪一种学说,问责的过程都应包括问责主体、问责客体、问责事由、问责方式、问责程序等因素。其一,问责主体主要是指实施问责的主体,包括政府、法律法规授权组织以及第三方委托组织。其二,问责客体即行动者要对其做出的行为进行解释说明、陈述,接受问责主体的奖励或惩罚。在这一过程中,问责客体要清楚自己有义务将履行相关任务的情况向问责主体汇报,并提供相关的信息。其三,问责主体根据相关规定会针对问责客体的行为合法性以及提供信息的真实性提出质疑和询问。这是问责主体与问责客体间的问辩过程。其四,经过详细问辩后,问责主体形成了对问责客体的正面或负面评判。正面评判即是物质精神奖励、表扬等。负面评判通常是对问责客体采取处分、处罚、强制执行、刑事法律制裁等。[1]

问责的核心是责任追究,责任是问责的核心要素。笔者通过查阅相关文献发现学界普遍将问责界定为责任的追究。这一界定有其合理性,因为问责的原初含义是基于责任而进行的主体与客体间的质询与回应的论辩过程。但也不能忽视诸如程序、内容、方法以及制度等其他因素,这些因素都应纳入到问责的内涵中。实际上,问责是一种在特定关系状态下形成的对行为主体进行责任追究的过程,使行为主体承担处罚、处分等消极结果或接受表扬、奖励等积极结果。问责要实现回应外部社会的需求关系、改进工作方式、提高工作效率的目标,整个问责的过程应体现透明、公正、回应性的特点。

结合上述对责任、问责概念的界定,我们可以推演出学术不端行为问责的概念。具备一定的责任能力是学术行为主体在学术活动中较好履行学术义务的必要条件,学术不端行为问责是基于对学术人承担应有学术责任的考量,对那些未能承担学术责任的学术人给予责任追究。具体而言,是指学术场域中的问责主体通过评价、监督、质询等方式就学术机构及其人员承担的学术求真、探求真理、学术自律的责任和义务的履行情况进行问辩,并就其学术失范、学术不端、学术腐败等学术越轨行为进行不同程度的责任追究,以期实现优化学术生态秩序、践行学术民主精神的愿景。

[1]严强.公共政策学[M].北京:高等教育出版社,2009:405.

（四）学术制度

大学学术发展是学术共同体成员首要的责任与使命。奥尔托加·加塞特曾说："大学的功能包括文化传授、专业教学、科学研究和新科学家的培养。大学通过履行其职能，使人们成为医生、药剂师、律师等专业型人才。"[1]大学的学术发展既需要学者们弘扬学术自由的学术精神，也需要一定的制度规约来保障学术自由的健康有序发展。

谈及学术制度，首先应明确制度的含义。在学术层面上，学界对"制度"的研究是广泛的，总结起来主要分为"交往说""规则说""习惯说""组织说"和"模式说"。第一，"交往说"的代表人物是马克思、恩格斯和哈贝马斯（Jürgen Habermas）。他们认为，制度是交往的产物，马克思在《德意志意识形态》中强调"现存的制度只不过是个人之间迄今所存在的交往的产物"。[2]制度是"社会联系和社会关系"蕴含的规范性内容。交往是一种社会性活动，通过人与人之间的交往，个体活动可以有效转化为社会活动，形成社会的各种关系规范，这种规范通过人们的遵守就形成了制度。哈贝马斯认为，实现交往行为合理化的基本前提是承认、尊重并遵守共同的社会规范——制度。马克思从辩证唯物主义的角度来考察制度，他认为，制度的构成要与社会生产力发展的诸要素相适应，将制度纳入社会、历史以及人的交往发展中加以界定，阐释人类社会发展与社会形成之间的关系。第二，"规则说"的代表人物是诺斯（Douglass C.North）、马克斯·韦伯（Max Weber）和罗尔斯（John Bordley Rawls）。新制度经济学派代表人物诺斯认为，制度是一种社会游戏规则，为人们相互关系的形成而设置一定规则。[3]诺斯还指出，这些规则是被人类设计的，构造着与政治、经济和社会间的相互关系间的一系列约束。制度是由非正式约束和正式约束组成的。[4]马克思·韦伯从法学的角度来认识制度，他认为制度是任何圈子里的行为准则。总之，"规则说"眼中的制度是一系列被制定出来的规则、行为道德、伦理规范和守法秩序，旨在强调对人的行为的约束。第三，持"习惯说"观点的学者认为制度是社会或个人对某些关系的思想习惯，是一种流行的生活态度理念。凡勃伦（Thorstein B.Veblen）认为制度是一种源于自然的习俗，成为人们生活中习惯化、广

[1][西班牙]奥尔托加·加塞特.大学的使命[M].徐小洲，陈军，译.杭州：浙江教育出版社，2001：6.

[2]中共中央马克思恩格斯列宁斯大林著作编译局.马克思恩格斯全集（第3卷）[M].北京：人民出版社，1960：79.

[3][美]道格拉斯·C.诺斯.制度、制度变迁与经济绩效[M].刘守英，译.上海：上海三联书店，1994：3.

[4][美]道格拉斯·C.诺斯.制度、制度变迁与经济绩效[M].刘守英，译.上海：上海三联书店，1994：4.

为接受的不证自明的公理。[1]第四,持“组织说”观点的学者认为制度是集体行动控制个体的行动。著名制度经济学家康芒斯(Commons John Rogers)指出,交易是经济学中的核心概念,交易分为限额交易、管理交易和买卖交易。但在每一项交易中都会出现双方利益冲突的情景,因为每个个体都想尽可能地索取更多利益。若要达成一种切实可行的解决办法,就不能完全依从个体的意愿,需要集体的强制控制来解决交易中的纠纷。第五,“模式说”的代表观点认为制度是有规律性发生的、较为稳定的且受重视的行为模式。[2]萨缪尔·亨廷顿(Samuel P.Huntington)等学者将制度植入现代社会的发展问题中,强调制度在社会发展中的文化塑造功能,认为文化价值观、认知、符号构成了制度的行动模式。

学界从不同角度对制度进行了较为详细的阐释,他们都强调了人在社会发展中的作用,人与人之间的相互关系以及与整个社会关系的建立与巩固都需要行为准则的规约。笔者认为,制度是人与人、人与社会间发展交往的媒介,它是在社会生产关系变革与发展中产生的历史性存在物,以一种强制性的方式规范、约束行为实体的行动准则,体现的是一种权利——义务关系[3]。

在对制度的内涵与外延界定基础上,再谈及学术制度就略显容易。任何社会组织若想健康发展,都要有自己的行业行动目标、规章制度来协同规制组内成员的行为。早在1954年贝尔纳(Bernard)就曾提出科学组织作为学术共同体需要制度规约的主张。[4]大学学术组织作为社群组织中的正式组织,学术是其生存、发展的根本,增进学术是大学开展的优化组织人员结构调整、各种制度变迁等活动的根本出发点。宽松自由的学术环境也需要有一定的规则来约束、规范学术人的学术行为,学术组织中最核心的要素也就是学术制度,学术制度的形成对于大学软实力的提升具有重要意义。结合上文对制度的理解,本研究认为学术制度有广义与狭义之分。广义的学术制度是指为确保学术活动有序开展而制定的各种学术准则。狭义的学术制度也即是学术规范,保证学术共同体成员间的学术对话交流、知识创新而营造的良好学术秩序环境,在反思与对话中形成约束和引导学术共同体成员有序从事学术活动的行动准则。

---

[1][美]凡勃伦.有闲阶级论——关于制度的经济研究[M].蔡受百,译.北京:商务印书馆,1997:138.

[2][美]塞缪尔·P.亨廷顿.变化社会中的政治秩序[M].王冠华,译.北京:生活·读书·新知 三联书店,1989:12.

[3]高兆明在对制度进行解释时强调,任何现实的制度变迁都是以不同方式表达了社会成员权利—义务关系的变革。在抽象的意义上,迄今为止的制度基本可以分为两类:自由的与不自由的。所谓制度的自由不自由,所表达的就是那样一种社会关系中的权利—义务关系是否分裂、扭曲之状况。

[4]张彦.科学价值系统论——对科学家和科学技术的社会研究[M].北京:社会科学文献出版社,1994:27.

大学学术不端行为问责作为一种学术制度，具备学术制度的正义、秩序、公正等普遍性特征，但作为学术治理的专门制度，在理性主义精神的观照与引领下，大学学术不端行为问责制应是一种内省、内生性的保障学术自由向善发展的问责制度，兼具价值理性与工具理性。其中，正义是大学学术不端行为问责制的伦理理性，即大学学术不端行为问责制的正义观念和体现正义价值的制度规范；效率是大学学术不端行为问责制的经济理性，即效率是大学学术不端行为问责生成的主因，优化学术生态环境、整顿大学的学术风气以及保护学术人的学术利益是该制度的目标；规范是大学学术不端行为问责的科学理性，即规范是大学学术不端行为问责制的价值内核，通过科学规范的大学学术不端行为问责制的有效运行，能够释放学术的无功利因子，促成学术人树立学术责任伦理精神；人本是大学学术不端行为问责的精神理性，问责是以人的主体性价值观为立足点，通过规范学术人的学术行为，促使其养成良好的学术规范意识，在他律控制下提升学术人的学术信仰。

四、文献综述

文献综述是从事科学研究的前提和基础。开展一项新的研究首先要搜集与该研究领域相关的研究性文献，通过对文献的梳理、加工和分析，可以掌握已有的研究进展，进而寻找新的突破口。本研究通过学术规范、学术不端行为以及学术问责等相关研究进行综述，掌握学界对学术不端行为相关问题的研究进展。

（一）文献的基本检索情况

20世纪初，学界对学术不端的相关概念、表现形式、产生原因以及治理对策已形成初步的研究成果。近些年，随着社会经济的迅猛发展以及科学技术进步，学术人从事的科学研究水平也在逐步提升，但与此同时，学术不端行为也愈演愈烈。网络媒体频频披露知名高校领导、教授为了私益侵吞、套取国家科研经费，引发学者们的广泛关注。此外，笔者利用中国知网数据库、万方数据库、读秀知识搜索引擎等文献搜索工具，以“学术不端”为基本关键词，共检索到相关学术论文、硕博论文、图书、知识、词条、报纸报道等文献2798篇（截至2016年12月）。学者们对学术不端的研究呈逐年递增趋势。从已有文献的数量以及高校频频发生的学术不端案例来看，开展学术不端行为相关研究也成为推进教育治理法治化的应有之义。

基于本研究的研究主题，笔者以“大学”“高校”“高等学校”“学术不端”“学术失范""学术规范""学术伦理""学术道德""学术失落""责任""问责"为综合检索词进行文献检索,共检索到相关学术期刊、硕博论文262篇。其中较为典型的文献有:金希根的《我国高校的学术问责研究》[1]、杨强的《论高校学术问责制的理论建构》[2]、司林波等的《学术问责法律规范体系的构建》[3]。这些文献大多是从学术治理或构建学术问责的角度来切入,并没有对学术不端行为进行分类治理与深入研究。

当笔者聚焦研究主题,以"学术不端"和"法律责任"或"道德责任"为关键词进行文献检索时,仅检索到4篇密切相关的期刊文献:张慧芳的《合理设定学术不端的法律责任》[4]、吕东锋等的《论学术不端行为的民事法律责任》[5]、王清平的《论科研不端行为的法律性》[6]以及程现昆的《高校科研评价与道德责任》[7]。通过阅读发现,这四篇文献虽然涉及大学学术不端行为的法律责任,但只是从对策或从单一法律责任进行切入,缺乏系统、深入研究。另外,仅发现3篇相关的硕士学位论文:王慧的《法律责任意识培养对防治学术不端的作用研究》[8]、许文刚的《学术剽窃的法律治理研究》[9]、陈胜的《科研不端行为中的行政法律责任问题研究》[10],并未发现相关的博士学位论文。笔者通过在图书馆查阅相关书籍,发现有两本值得借鉴的书籍。如:胡志斌的《学术不端行为的法律规制研究》和中国科学院编写的《科学与诚信:发人深省的科研不端行为案例》。通过对检索到的相关文献的定性分析,笔者发现学界对此问题的研究主要集中在学术规范、学术不端行为与问责三个方面。

(二)关于学术规范的相关研究综述

学术不端与学术规范有着必然的联系。学术规范作为一种制度,其执行的效力如何、能否得到学术人自觉的遵守以及学界对其内涵的理解对学术不端行为会产生一定的影响。因此,在开展大学学术不端行为问责研究之前,有必要对学术规范的相关研究情况展开综述。

---

[1]金希根.我国高校的学术问责研究[D].长沙:中南大学,2013.

[2]杨强.论高校学术问责制的理论建构[J].江苏高教,2009(4):21-23.

[3]司林波,金裕景,彭建交.学术问责法律规范体系的构建[J].现代教育管理,2015(6),76-80.

[4]张慧芳.合理设定学术不端的法律责任[J].学术界,2015(3),167-175.

[5]吕东锋,吴萍.论学术不端行为的民事法律责任[J].广西社会科学,2014(5),92-97.

[6]王清平.论科研不端行为的法律性[J].安徽农业大学学报(社会科学版),2011,20(6):92-96.

[7]程现昆.高校科研评价与道德责任[J].社会科学论坛,2010(4):69-74.

[8]王慧.法律责任意识培养对防治学术不端的作用研究[D].呼和浩特:内蒙古科技大学,2012.

[9]许文刚.学术剽窃的法律治理研究[D].成都:西南财经大学,2011.

[10]陈胜.科研不端行为中的行政法律责任问题研究[D].南京:南京工业大学,2015.

哈贝马斯认为,“规范”是个体在社会群体中进行理性交往并达成共识的必要条件。[1]从哈贝马斯对“规范”的论述我们可以得知,最一般的学术规范也是一种基于理性判断选择的结果,具体的科学研究规范也承载了理性的基础。对于学术规范这一老生常谈的话题,学者们对学术规范的界定基本达成一致,只是各有侧重的方面。笔者在查阅国外有关学术规范的相关研究及我国学术规范的制定目的、活动主体、表现形式等基础上,发现有学者认为学术规范是学术共同体成员从事学术研究活动全过程所遵守的约定俗成的规则。这些规则是基于实践理性判断而形成的有利于知识创新和积累、传播的学术界共同准则。[2]还有的学者从制度学的角度来定义学术规范,为学术共同体成员所大致认同、应予遵循的基本学术原则与行动准则的学术联邦宪法。[3]有的学者从狭义的角度,认为学术规范是由教育相关部门制定的相关学术领域内约束学者学术行为的“章程”。[4]

尽管从以上学者对学术规范的定义中,我们可以看出学者们对学术规范的表述存在差异,但从学术规范的本质观来考量,都只是单纯将学术规范看作一种静态文本、一种学术人从事学术行为的准则,缺少了法学和社会学的研究视角,对于作为具有重要人文精神理念、惩处分明、内涵本质特征的大学学术规范治理以及学术不端与学术规范间的关系却鲜有研究。学术规范与学术不端之间存在内在的必然性。学术规范作为一种学术制度本应得到学术人的遵守,目前大学学术不端行为频发,很大一部分原因是制度本身出现了问题致使问责执行效力不高,这将成为本研究论述的内容之一。

值得一提的是,国外学者从20世纪开始着眼于伦理道德规范,对科学技术的本性以及社会功能等问题较为关注。二战后,许多国外科学家对科技带来的社会后果进行伦理责任深思(如“普格沃什会议”“科学家宪章”等)。20世纪中后期,生物技术和信息技术取得的研究新进展带来了新的伦理问题。科学家们对基因研究产生的潜在危险以及自己的研究责任产生了新的思考,如瑞典制定的《科学家伦理规范》。[5]实际生活中,社会各界希望从科学研究中获得既得利益的增加,科研活动与社会中各种利益之间的联系加剧,科学家对科技资源展开激烈的竞争。对利益的

[1]T.W.Adorno.The Positivist Dispute in German Sociology [M]. Glyn Adey and David Frisby,trans. London:Heinemann, 1977:154.

[2]曹南燕.他山之石可攻玉——西方发达国家人文社会科学研究学术规范述评[J].中国政法大学学报,2007(1):110.

[3]杨玉圣,张保生.学术规范导论[M].北京:高等教育出版社,2004:47.

[4]转引自教育部出台的关于加强学风建设的制度性文件。

[5]雷小政.法律生长与实证研究[M].北京:北京大学出版社,2009:180.

追逐、学术荣誉的攀比,引发了美国科学工作者的研究伦理失范。20世纪80年代,世界上最早的两部关于科学家学术规范的著作为布劳德(Charlie Dunbar)和威廉·布罗德(William Broder)的《背叛真理的人们》[1]和拉福莱特(M.C. LaFollette)的《出版物中的盗窃:科学发表物中的欺瞒、剽窃和不端行为》[2]。当时,也引发了国内学者转向对学术信仰、学术伦理规范的研究。

虽然高校陆续在实行上述学术规范、学者在研究国外有关学术规范的经典作品,但由于学术权力与行政权力间的异化、官本位文化盛行、学术价值观缺失,高校的学术治理并不成功,抄袭、剽窃、套取国家科研经费的学者仍有存在。[3]学术规范的本质是树立公共理性的学术伦理精神,构建学术创新互动的学术权力,在彰显具有他者规范和约束作用的学术伦理关系的基础上注重创新。这一点也道出了学界对学术规范的理解与研究尚存在一定的问题,致使大学学术场域未能有效解决学术不端行为频频滋生的问题。

皮埃尔·布迪厄(P·Bourdieu)在实践理论中提到"场域"和"惯习"两个概念。他认为,场域是各种位置之间存在的客观关系的一个网络,行动主体会依照位置的存在状况,以特有的权力,形成特殊的客观关系。惯习是场域中固有的必然属性体现在身体上的产物,是一种规范群我的互动机制。惯习更强调行动者对社会法则的主观变通与适用,而不是僵硬服从。"社会行动者不一定是遵循理性的,但总是'合情合理'的。"[4]从布迪厄对"场域"和"惯习"的阐述中,我们可以得出一些启示:在学术场域中,如何将学术规范转化为学术成员潜意识中的行动法则,而不是一种强迫服从的道德律令?如何让学术规范内嵌于学术人的内心,既充满创造性,又具有惯习所呈现出的学术气质、学术信念?这些都是学界在谈及学术规范时鲜有涉猎的。学术规范应是一种凝集学术人自身学术责任伦理的内在自律制度。但当自律制度约束不足时,需要外在的他律制度辅助学术人养成良好的学术惯习,端正他们的学术态度。从学术个体成员的言行、举止、情感、态度等潜在资本中,我们能够辨别出其"学术"的惯习是否符合学术规范的精神。这也是本研究在探究学术不端行为本质时需要借鉴的。

[1]W. Broad and N. Wade. Betrayer of the truth[M].New York: Simon and Schuster, 1981:23.

[2]M. C. LaFollette, Stealing into Print: Fraud, Plagiarism, and Misconduct in Scientific Publishing[M].Berkeley: University of California Press, 1982.

[3]罗志敏.从信仰到公共理性:学术伦理的权力逻辑[J].现代大学教育,2014(4):81–89.

[4][法]皮埃尔·布迪厄,[美]华康德.实践与反思——反思社会学导引[M].李猛,李康,译.北京:中央编译局出版社,2004:175.

（三）关于学术不端行为的相关研究综述

当前学术界对学术不端行为的研究较为丰富，研究内容主要集中于学术不端行为的种类、产生的原因以及治理对策方面。

1.学术不端行为内涵的相关综述

“失范”是涂尔干(Emile Durkheim)首次提出的社会学概念，而后被社会学界定义为越轨行为。在《越轨社会学概论》一书中，道格拉斯(Jack D.Douglas)和瓦克斯勒(Frances Wakslerthe)强调，失范是一种由于准规范含混不清、缺乏明确目标或规范被个体打破而不能为社会共同体成员提供相应的社会指导。[1]涂尔干眼中的失范是指一种规范失去了原本约束个人的欲望和行为的控制作用。由于规范缺少制度化标准，致使社会出现混乱无序的状态。[2]当社会文化着重某一主要目标，而为达到这一目标所使用的手段对某一阶级的人来说又是不可得到时，一些人会抛弃文化规定的既定目标或被社会所认可的价值观，进而会滋生越轨行为。[3]综合学者们的观点，概而言之，失范是社会所倡导的文化目标与实现这些目标的合法性手段之间的冲突或紧张状态。[4]学术不端是失范行为的一种表现形式，学者借助上述对失范的阐释来表达学术失范的核心概念较多。学术不端就是没有按照既有的学术规范从事科学研究造成的投机取巧的违背学术规范的行为。由于受世界不同地区文化以及环境差异的影响，不同国家、同一个国家在不同时期对学术不端这一概念的把握也会经历一个发展过程。但在认定学术不端的大致方向上，学界基本达成了一致。“伪造数据、篡改结论、剽窃观点”已成为学术不端行为的构成要素。

对于学术不端行为基本内涵的研究，我国学者已从科学研究的过程、研究的对象、科学职业道德、获取不正当利益等角度对学术不端行为的内涵与外延进行了相关研究。从这些角度切入，学者们对学术不端行为的内涵与外延界定达成了基本一致的看法，认为学术不端行为是研究者在从事科学研究时为了获取利益而出现的剽窃他人观点、捏造数据、篡改文字等行为。笔者认为，学界对学术不端行为的界定主要停留在表面现象的分类，并未从法律制度文本规范以及立法的角度来界定学术不端。受道德约束的职业伦理规范难以发挥应有的作用，法律规范介入学

[1][美]罗伯特·K.默顿.社会理论和社会结构[M].唐少杰，齐心，译.南京：译林出版社，2008:258.

[2][美]罗伯特·K.默顿.社会理论和社会结构[M].唐少杰，齐心，译.南京：译林出版社，2008:323.

[3]张立，王华平.学术不端行为的模型化研究[J].科学学研究，2007(1):32-37.

[4][美]罗伯特·K.默顿.社会理论和社会结构[M].唐少杰，齐心，译.南京：译林出版社，2008:323.

术治理，能在学术自由与学术羁束间寻找平衡点，为合理设定学术不端责任提供创新之源。

国外对学术不端行为的研究起步较早，经历了萌芽、发展和成熟三个阶段。国外学者对学术不端行为的研究开始于20世纪30年代末。由于这一时期的学术不端行为表现较少，其产生的危害和影响范围也相对较小，未能涉及大学场域中的学术不端行为。亨利·奥尔登伯格（Henry Alden Berg）在《哲学学报》中也阐述了萌芽期的学术不端表现形式，他认为这个时期的学术不端数量较少，以剽窃为主，早期学术不端行为只是进行一种科技史的记载工作。[1]在发展时期，学者们主要对学术不端行为的概念、性质、类型、成因、后果及对策展开了相关的研究，涉及的代表性著作及学术成果有：威廉·布洛德（William Brod）和尼古拉斯·韦德（Nicholas Wade）的《背叛真理的人们：科学殿堂中的弄虚作假》[2]、美国科学促进协会的职业道德计划（AAAS）[3]、《应对研究欺诈行为的举报政策》[4]、《研究不端行为：一个科学政策与实践问题》[5]、《科学责任的两个方面》[6]、《大学生的正当程序行为》[7]等。继默顿（R.K.Robert Merton）之后，学者们主要对科学道德、科学伦理这一主题展开相关研究。学者们认为科学伦理的不端行为主要包括剽窃、捏造数据、编造虚假信息等。[8]唐纳德·肯尼迪（Donald Kennedy）是最具代表性的学者，他认为学术不端行为包括：涉及署名和学术声誉的分配问题；非法盗用他人观点或表述；故意篡改数据或实验结果。[9]1980年初，美国的科学不端行为问题就受到了人们的广泛关注，但这个时期缺乏对科学不端行为处理程序的详细实施细则，政府对科学不端行为的惩处力度不够。在成熟阶段，学者们的研究范围更广，特点更鲜明，研究成果越来越丰富。学术诚信问题在成熟阶段是值得研究者们思考的。学界在该阶段研究最多的是各

[1][美]默顿．科学社会学——理论与经验研究[M].鲁旭东，林聚任，译．北京：商务印书馆，2003:640.

[2]William Broad，Nicholas Wade. Betrayers of the Truth: Fraud and Deceit in the Halls of Science[M], New York: Simon and Schuster,1982.

[3]Rosemary Chalk, Mark S. Frankel, Sallie B. Chafer. AAAS Professional Ethics Project, AAAS, Washington, DC 1980.

[4]P.J. Greene, J.S. Durch, W. Horowitz and V.S. Hooper. Policies for Responding to Allegations of Fraud in Research[J]. Minerva, 1985,23(2):203-215.

[5]D.E. Chubin. Misconduct in Research: an issue of science policy and practice[J].Minerva,1985,23(Summer):175-202.

[6]Marcel Chotkowski LaFollette. Beyond plagiarism: Ethical misconduct in scientific and technical publishing[J]. Book Research Quarterly,1988(4):65-73.

[7]H. Zuckerman, Norms and Deviant Behavior in Science[J]. Sci, Technol. Human Values, 1984,9(1):7-13.

[8]Marcel Chotkowski LaFollette. Beyond plagiarism: Ethical misconduct in scientific and technical publishing[J]. Book Research Quarterly, 1988(4):65-73.

[9][美]唐纳德·肯尼迪．学术责任[M].闫凤桥，译．北京：新华出版社，2002:35.

领域科研学术不端行为的定义、历史演变及学术不端行为的国际视野、影响及其他相关因素。

2.学术不端行为产生原因的相关综述

学界对学术不端行为产生的原因持有的观点较为分散，视角多元。笔者试图对搜寻的已有文献从如下几个角度进行综述。

从制度运行的角度来看，我国学者江新华认为，学术不端行为之所以频繁发生，是因为我国的学术监察制度尚不完善，缺乏主动追查学术不端行为的专门性机构，都是受害人举报，而且处罚力度较轻，难以达到警醒的目的。[1]我国学者谢泳、杨玉圣等认为，我国现有的学术制度规范尚存有瑕疵，监督不力、惩罚过于敷衍。大学内知名学者的博士论文、著作出现的抄袭、剽窃与我国现有的学术制度规范不健全有直接的关系，"以堵为主"的处理方式成为治理学术不端行为的主流。[2]学者胡斌等认为，我国防治学术不端行为的实体性制度和程序性制度尚存瑕疵，监督和惩戒学术不端行为的程序不健全，这样容易给大学中少数学者的学术不端行为留下空间。[3]

从社会外部利益诱发因素的角度来看，李金艳、李真真、曾南燕等学者认为，大学学术不端行为主要受社会歪风邪气等不良环境因素以及传统文化阻滞等消极因素的影响较深。如功利化的社会环境导致一些科研机构贪图利益而违反了学术共同体的学术道德、"官本位"的学术浮躁现象一定程度上玷污了学术研究的科学性。[4]

从学术精神异化的角度来看，学者刘德华认为，行使非正当的学术权力会造成学术精神的异化。学术精神异化主要表现为：学术浮躁、学术失范及学术不端。[5]著名学者陈寅恪对学术精神有着更为详细的阐述，他认为："士之读书治学，盖将以脱心志于俗谛之桎梏，真理因而得以发扬。思想而不自由，毋宁死耳。"[6]科研人员学术权力的功利化、亲权化是诱发学术腐败、学术不端的主要因素。

[1]江新华.学术何以失范——大学学术道德失范的制度分析[M].北京：社会科学文献出版社，2005:34.

[2]谢泳.学术失范是如何失去的[M].//李醒民.见微知著——中国学界学风透视.开封：河南大学出版社，2006:123.

[3]胡斌.学术不端行为的法律规制研究[M].北京：中国法制出版社，2014:70.

[4]转引自李真真.转型中的中国科学：科研不端行为及其诱因分析[J].科研管理，2004(3):137-144.

曾南燕.大学科研中的诚信问题[J].清华大学学报(哲学社会科学版)，2004，19(2):5-9.

李金艳.高等学校科研不端及其治理[J].中国成人教育，2007(13):190.

[5]刘德华.学术精神回归的根本路径：学术制度重建[J].湖南师范大学教育科学报，2009，8(3):10-11.

[6]陈寅恪.寒柳堂集·清华大学王观堂先生纪念碑铭[M].上海：上海古籍出版社，1980:158.

从学术资源配置的角度来看,学者胡斌认为,学术资源作为一种公共资源,其配置应充分考虑其分配的公正性。在优质学术资源较为紧缺的情况下,有些核心学术期刊对作者所在的高校、职称都有不成文的规定,致使一些学者为了获取既得利益,出现“找关系”“钱权交易”等学术腐败现象。学术资源配置失衡一定程度上助长了学术不端行为。[1]

从学术不端行为伦理教育的角度来看,有学者认为,尽管教育部制定的《学位论文作假行为处理办法》规定了研究生导师对研究生负有学术指导义务并承担未尽教育职责的责任,但由于缺乏连带责任的规定,难以达成遏制学术不端行为的理想效果。[2]但科技发达和法制较为完善的发达国家十分重视科研伦理教育,美国高校将联邦政府制定的科研规章作为科研伦理教育课程的基础,帮助学生树立学术规范意识,注重培养学生养成合法、规范引用文献的习惯,规避学术剽窃和学术欺诈。[3]

从文化竞争的角度来看,学者M.Callon、D.Stetten以及D.Bloor等认为,研究者若想在同行评议和专业竞争中取胜,他们就要积累学术声誉与声望资本,以便能够在新的研究项目上获得更多支持。科学家为了获得这些资本,他们跻身于文化竞争中。这虽然可以推动科学技术的进步,但面对竞争,一些学术人会利用伪装的方式避免命运的淘汰。[4]这种文化竞争也是造成学术不端行为的一个原因。

综上,关于学术不端行为产生的原因,学者们已从制度运行、社会外部利益诱发、学术精神异化、学术资源配置以及学术不端行为伦理教育等角度进行了研究,能够为本研究的开展提供一定的借鉴意义。虽然涉及多个角度,但笔者认为,学者们对此问题的研究对象界定不清,分析的原因较为笼统、零散,过于表面化。笔者认为,学术不端行为的产生还需从深层次的原因着手。学术不端行为之所以频频发生,主要原因还在于社会制度变迁中出现的制度乱象、学术问责制度不健全、追责不力、责任认定不清。从社会学的视角来看,许多学术不端行为的产生是由社会本身规范的功能及由社会结构发挥其作用的方式失调所致。默顿认为,当社会成员经过一定程度的社会化后愿意接受社会为其提供的正统目标,且他们也具备了达到这些目标的正统手段时,这些目标与手段之间就存在着一种平衡状态。但当

[1]胡斌.学术不端行为的法律规制研究[M].北京:中国法制出版社,2014:58.

[2]胡斌.学术不端行为的法律规制研究[M].北京:中国法制出版社,2014:73.

[3]李祖超.中美高校科研道德教育的比较与借鉴[J].高等教育研究,2007(9):71-75.

[4]张立,王华平.学术不端行为的模型化研究[J].科学学研究,2007,25(1):32.-37

社会转型制度不断变迁，社会成员已熟悉的旧制度规范不再适用，而新规范又不为人所知，社会成员为了达到既定目标，只好打破上述目标和手段中的平衡状态，将采用其他非正规手段达致既定的目标。[1]

3.学术不端行为治理对策的相关综述

从2009年开始至今，学界对于学术不端行为治理的相关研究较多，笔者对这些研究性文献进行整理与分析时发现，学者们对大学学术不端行为治理的研究大多是从宏观角度来谈学术治理，研究对象涉及教师和学生，角度各异，可以概括为如下四个方面：

第一，有学者从学术伦理的角度来谈学术不端行为的治理，学术伦理是大学这种学术组织得以存在与发展以及学术人开展学术研究的灵魂，对大学学术不端行为的治理需要提升学术人的伦理自觉意识，在学术实践中应建立学术伦理委员会，有效发挥学术伦理的自我规制作用。[2]同时，也要鼓励高校教师、学生参与到学术伦理制度制定中，使其能够理解学术道德伦理以及自我批评反思的重要性，实现学术作为主体与主体间相互交往的愿景。[3]

第二，有学者从国外学术不端行为治理经验的角度来谈，国外高校，尤其是美国知名高校在治理学术不端行为方面有着程序较为完善、内容明晰的学术奖惩制度。它明确规定了哪些行为属于学术不端行为，如得克萨斯州立大学的《学生的学术不诚信纪律惩戒》将学生作弊行为划分为23种，而且对每种作弊行为都做出了明确解释并明确了处理程序；俄克拉荷马州立大学已将"严禁学术抄袭剽窃以及如何规范引用他人作品"写进了学生《权利与义务》手册中[4]。值得借鉴的是，该制度彰显的是一种以人为本的治理理念，程序较为完善、公正，能够事先对学术不端行为的种类以及惩罚的比例、方式、程序等做出明确规定，在对行为人做出处分决定前事先告知，通知相对人进行申辩、组织听证、举证等。最后，若涉嫌学术不端行为的学术人对高校给予的处分不服，可以向法院提起行政诉讼。但法院受理此案件的范围仅限于客观标准，如缺课次数的评分标准、认定的程序以及判定的事实依

[1][美]罗伯特·K.默顿.社会理论和社会结构[M].唐少杰，齐心，译.南京：译林出版社，2008：274.

[2]罗志敏."学术伦理"诠释[J].现代大学教育，2012(2)：7-13.

[3]曾天山.高校教育科研中的法律和伦理问题[J].高等教育研究，2007，28(6)：8-13.

[4]Oklahoma State University-Oklahoma City. Student Rights and Responsibilities: 2012 edition [EB/OL]. Oklahoma State University-Oklahoma City Website. http:// www. Ouuoke. edu/rights.

据等。[1]

第三，有学者从宏观制度建设的角度来谈学术不端行为治理。制度是人与人之间的非个人关系的一种表示方式，在所有的社会交往中必不可少。学术研究实则也是哈贝马斯谈及的交往活动，交往合理性的维持必然需要一定的学术秩序。学术管理制度的变革与创新是整治大学学术不端行为的关键因素。高校应逐步建立并完善学术失范问责制度、学术监督制度以及学术评价制度，确保高校在处理学术不端行为时能够有章可循。另外，还要扩大学术话语权，避免行政权力过度干涉学术权力。[2]

第三，有些学者从改善学术氛围角度来防治学术不端行为，如加强对青年学者的科研经费支持力度；确保科学研究项目基金申报、评审等环节的公开公正性；提升和培养学术人从事科学研究的诚信度和素养；加大对学术不端行为的筛查与惩处力度；需要界定学术人的学术职责，明确学术不端行为的范围。[3]

第四，有学者从高校惩戒权以及司法审查的角度对大学学术不端行为治理展开研究。有学者认为，高校的惩戒权来自国家的行政授权，是一种公权力，应遵循法律中的程序法和实体法的相关规定，而且高校制定的规章制度不得与上位法相抵触，应体现合法性与合理性的特征。高校的惩戒行为体现的是处分，谴责行为主体错误行为的一种方式。高校的惩戒行为主要分为学术惩戒和非学术惩戒两种，法律介入两者的范围、方式、程度自然各有所异。[4]

在有效规制学术不端行为方面，有学者强调，清楚地认识到我国现行高校学术不端行为惩处制度存在的缺陷、建立并完善高校学术主体的学术不端行为惩处机制是前提；确立和完善学术不端行为惩处制度的核心是科学合理地对学术不端行为进行分类管理；学术治理法治化、科学化的有效路径是设立专业性的学术惩戒机构。[5]然而，通过文献的检索与分析，我们发现学界对此方面的研究以及对高校学术惩戒的分类研究并不成熟，没有形成完整的理论体系。而且从近年来高校发生的学术不端行为案件处理情况来看，存在对学生的学术不端惩戒过重、对教师的学术不端惩戒过轻的困境。上述研究现状与实践层面的不足自然会影响到高校对大学

[1]李晓燕．美国高校治理学术不端行为制度研究[J]．陕西师范大学学报（哲学社会科学版），2014，43（4）：119-127.

[2]江新华．学术何以失范——大学学术道德失范的制度分析[M]．北京：社会科学文献出版社，2005：61.

[3]中国教育网关于“学术不端”行为的调查报告[EB/OL].http://www.edu.cn/zong_he_311/20110225/t20110225_581381.shtml.2015-10-28.

[4]沈岿．析论高校惩戒学生行为的司法审查[J]．华东政法学院学报，2005（6）：24-34.

[5]宋元林．认真践行“三个代表”重要思想大力整治学术违规[J]．中国高教研究，2004，19（4）：20-24.

学术不端行为治理效果以及责任认定。

从目前高校发生的学术纠纷解决路径来看，通常存在两种偏执的做法：人们对学术不端行为的整治仍停留在道德层面；法院基本上不予受理学术不端行为，理由是学术不端属于大学内部学术自治问题，法院不适合过多干涉。这两种偏执的做法一定程度上阻滞了国家对学术不端行为法律责任的认定。学界对于第一种偏执的做法已达成共识：在我国，仅仅依靠学术伦理道德来规制学术不端行为尚处无力状态，需要强有力的他律措施来规制学术不端行为。法理学家博登海默(Edgar Bodenheimer)强调，转化为法律的道德具有较强的约束力。被视为是社会交往的基本而必要的道德正当原则之所以具有强制性，是因为这些道德约束力转化为了法律规制。对于第二种司法无力的偏执做法，我们可以借用贝卡利亚(Beccaria，Marchese di)的说法，“如果让人们看到他们的犯罪可能受到宽恕，或者刑罚并不一定是犯罪的必然结果，那么就会煽惑起犯罪不受处罚的幻想”。[1]如果让学术不端行为免于责任的规制，降低其违规成本，那么难以根治学术不端行为这一顽疾。因此，从惩戒学术不端行为、净化学术研究氛围的角度考虑，必须对实施学术不端行为的主体进行问责，合理划定学术不端行为的责任范围。

综上，学界对学术不端行为治理的相关研究主要集中在学术伦理规制、制度建设、改善学术氛围以及学术司法介入四个大方面。对于学术不端行为的治理，学界从学术伦理、制度建设以及改善学术氛围的角度谈及较多，对学术不端行为做了较为详细的分类，认为学术不端行为的治理属于学术自治领域范畴，应来自高校自身的治理实践、学者的自我道德认知。学术场域的治理若引入行政法规，就会造成布迪厄所说的“异治”。但我们可以反思自问：单靠道德伦理规制大学学术不端行为是否达到了应有的效果？近几年频频发生的大学知名教授学术造假、骗取科研经费，研究生的论文抄袭、一稿多投等学术不端行为是否得到了有效遏制？结合上述对学界有关学术不端行为治理的综述，笔者认为学术治理需要道德伦理的自律，但也离不开政治权力、行政权力部门制定的行政法规、部门规章的他律约束，兼顾学术信仰与学术规制并举，最终实现的是教化目标。也有学者指出，大学的本质是学术自由性与受控性的统一，大学的学术自由是一种相对自由状态，需要受到外部社会环境体制和制度层面的制约。[2]但这些行政部门应更多地反思与思考那些旨在推

[1]王铼.“严打”与严格公安刑事执法的思辨[J].中国人民公安大学学报，2003(4)：20.

[2]孙绵涛，康翠萍.学术自由性与受控性的对立统一——学术自由大学本质观的重新审视[J].教育研究，2011，32(6)：52-59.

动学术秩序有序发展的规章制度的内容规范以及执行效力。[1]哪些学术不端行为需要国家强制力的规范？哪些学术不端行为需要高校学术委员会参与？何种学术不端行为的治理需要法律来规制？何种学术不端行为需要道德规制？如何形成安德森(Benedict O.Anderson)所言的“想象的共同体”？学界对这些问题的研究尚存瑕疵。

(四)关于学术问责的相关研究综述

1.学术问责内涵与特征的相关综述

从学术问责的概念、内涵来看,学术问责是教育问责的分支概念,也是从行政问责中引入的新概念,又继承着行政问责的一些特点。马丁·特罗(Martin Thow)在结合行政问责特点的基础上对教育问责制进行了较为详细的阐述。他认为,教育问责是指代理人有义务根据法律与道德的要求将自己如何使用教育资源、取得的效果以及向谁负责等问题向委托人及时汇报。[2]胡春艳从委托—代理理论的视角对学术问责的内涵进行了界定。她认为,学术问责是委托人与学术人之间形成的一种委托与代理的关系。委托人将某种特定的学术资源使用权委托给学术人,学术人在使用这种学术资源时应形成相应的研究性成果,委托人根据一定的标准和方式对学术人的研究成果进行终结性评价。[3]司林波从保障学术自由有效实施的角度谈及学术问责的主要内容。他认为,学术问责应包括学术问责的主体、对象、标准、内容以及程序等。[4]

学者从委托与代理之间的关系、学术问责内容谱系等角度对学术问责概念进行了阐释,但并没有厘清学术问责与学术不端行为问责两者间的关系,也未能厘定与划分出学术不端行为问责体系,尚缺乏对学术问责内涵与特征的理论分析框架。而且,从目前文献的检索与整理来看,学界也没有将类似概念如学术不端行为问责、学术责任等进行对比分析。笔者认为,学术不端行为问责是学术问责的子概念,它主要是基于学者应承担的学术责任的考量,对学术人违反学术伦理规范而出现的诸多学术不端行为给予的责任追究。而学术问责除了包括上述含义之外,还

[1]邓正来.学术与自主:中国社会科学研究邓正来学术作品集[M].北京:北京大学出版社,2008:217-218.

[2]Martin Trow. On the Accountability of Higher Education in the United States [J]. Universities and Their Leadership,1998:15-61.

[3]胡春艳,李贵.学术问责的概念及内在机理解析[J].国家教育行政学院学报,2011(5):59-62.

[4]司林波,孟卫东.教育问责制在中国的建构[J].中国行政管理,2011(6):24-27.

有妨碍学术自由和破坏学术民主的越权行为，如教授委员会和学术委员会投票决议、学术民主评价失当、行政权力与学术权力间的制衡博弈等。

学界对于学术问责特征的研究较少，一般是从惩处制度本身的特征中归纳推演出来。笔者通过查阅文献发现行政问责的特征能够为学术问责及学术不端行为的问责提供借鉴。新公共管理在管理内涵上的变化可以为行政问责提供重要价值。[1]新公共管理倡导“顾客导向”权力下放的服务理念转向以及注重结果问责绩效评价催生了行政问责的价值转向。行政问责的标准和内容主要是对政府治理的目标和绩效评价的考量，在新公共管理理念指导下，行政问责的特点发生了新变化：建立注重结果导向的问责标准模型、注重人的发展理念提升、细化责任政府问责内容体系。[2]这一转变的关键在于：第一，政府等公共部门必须清楚地向公众阐明，作为纳税人的公众，他们的钱是否被用在了与公众生活相关的公共服务和公共产品的支出上。第二，行政问责主体如何能够有效地去监督公共部门履行这一职责，顺应行政问责的发展脉络，把握公共管理的方向成为新时期行政问责的关注点。第三，社会的进步与发展，更需要社会多元主体参与到社会事务的问责中，而不仅仅是公共部门上级对下级的内部问责。问责的整个过程应注重行为人的合法权利救济与保护。

笔者认为，新公共管理阶段的行政问责特点可以为大学学术不端行为问责提供一定的启示：大学学术不端行为问责首先注重的应是矫正学术人的学术不端行为，防止诸多类似的学术不端现象再次发生，从这个意义上来讲，问责应具有一定的惩罚性。其次，大学学术不端行为问责注重证据意识，在实施惩戒时主张程序正当性，注重行为人合法权利的保护，从这个意义上来讲，应具有救济性与申辩性。最后，大学学术不端行为问责还具有一定的强制性。当惩戒行为人的学术不端行为证据确凿、取证合理，高校学术惩戒主体有权力依照法规或学校规章强制对行为人实施问责。

2.学术问责理论基础的相关综述

学术问责的理论基础是开展学术治理实践的前提。然而从目前检索到的文献来看，学界对此问题的关注度并不高。在谈及学术问责理论或理论框架时，大多是

[1]宋涛.新公共管理阶段行政问责的变化特点[J].深圳大学学报（人文社会科学版），2007，24（1）：85-90.

[2]Anne Marie Goetz，Rob Jenkins. Reinventing accountability: making democracy work for human development [M].New York: Palgrave Macmilian, 2005：79- 80.

从对策角度进行切入，如杨强认为高校学术问责制的理论建构需从学术问责文化、学术问责科学体系以及配套制度维度进行。[1]司林波认为学术问责的理论建构应从制度建设、体制优化以及制度创新三个维度来考虑。明确制度、体制和机制间的内涵关系，确立学术问责制的实然样态是实现学术治理常态化发展的关键。[2]笔者认为，对于学术问责的理论基础除了上述学者在治理对策中提及的维度外，还应包括构建学术问责制整个内容体系的理论灵魂思想。围绕这一理论灵魂对学术问责制的构建展开学理分析与论证，同时融入教育学、法学、社会学等多学科知识体系。可见，学界对此问题的研究还存在一定的空缺，对于学术问责理论基础的构建还有待进一步思考。这也为本研究构建大学学术不端行为问责理论基础提供了一定的思考空间。

此外，笔者在搜寻文献过程中，发现学界有涉猎对行政问责理论基础的研究，主要分为三种观点。第一，主张将权利和权力关系作为理论基础的观点认为，权力与权利是现代法治国家讨论较多的话题。国家权力与公民权利存在矛盾与冲突的情境，问责制是解决权力与权利冲突的调节器。因此，构建问责制应以权力与权利间的关系为理论基础进行剖析，消除权大于法、漠视责任、忽视弱势群体的三重障碍。第二，主张主权在民为理论基础的观点认为，“主权在民”思想一直是公权力来源的重要基础，国家权力属于人民，人民是国家的主人。国家在行使人民所赋予的公共权力时，也有承担相应责任后果的义务。倘若权力的行使者做出了违背民意的行为，人民有权力对其进行责任追究。[3]行政问责的本质是以人民主权思想为理论导向，保障人民主权的宪法原则得到有效落实的一项制度框架，它是以责任的追究为核心，确保公权力在人民监督的视野下有效运行。[4]第三，主张平等正义为理论基础的观点认为，平等、正义是政治学领域探讨较多的话题，也是社会主义核心价值观所倡导的精神要义。行政管理者与公民应处于平等关系之中，行政管理者不应偏袒某个人。同时，他们应主动承担作为国家公务员应承担的行政伦理责任，确保行政权力应有的公平、公正的价值精神得以实现。由此，正义对公共权力行使的要求以及权力的行使者基于平等、正义理念要求行为人承担的责任是构建行政问

[1]杨强.论高校学术问责制的理论建构[J].江苏高教，2009(4)：21-23.

[2]司林波.学术问责制建设的三维视域——制度建设、体制优化与机制创新[J].学术论坛，2012，35(10)：76-80.

[3]卢锐，谭安富.关于我国政府问责制的再思考[J].湖北经济学院学报(人文社会科学版)，2006(1)：64-65.

[4]王晖.行政问责制的法理基础与制度构建[D].兰州：西北师范大学，2011：23.

责的合法性依据。[1]

上述的理论选择主要从行政问责的权力与权利诉求的角度展开论述，主要还是从政府的角度来谈及权力规制、权利主张，为行政问责提供了一定的理论依据。虽然上述的理论基础可以为教育行政问责乃至学术不端行为问责理论基础的选择提供借鉴，但这些理论并没有结合教育自身的规律以及为何实行问责等进行阐释，难以形成学术领域问责的理论支撑。教育问责、学术不端行为问责的理论选择需要考虑教育自身特点、发展规律、学术生成样态以及学术不端行为影响因素等事物内在本质的属性，这样才能发挥理论指导问责实践的应有效果。

也有学者从公共性的角度来谈教育问责的理论基础，公共性即公共领域，开放给社会全体成员。教育问责理论基础的确立须结合教育的基本属性和内在要求。公共性是教育的基本特性，其蕴含的合理性、公益性、公平性等多元价值取向与教育问责制的特征相一致，构成了教育问责的理论基础。[2]以教育的基本属性以及内在要求来确定教育问责的理论基础，并借助行政问责中的契约与责任伦理理论思想，可以为本研究选择大学学术不端行为问责理论基础提供一定的思路。应然状态下的大学学术不端行为问责具有提升学术人学术道德修养、塑造学术人学术责任使命感、学术向善发展的伦理价值。为此，我们应在适切理论的观照下建立合理合法、公平正义的大学学术不端行为问责制，保障问责制度发挥应有的效力与执行力。

3.学术问责的目标及价值的相关综述

学术问责的目标与价值是学术问责的重要着力点，问责能达到什么程度、取得怎样的预期效果、承担责任的范围与限度以及如何能够保证学术自由与学术问责间的适度张力，这些都是学术问责目标与价值应考虑的。然而，笔者通过文献查阅，发现学界并没有直接相关的论述与研究，但笔者通过间接的文献检索，发现有学者从学术目的的角度来谈学术责任的价值，也有学者从信任伦理的角度来谈教育问责的价值，为本文研究大学学术不端行为问责的目标与价值提供了分析思路与启示。

从学术目的角度来谈学术责任价值的学者们认为，求真是学术的实质，求善是学术的目的。科学技术本身不一定包含善的成分，也可能给人类生存环境造成一

[1]吴春江.试论行政问责制的伦理价值[J].行政与法，2010(8)：17-19.

[2]余雅风.教育问责的理论基础新探[M]//.劳凯声.中国教育法制评论.北京：教育科学出版社，2013：29.

定的恶。学术人在追求科学真理的同时，应把求善作为学术的一项目标与制度确定下来，秉持伦理道德底线，防止对科学的不道德利用。德国学者汉斯·约纳斯(Hans Jonas)的《责任原理》提及了学术责任的认定及价值，包括形式责任、实质责任以及非相互性责任，均在强调学术求善的本真。[1]他认为，人类的学术活动应对未来负有责任。学术主体的任务不仅仅是研究和发明，更多的是要关注这种研究发明背后产生的道德伦理后果以及法律后果。学术人应对这些后果负责，需要学术组织追究学术人的失范行为责任。[2]

从信任伦理的角度来谈教育问责价值的学者们认为，眼下的教育问责成为学者与外部利益者矛盾冲突的焦点。教育外部问责主要是一种通过施加职责或规避增加教育财政性投入的手段，外部利益相关者因投给学校的财政拨款没有收到应有的效果，认为改进办学质量的出路是强化外部问责。[3]然而，教育问责的目标与价值不在于问责措施的烦琐和严厉，而在于增进大学教师、政府官员、公民以及媒体等多元利益主体间的信任感，建立公共民主问责的框架。[4]从本质而言，问责不只是技术操作层面的问题，更是一种伦理道德层面的信任问题。若对这种信任造成了冲击需要通过加强大学教师、政府官员以及媒体的民主健康关系。[5]

4.学术问责困境的相关综述

从学术问责实施存在的困境来看，我国在学术问责这一环节尚未建立起完整的制度体系和理论支持系统，高校对学术不端行为的惩处尚未形成完善的责任与问责制度。从文献的搜集与整理来看，笔者发现学界对此问题的研究不多，一类是从制度的角度进行切入，一类是从具体问责程序进行切入。持有第一种观点的学者们认为，学术问责是应学术危机的出现而衍生的一种学术规范制度。但由于我国学术问责制自身存在较多缺陷，如内在的学术供给制度和外在的学术供给制度不足。学术共同体成员缺乏责任意识、伦理道德自律精神以及外在的学术法律制度以及评价制度存在缺陷，[6]高校也没有对教师和学生学术不端行为进行分类管

[1]Das Prinzip Verantwortung. Versuch einer Ethik fur die technologische Zivilisation[M].Frankfurt,1979:56.

[2]栩思，王恩华.学术自由与学术责任：一个科学伦理视角[J].求索，2007(9):90-92.

[3]柳亮.大学信任与高等教育问责[J].教育发展研究，2010(1):15.

[4]Martin Trow. Trust, Markets and Accountability in Higher Education: A Comparative Perspective[J]. High Educpoling,1996(9):309-324.

[6]胡春艳，李贵.学术危机与学术问责制[J].湖南城市学院学报，2011,32(2):55-58.

理,惩处条目不明晰。[1]持有第二种观点的学者们认为,学术问责实施存在困境主要是问责操作程序存在瑕疵,问责路径模糊、责任划分不明确。如对大学学术主体学术不端行为问责方式单一,以同体问责为主,缺乏异体问责路径,导致问责效力不高、效果不明显。[2]虽然在查阅文献的过程中归纳出以上两种关于学术问责实施困境的观点,但笔者发现,学界以及各高校对学术问责的主体界定不清,这也是导致学术问责实施困难或不力的一个原因。通过搜寻高校有关学术不端行为的惩处文本,笔者发现,有的高校认为应该由学术委员会来惩处,有的高校认为应该由学位委员会来惩处,有的高校认为应该由教授委员会来惩处。不同的职能部门对学术标准的理解也会有偏差,到底由哪个部门或主体来实施问责较为合适,能彰显公平正义,学界并没有理论层面的论析和实践层面的调查。

5.学术问责构建框架的相关综述

对于学术问责的构建,理论性研究成果较少,学界主要从完善法律制度或制度的角度来谈及。学者司林波将其看作一种法律规范,并提出了构建设想。他认为,行之有效的学术问责法律需对学术不端行为实施分类治理,明确学术问责的主客体职责、问责内容、方式、程序等等。[3]学者查永军、蔡锋强调大学中的行政问责色彩过重,行政权力占据主导地位,导致问责主体异化、程序有失公允、目标难以实现的困境。高校应建立以学术为主导的内部问责机制,倡导师生共同参与,建立独立审查与评价机构,实现问责的实质正义与程序正义的辩证统一。[4]杨强在谈到学术问责构建时,提到了学术问责的救济制度建设。[5]在实施学术问责过程中,会涉及权力与权利的碰撞,为维护学术问责的正当性与合法性,需要建立学术问责救济制度,确保每个行为主体的合法权益得到伸张。虽然学者杨强只是在完善学术问责的配套制度中简单涉及了学术问责制的救济方面,但也说明学术惩戒中的权利意识在逐渐增强,为本书研究大学学术不端行为问责内容体系提供了一定借鉴。

以上学者虽然从法律的角度对学术问责展开了研究,但笔者认为,学者们的研究只是从质性研究方法的角度对学术问责需要完善的制度展开论述,对目前我国

---

[1]陈亮.我国高校学生学术不端行为惩处制度研究[D].沈阳:沈阳师范大学,2013:23.

[2]朱生营.当前我国高校问责制的不足与改进[J].煤炭高等教育,2006,24(6):11-13.

[3]司林波,金裕景,彭建交.学术问责法律规范体系的构建[J].现代教育管理,2015(6):76-80.

[4]查永军,蔡锋.从行政主导到学术主导——我国高校内部问责制的反思与重构[J].江苏高教,2012(2):27-29,35.

[5]杨强.论高校学术问责制的理论建构[J].江苏高教,2009(4):21-23.

的学术问责制现状及实施情况缺乏一定的了解，存在照搬行政问责的模式来填充学术问责的弊端，对问题的定位缺乏理性与实践思考。笔者认为，学术问责不单单是一项制度，而应是一套综合且完善的制度体系总和。学术问责若能真正发挥应有的效力，应建立在完善的法律法规体系制度之上，达致学术问责有法可依、有章可循的理想治理状态，应在高等教育法中明确规定学术问责的内容指向以及方式方法等或建立专门的学术问责法等法律规范，确保有效治理学术不端行为、学术越轨行为以及学术问责的有效运行。

（五）关于学术不端行为问责的相关研究综述

通过对国内文献与资料的检索，笔者发现学界没有展开对学术不端行为问责的系统研究，只有对学术问责有关问题的零散研究，而且较多研究成果是散落在学术不端行为治理的对策中简单涉及学术问责的内涵、困境及建构。谈及学术不端行为问责，必然要涉及学术不端行为责任的设定、学术不端行为种类的划定以及基于责任的问责。遗憾的是，学界对此问题的研究尚存缺陷。虽然有些学者谈及了学术不端行为法律责任，但也只是从单一的民事法律责任或行政法律责任抑或刑事法律责任的角度来阐述学术不端行为的责任，未形成完整的学术不端行为责任理论分析框架。而且从我国目前的立法实践来看，也没有专门制定一部有关学术不端行为惩处或问责的法律法规。著作权法对侵犯他人著作权的违法行为给予追究行为人刑事责任的惩罚。《中华人民共和国刑法修正案（九）》规定，侵犯他人著作权的行为主观要件是故意和赢利，而且赢利所得在10万元以上才能定罪。但在很多司法实践中，大多数侵犯他人著作权的学术行为人也并非都以追求经济利益为目的，更多是为了实现既得利益，若以此标准来衡量，很多涉案数额低于10万元的学术不端行为均无法定刑。我国情节严重的学术不端行为泛滥，很大程度上与我国惩处学术不端行为不力或过轻、制度不健全有关。这也是本研究所要关注的主要内容。

基于学术责任来谈学术不端行为问责的研究性文献较少，如何有效实施大学学术不端行为问责尚有待于进一步研究。从主观上来讲，学术不端行为主要是学术人有意违反学术道德规范的学术行为。学术人出现的学术不端行为如何才能得到有效规制，如何划定学术不端行为的责任，实施有效问责成为大学学术治理的关键。通过文本查询与甄别，笔者发现目前高校对学术不端行为的宏观责任认定包罗万象、责任界定模糊，问责范围不明确，致使高校的很多学术规定流于形式，问责未能真正奏效。笔者认为，高校出现的学术不端行为哪些属于学术责任、哪些属于道德责任、哪些属于法律责任，划分的标准是什么以及这些责任的微观分类（如警告、记过、开除、解聘等）、多种责任认定下如何实施问责都是目前学界的研究盲点。在开展大学学术不端行为问责研究时，还需明晰大学学术不端行为问责的性质、基本理念以及大学与学术人之间的法律关系，基于此展开的学术不端行为问责会更有效力、更有理据。

此外，笔者通过搜寻国外政府法制网以及科研信息管理网，发现美国、德国、加拿大、日本等发达国家在对学术不端行为（有些国家将其称作“科研不端行为”）问责方面有着较为完善的制度体系。至20世纪70年代学术不端行为在欧美等发达国家大肆盛行之后，美国、德国等发达国家政府为改变这一浮躁的学术风气，制定了体系完整的学术不端行为法律法规制度。20世纪80年代开始，美国国家科学院、美国国家科学基金会、美国公共卫生局都对科研学术不端进行了明确界定。德国马普学会给出的界定有别于美国的规定，将由于行为人的疏忽大意造成的不良后果也纳入学术不端范围。随后，英国、丹麦、挪威、瑞典、芬兰根据本国的科研实际经验及政治文化差异，对学术不端的内涵以及相关概念进行了深入探讨。美国在学术立法方面有联邦政府的法规（CFR）、联邦政府的行政规定（FR）以及政府部门的规定，如《关于科研不端行为的联邦政策》（联邦政府颁布的统一的最高位阶的学术法律）、《联邦处理学术不端行为的政策》、《关于科研不端行为的公共卫生署政策》（美国最详细、最具操作性的有关学术的部门规章）等。英国政府制定了《科学家通用伦理准则》；芬兰政府制定了《良好科研规范及科研不轨与欺诈行为处理程序》；波兰政府制定了《良好科学行为的准则》等。[1]丹麦是国家主导治理学术不端行为的典型国家，早在1998年丹麦就制定了具有法律效力的《科研不端委员会执行准则》，2006年挪威立法机关颁布防治学术不端的专门性法律文件《研究中的伦理与诚信法案》。[2]

从整体来看，这些国家制定的有关学术诚信的制度或惩处学术不端行为的法律制度可以分为四类：一是建立了完善的学术法律制度，如美国和日本；二是政府资助机构出台了学术不端行为政策，如英国；三是以北欧为代表的国家建立了独立

[1]董建龙.各国加强学术诚信管理的举措及其启示[J].科学对社会的影响，2007(1)：5-9.

[2]胡剑，史玉民.欧美科研不端行为的治理模式及特点[J].科学学研究，2013，31(4)：482-486.

审查与处理学术不端行为的机构；四是尚未建立专门学术诚信政策法规。上述这些发达国家的学术立法为我国制定专门的学术政策性法规提供借鉴，也为本研究提供一种新的启示。

有关学术不端行为的规定以及处理程序已写入美国大学的学生手册，高校处理学术不端行为必须遵循程序性规定。一旦高校与学生产生了因学术不端行为惩处纠纷，法院可以基于合同理论和学术权力的司法尊重对其进行救济。出于对学术权力的尊重，法院只能审查高校处理学术不端事件的程序合法性以及涉及公民受教育权有关的学术不端行为，而无权干涉学术实质性内容。[1]德国虽然没有专门针对惩处学术不端行为的法律，但在很多法律中牵涉到对学术不端行为的惩处与问责。如高校法规定，严重的学术不端行为者将取消学位、学术头衔；极其严重的学术不端行为将受刑法的约束。加拿大促进科研诚信与防止和处理学术不端行为的职能主要由政府研发拨款机构和管理研究项目的大学和研究机构承担，政府、大学和研究机构分别制定了关于研究与学术诚信的政策。

通过综述，我们发现国外在制定学术不端行为政策、法律方面较为完善，以政府为主导，有着明确的法律依据、健全的问责程序体系，有着专门的行政监督机构。我国在这方面较为欠缺，在惩处学术不端行为上缺乏完整统一的行政与司法程序规定，在现实的查处案例中缺少咨询等救济、监督机构。一定意义上来讲，通过综述国外有关发达国家制定的学术不端行为政策、法规，有利于反思我国在学术不端行为治理方面的政策法规制定、实施等情况，能为本研究设定大学学术不端行为责任、实施问责提供借鉴与启示。

（六）文献的评述与启示

1.文献评述

通过对学术规范，学术不端行为内涵、产生原因、治理对策以及学术不端行为问责相关研究的综述，本研究基本掌握了目前该领域国内外学界对此问题的研究现状和研究动态。基于此，本研究将从研究范式、研究视角和研究内容三方面对已有研究展开评述。

第一，从研究范式来看，已有关于大学学术不端行为责任或问责的研究尚处摸

[1]RALPH D. MAWDSLEY. Academic Misconduct: Cheating and Plagiarism[M].Topeka: National Organization on Legal Problems of Education, 1994:30.

索阶段，研究成果大多是基于学术不端行为治理对策而简短提出，或是经验的描述，特别是介绍美国、加拿大、日本等国外的科研诚信制度与法律规范的相关内容和问责实施情况。另外，已有研究并没有对学术不端行为的责任、问责进行系统研究，对于责任的认定较为模糊。而且，学界也是从教育问责的内涵、完善法律制度建设以及学术问责的困境宽泛地涉猎了学术不端行为问责，没有单独对学术不端行为责任与问责展开系统、深入的研究。

第二，从研究视角来看，已有研究文献大多是从道德伦理视角谈及学术不端行为的治理，很少涉及多学科、多视角。不同学科的学者均从各自单一的学科视角对学术不端行为治理提出了不同层面的对策以及问责方式，但并没有涉及综合学科多视角对学术不端行为治理进行研究。学术不端行为治理以及问责制度的建立需要伦理学、教育学、社会学、法学多学科领域的相关知识来解释。而且，学界对学术不端行为的界定没有统一的标准，责任认定不明确，哪些学术不端行为需要追究行为人的道德责任，哪些需要追究行为人的法律责任均没有明确定论，影响了学术不端行为的治理。

第三，从研究内容来看，学界在谈及学术不端行为问责时更多是将其置于学术不端行为治理对策中，缺乏对大学学术不端行为问责性质特征、内在机理以及逻辑构架的论析，导致学术不端行为问责与行政问责别无二致。而且已有研究过多地在盲目移植国外的研究，套上所谓的"比较"帽子，未考虑一国制度的生成有其自身的文化积淀背景、本国的立法惯习、教育理念，盲目过度移植国外的研究成果，缺乏本土化的学术不端行为问责研究成果。

2.文献启示

从学界对学术问责的研究动态来看，开展学术不端行为责任与问责研究尚属创新点、热点与难点问题。

首先，学术场域引入责任与问责研究尚属新问题。虽然问责与责任的相关研究历史悠久，不是新问题，但针对大学中频频出现的学术不端行为责任界定与追究的理论与实践研究仍较为模糊，仍是学术不端治理领域的新问题。值得说明的是，上文综述的完善法律制度建设以及学术问责困境两个层面涉及的学术问责尚属学术不端行为问责，即狭义范围的学术问责，学界对此也未做区分。

其次，学术不端行为责任与问责研究尚属热点问题。开展学术研究是学术共同体成员的责任与义务。尽管教育部等行政部门出台了诸多有关学术规范、学术不端行为的部门规章，但频频发生的大学学术不端行为仍屡禁不止，理论与实践层面都呼吁我国建立大学学术不端行为问责制度。学界对学术不端行为问责的理论论析以及相关基础内容分析尚且不够，对国内问责制度的探讨仍停留在表层，系统结合学术场域的特点来探究大学学术不端行为问责制度的构建并不多见。结合我国学术不端行为的特点并对其进行分类管理，明晰学术问责的内涵与外延，开展大学学术不端行为责任与问责研究具有理论与实践价值。

第三，学术不端行为责任与问责研究尚属难点问题。学术不端行为问责是高等教育研究领域中不可回避的话题，学术不端行为频繁发生扰乱学术生态秩序。然而，如上所说，学界对学术不端行为责任界定、问责的理论分析以及整个问责程序仍未能阐述清楚，对学术场域中的大学学术不端行为问责的系统研究还存有一定的缺陷。该问题的解决将是实现学术治理有序化、制度化的重要保障。

五、研究方法

本研究本着理论与实践相结合，采用质性与量化相统一的研究方法，全面探寻大学学术不端行为问责的有效路径。具体而言，本研究采用了如下研究方法：

（一）文献研究法

文献研究法是人文社会科学最基础的研究方法，也是贯穿本研究始终的研究方法。通过文献搜集、挖掘与加工，运用文献研究法主要解决五个层面的问题：其一，基于文献研究，确立本研究基于前人研究基础之上的理论创新点；其二，基于文献研究，确立本研究的研究视角与立论基础；其三，基于文献研究，总结归纳出目前我国大学治理学术不端行为面临的困境与治理启示；其四，在分析已有研究性文献以及对学术不端行为合理分类的基础上，分析我国现有大学学术不端行为问责存在的实然困境与影响因素，以此来确立本研究的研究问题域、研究思路与研究框架；其五，基于文献梳理与理论推演来设计大学学术不端行为问责的制度内容体系与外部保障机制。

（二）案例分析法

案例分析法是教育法学研究中较为常见的研究方法。案例能够再现教育法律纠纷与事实争议的真实情景，而且可以展现具体情景中的案件事实、责任划定和处理过程。通过对案例的深入了解有助于我们及时修正现有理论，有助于加强我们对该领域问题的研究。本研究通过对搜集的大学惩处学术人的学术不端行为纠纷案例以及在学术不端行为问责实施中的典型案例进行梳理与分析，进一步探明现实境遇下大学学术不端行为问责尚需改进之处。这些案例来源于网络公开报道、教育主管部门掌握的相关材料。

（三）调查研究法

调查研究法是一种量化与质化相结合的研究方法，对所要研究的对象展开深入的实地分析。本研究涉及的调查研究法主要包括问卷调查法、访谈调查法和德尔菲法。采用这些调查研究法的目的是深入探究大学学术场域中学术治理实践现状，旨在为本研究开展大学学术不端行为问责提供现实依据与实证基础。本研究采用调查研究法试图解决四个问题：其一，运用德尔菲法（问卷设计见附录）主要是对大学学术不端行为问责体系框架的建构及内容构建标准进行分析与斟酌，对内容标准按照维度分为向度、重要指标与次要指标三个方面进行专家论证与讨论，最后得出大学学术不端行为问责的有效治理框架；其二，运用问卷调查法（“相关领导卷”和“师生卷”见附录）主要揭示现实中大学学术场域中出现的学术不端行为及其问责治理中出现的问题表征，并探索其存在问题的深层次原因，进而能够为大学学术行为问责后续研究提供现实数据材料支撑；其三，通过对部分重点大学主管科研工作的领导、从事科学研究与教学工作的教师、研究生进行半开放式的访谈调查，获取他们对目前大学学术不端行为治理手段、治理目标、治理效果等现实状况看法，为有效实施大学学术不端行为问责提供建设性的建议；其四，通过兼用问卷调查法与访谈调查法探究大学学术场域与外部力量保障因素在学术不端行为问责上的联系，为提升大学学术不端行为有效问责奠定基础。

（四）制度分析法

制度分析法是政策学研究中常用的研究方法，主要通过政治制度与组织要素间的关系来阐述政策体系间的组织安排。制度研究法着力从制度学、政策学角度出发分析社会特定的政治价值特征，进而以制度哲学为观照点设计出合理的政策制度体系。本研究运用制度哲学中的分析方法探寻具有“善态”正义的大学学术不端行为问责制，实现普遍自由视域中的学术公共权力的有效释放。具体而言，本研究通过制度研究来分析我国治理学术不端行为的相关规范性文件以及现有大学问责学术不端行为的制度文本存在的缺陷，考究应然状态下的大学学术不端问责制的价值意蕴与内容框架，努力在构建符合大学学术属性与人才培养等社会价值目标的大学学术不端行为问责制度上有所突破。

（五）比较研究法

比较研究法是教育法学领域较为常见的研究方法，它是通过一定的标准对教育领域中的某个微观问题在不同地域中呈现的不同表现进行比较分析，把握研究对象的本质特征，力求找到事物间的普遍联系与特殊规律。本研究运用比较研究法主要通过对美国、荷兰等发达国家在大学学术不端行为治理中的问责目标、问责内容、问责程序等方面进行分析和总结，希冀为我国大学学术不端行为问责提供新的认识与经验借鉴。

六、研究内容与研究思路

（一）研究内容

本研究立足于大学学术场域中出现的学术不端行为这一现实问题，以责任和问责来关切大学学术不端行为治理，通过合理设定大学学术不端行为责任、实施切实可行的学术问责来规约学术人的学术不端行为、唤醒学术人学术责任意识。具体而言，本研究的研究内容主要包括：

（1）大学学术不端行为及其治理启示分析。本部分主要对大学学术场域中出现的学术不端行为本质、在场表现（历史考察与合理分类）、危害、目前大学学术场域中对学术不端行为的治理手段、存在的治理困惑进行了阐释，并得出治理大学学术不端行为的启示与有效方式。

（2）大学学术不端行为问责的学理阐释。本部分对大学学术不端行为问责的内在机理、性质特征以及逻辑构架进行了详细阐述与论证。

（3）大学学术不端行为问责的现实考证。通过运用质性与量化研究相结合的研究方法，从问责主体、问责客体、问责程序、问责依据、责任类型等维度对现实大学学术场域中的学术不端行为问责实施情况进行现状考察与问题分析。

(4)大学学术不端行为问责的影响因素分析。本部分从制度性因素、社会性因素、文化性因素以及价值性因素角度对影响大学学术不端行为问责运行的因素进行了系统分析。

(5)大学学术不端行为问责制度优化与完善。本部分在基于责任与问责关系明确的前提下，提出了优化与完善正义合理的大学学术不端行为问责制度建议。

(6)大学学术不端行为问责运行的保障机制构建。本部分从外部保障的角度探讨了保障大学学术不端行为有效运行的具体机制路径。

(二)研究思路

本研究本着“引出问题——提出理论——分析问题——原因探视——解决问题”的研究主脉络，遵循“理论——实践——理论”以及“普遍——特殊——普遍”两步走的研究逻辑，开展大学学术不端行为问责的相关问题研究。所谓“理论——实践——理论”指的是本研究从学理角度探究大学学术不端行为问责的理论应然路向，再从实践层面揭示大学学术不端行为问责的实然面目，最后提出提升大学学术不端行为问责有效运行的策略，做到理论与实践相结合的辩证统一。所谓“普遍——特殊——普遍”指的是本研究从具有普适性意义的大学学术不端行为问责学理分析入手，在此基础上考证具有代表性的高校问责学术不端行为的实况，进而从普遍性的角度探讨提升大学学术不端行为问责有效运行的内部制度优化与外部机制保障的具体策略。

第一章

大学学术不端行为及其治理困惑

学术不端行为一直是高校学术治理的心病，扰乱了学术的正常秩序。学术不端事件频发实质上是学术人对学术的本质认识不足，学术责任伦理失范，大学对学术不端行为责任的界定以及实施问责存有瑕疵。开展大学学术不端行为问责，首先应对学术规范及学术不端行为的本质有前瞻性的理解。事物的本质是事物内在固有的属性，反映事物类的特性，对事物本质的把握应依据一定的形式逻辑规则。本章在分析大学学术不端行为性质时遵循形式逻辑规则，通过学术规范与学术不端间的内涵差异揭示学术不端行为的质的规定性。为进一步考证大学学术不端行为的本质，有必要弄清大学学术不端行为究竟应包括哪些内容、会产生哪些不良后果、大学治理学术不端行为失效的表征与启示。

一、大学学术不端行为的本质阐释

学术研究是大学发展不可回避的话题，也是学术人必须履行的责任。学术研究的目的是发现某一学科领域中的新知识、探求真理和科学规律，倡导的是学术精神的理性回归，弘扬文化自觉，强调知识的客观性与独创性。马克斯·韦伯在谈及学术和科学时，强调科学价值无涉，学者应关注的是“科学是什么”，而不是“科学应该是什么”。科学不能够进行价值评估，也不能决定它所揭示的任何事物是否值得被揭示。[1]这也正是“为科学而科学”的内在旨意，决定了以开展科学活动为主要职业的大学只能以提供知识为目的，而不能关注知识是否能带来现实价值。我们可以将韦伯所说的“价值无涉”理解为大学所应承担角色的内生性规定，大学的唯一合法性角色是知识本身，而非其他外在因素。这一角色是大学自赋的，要求大学坚守学术的独立立场，尊重知识的学术品性，捍卫真理的本然面目，透视大学作为高深学问场域的独有精神气质，而非成为现实价值工具的附属品。学术人作为大学学术场域中的行为主体，他们从事的科学研究不仅仅是为了别人可借此取得商业或技术上的成功，或仅仅为了自己能够过上幸福生活，而是发自内心地献身于他自己所服务的高贵与尊严的学科，否则必定会受到贬低与指责。

学术作为人类知识活动过程以及系统性成果，是一种精神客体，不同于物质客体，一旦创造出来就有一种独立于主体的外在的东西，这种独立性就是学术作为一种客体的最根本的标志。学术这种精神文化创造物，作为一种精神创造过程，其价值在本质上是一种文化价值。“文化价值”是满足人在文化发展方面的需要，不能将

[1][德]马克斯·韦伯.学术与政治——韦伯的两篇演说[M].冯克利，译.北京：生活·读书·新知 三联书店，1998：150.

其等同于文化产品或文化活动可能的外在价值。学术价值的本质是一种文化价值,是一种文化的美善指向,使人之成为人的价值,使人的理性得以充分体现、人的主体地位得以充分体现的价值,使人能够自我完善的价值,也是使人类社会从野蛮走向文明、从盲目走向理性的价值,也就是使社会能够不断进步、不断完善的价值。[1]学术创造本身是一个过程、一种活动,在这个过程中,学术主体能够体验到一种追求真理与追求美的尊严、自由和快感。这种尊严、自由和快感是学术主体内在价值的一种实现。这种内在价值是学术主体发自内心要实现提升自身的一种诉求,而非外在的学术功利价值驱使。学术人作为一种理性动物,不满足于生理性的活动和需求,而是要追求对世界、对自身的理解,对自身在宇宙中所处的位置的把握,追求人生和生活的目的和意义,探究生命的本质和存在的价值,追求一种理想的社会状态,从而构造一个内蕴丰富的精神世界。作为共同体的学术,不仅要探索人与自然的内在统一与和谐,而且要探索人与社会的内在统一与和谐,进而有利于人的本质实现。

学术中涉及的知识是公共知识而非私人知识,虽然在科学中并没有明确地运用“他人”这个共同体的观念,但总是会不言而喻地涉及它。道格拉斯在对社会中的越轨现象进行分析时曾强调:人们与共同体成员交往得越少,与社会普遍认可的行为相违背,在活动时越少被他人所目睹,其他人控制其行为或阻止其越轨行为的可能性就越小。[2]麦金太尔在寻找正义理性时呼吁复归共同体伦理,建立聚合多元利益主体表达的场域。一个问题的解决不仅满足学者个人的有效和适当的标准,而且也要满足他实际上与之接触的学术共同体的内在学术标准。所有由于“忙乱”、通过献媚奉承和大的许诺来讨好资助者的想法、追逐个人利益的做法和激进党派性,以及由于人数众多和资源不足的所有重负而带来的压力和分心,都是一些要害问题,因为它们削弱了学术的无功利精神。[3]当下的学术场域,学术不端频发,学术人滋生学术功利心,学术精神式微,学者们打着“学术自由”的旗号,发表的学术成果出现了粗制滥造、学术造假等违背学术良知的现象,曲解了学术自由与学术规范的本真要义。学术自由是大学教师履行其教学和研究职责的自由。这是他们追求和交流真理的责任。学术自由不是学者个人可以做任何事的自由、随心所欲

[1]黄发玉.学术论——学术的文化哲学考察[M].深圳:海天出版社,2015:105.

[2][美]杰克·D.道格拉斯,[美]弗兰西斯·C.瓦克斯勒.越轨社会学概论[M].张宁,朱欣民,译.石家庄:河北人民出版社,1987:79.

[3][美]爱德华·希尔斯.学术秩序[M].李家永,译.北京:商务印书馆,2007:173.

的自由。它是做学术之事的自由：教授们依靠长期深入的研究而发现真理，与同事们自由地讨论这些思想，将那些经过系统方法研究和缜密分析得出的真理付之出版。学术自由有一定的界限，是一种受到责任和义务限制的权利，是一定学术秩序中的限定自由。[1]爱德华·希尔斯在谈及学术自由限度时曾指出，学术自由并不扩展到学者可能忽视的所有活动。一位学者不能随意篡改其观察的记录，他也没有伪造和歪曲文献的自由。学者个人的学术自由可以由制度要求予以合法的限定。

学术不仅仅是一种认知活动，更是一种学术探索与创造性的活动，探究学术真善美的文化意蕴。学术研究活动帮助人类理性地认识和把握善恶问题，这种善恶不是建立在当下的基础之上，不是建立在少数人的基础之上，而是建立在人类整体利益基础之上。学术不端行为是学术失范的一种较为严重的表现，打破了学术可持续发展的生态系统，学术人人为地将学术与有用、无用联系起来，割裂了知识的科学精神气质，将知识、权力与利益相互纠结在一起，学术的科学严谨、无私利他、理性的知性价值观念已消失殆尽。

一方面，学术不端行为是学术活动中的权力变性与异化的产物。在纷繁复杂、充满功利色彩的社会中，一些学术人凭借个人的学术私权力，独霸学术话语、吞噬学术资源，驱动学术创新的自觉责任精神。这实质上可以归结为学术活动的权力变性。学术人未能坚守学术信念，将凝结在个人手中的权力扩大以至浇灌在学术产品上，玷污学术生态，致使这种权力沦为学术人以权谋私的手段或面对学术乱象而无动于衷的无作为行为。这种个人的学术私权力与学者罗志敏在对学术伦理的权力逻辑进行分析时曾指出的权力有区别。学术信仰背后存在某种权力，权力促成了学术信仰，搭建了学术信仰所需的神圣性。这种权力是学术人在相互交往中形成的具有规范和约束作用的学术公权力。福柯意义上的“知识实际上是一种权力机制，权力制造知识；而且，不仅仅是因为知识为权力服务，权力才鼓励知识，也不仅仅是因为知识有用，权力才使用知识。权力和知识是直接相互连带的；不相应地建构一种知识领域就不可能有权力关系，不同时预设和建构权力关系就不会有任何知识。认识主体、认识对象和认识模态应被视为权力—知识的这些基本连带关系及其历史变化的众多效应。”[2]贯穿权力—知识和构成其发展变化和矛盾斗争，决定了知识的形式及其可能的领域。[3]我们可以将福柯眼下的“权力制造知识”理解

[1][美]爱德华·希尔斯.学术秩序[M].李家永，译.北京：商务印书馆，2007：280、308.

[2][法]米歇尔·福柯.规训与惩罚：监狱的诞生[M].刘北成，杨远婴，译.北京：生活·读书·新知 三联书店，1999：29.

[3]王建华.知识规划与学科建设[J].高等教育研究，2013，34(5)：1-11.

为一种公共理性权力对学术信仰的塑造。学术信仰依附公共理性权力才能建构起潜藏在学术人内心的学术伦理自觉法则,从而促成学术人对学术活动产生神圣感。韦伯认为,传统的、人格的和法理的是权力作用的三种形式。倘若学术权力中学术人的人格权力没有建构起来,学术人的学术信念也难以生成,学术权力出现异化,学术人的学术浮躁心、功利心油然而生,学术价值观错乱,学术信念与利益纠缠在一起势必会威胁学术自由,给学术秩序带来诸多困扰。[1]布尔迪厄(Pierre Bourdieu)认为,知识分子不是超越社会场域的“超人”,也不是渲染在权力泥淖中的指挥者,而是在具体学术领域里追求知识自由和探索真理的科学工作者,是特定场域构建出来的理性守护者。[2]因此,我们可以看出,学术场域中出现的权力异化、畸变,一定程度上能够助长学术人浮躁、功利之心,诱发学术不端,这比外界行政力量干预与介入学术更严重。另一方面而言,学术不端行为是文化目标与社会制度间错位导致的一种紧张状态。默顿在谈及社会失范时着眼于人与社会规范的关系。文化目标和社会制度是影响失范的两个因素。文化目标是社会依据它的规范体系所认定某些事物是有价值的东西。社会制度是为社会所认可的、具有合理合法性的获得文化目标的标准。在学术场域中,学术行动不是学术人个别的行动,它已被纳入行动体系之中并始终受其限制,规范和价值通过制度化的方式控制着行为的期待和实施过程。从本质上来看,学术不端实则是文化结构和制度结构在学术人身上呈现的一种紧张状态,这是因为,这两个结构所决定的目标和手段是构成行为的两个基本要素。均衡状态下,文化结构承载的是普遍的观念、理想和价值,而制度结构则通过身份角色等方式确定某种行动是否被正当的规范所控制。当学术人仅仅为了追求某种文化观念、达到某种既定的文化目标,而忽视学术制度或学术制度本身供给不足,文化目标与制度之间存在失调、失谐现象,就会导致学术不端行为的出现。在这种失伦的学术文化系统中,合法、合理的学术制度出现了弱化甚至丧失的断裂现象,造成了一种无序的学术窘态。受道德社会惯习的渲染,作为社会良心秉承学术信仰的知识分子本应具有高尚的学术情怀和道德品行,对浮躁社会衍生出的“病毒”具有更强的免疫力。但出于人性的弱点,在鱼龙混杂的学术环境中,学术人很难做到学术自觉,洁身自好。从外因的角度来看,学术制度的失真、“欠火候”一定程度上会助长、放大学术人的人性弱点,丧失学术精神。里斯曼(David Ries-

[1]罗志敏.从信仰到公共理性:学术伦理的权力逻辑[J].现代大学教育,2014(4):81-88,113.

[2]张意.文化与符号权力——布尔迪厄的文化社会学导论[M].北京:中国社会科学出版社,2005:227.

man)认为:“纪律实际上是社会确定适应自然、经济和历史条件的态度构形,社会要想运作得更好,就必须使它的成员具有特殊的性格来满足社会自身的需要,这样,外在的强制力才能变成内在的驱动力,人们的潜能才能被限定为某种性格特征。”[1]学术制度作为一种外在他律的学术纪律,在坚守学术信仰的前提下利用科学合理的制度对学术人学术自觉缺席的性格进行适度规约能够促进学术精神的回归。

在大学学术不端的场域空间内,学术规范和学术理性仅仅剩下了自己的表皮,已经完全被精致利己主义“支出—收益”模式所代替,学术文化失去了固有的内在价值与气质,学术理性无法再为整个学术场域提供充足的学术责任伦理标准。在这种失伦的学术制度规约下,学术人挣脱了学术制度的束缚,丧失了应有的学术信仰与学术伦理,禁不起外在利益的诱惑。就学术个体与学术规范的关系而言,我们可以借用马克思对个体与规范的论述。他所强调的规范是个体自觉意识的形成过程,失范不是对集体意识的偏离,而是对集体意识的扬弃。某种程度上来讲,学术不端实则也是一种价值判断,判断学术不端与否是基于一定的标准的。这就暗含着一个前提,存在着某种价值标准是合理的,学术人若违背这种标准即为学术不端。学界存在一种对学术研究活动普遍认同的道德律令——默顿的“科学的精神气质”。[2]默顿认为,学术人对科学精神气质的背离要么来源于社会化或社会控制的失败,要么来自其他反规范的有效社会化和奖励的影响。行为之所以偏离,是因为学术人要么没有内化精神气质,要么内化了其他的精神气质。学术不端的产生不在于科学精神气质本身,而源于外在的社会环境。

“失范实际上是一种共意身份缺席的状态,规范所指的不是具体行为的普遍状态,而是行为期望的普遍状态。[3]恰如霍曼斯(George C.Homans)所说:规范是潜藏在社会成员心里的一种观念,即规定自己应该如何去做的观念。规范并没有对社会结构和个体行为做出直接指涉,而是通过特定情景中的身份、地位、角色和制度来规定个体行动的取向。”在公共理性的学术环境中,学术研究者扮演的是学术人、职业人、文化人的身份,在遵守学术基本规范的前提下,坚守学术信仰,承担学术责任。学术不端行为实则是学术个体学术规范意识本身的不断消解、投机取巧行为

[1]渠敬东.缺席与断裂——有关失范的社会学研究[M].上海:上海人民出版社,1999:62.

[2]“科学的精神特质”具有四种制度性规范要求:“普遍主义,站在客观、公正、非个人的立场评价科学研究成果;公有主义,科学发现归功于科学共同体,而不属于单个个人;无私利性,科学家应秉持好奇心、冒险心、进取心和责任心投入科学研究中,排除个人功利性价值取向;以及有条理的怀疑主义。”

[3]陈亮,陈恩伦.论学术责任伦理及其塑造[J].现代大学教育,2016(2):74-79.

不断猖獗的恶性学术循环过程。如何能够从本源上遏制这一学术不端行为，成为本研究着力解决的关键问题。

二、大学学术不端行为的在场表现

大学生产知识的目的远非工厂生产商品所带来的经济利益那么直观，知识传递着人性理智的真理品性，呼唤着学术人与知识的生命相遇。大学能在时间长流中依然跳动着文明的脉搏不仅仅凭借知识的感召力，而最重要的是大学为知识变革与学术创新提供了合法化的文化生存空间。大学提供的这种文化生存空间是纯净的、无价值指向的，更是一种探寻真理、发现真理的栖息之地。大学利用知识与知识间的"冲突"培养了具有理性思维与批判精神的知识分子，建立了文化与知识间的沟通交流纽带，转型中的大学也在实现知识与人生命的相遇，注重人的理性思维培养。然而，现代社会中的大学产生的知识出现了异化征兆，知识分子在面对充满利益诱惑的诸多社会目标时，会将学术场域之外的元素带入其中，以实现自我利益最大化为旨归从事着学术造假、学术抄袭等惯习作用下的学术不端行为。观古纵今，学术不端作为一种学术投机行为而存在，大学因之成了"技术""工具产品"的加工厂，学术本真的使命发生了畸变。

由于本研究的研究对象是大学学术行动者即从事科学研究工作的研究生和教师，在对大学场域中出现的学术不端行为进行分类时，本研究主要考虑的是产生学术不端行为的研究生和教师群体。开展大学学术不端行为问责首先应对学术不端行为进行合理分类，明确分类的依据，以便给大学学术不端行为合理分类。

（一）大学学术不端行为分类依据

"一个没有学问的社会，就像一个没有宗教或艺术的社会一样，将会是一个粗暴的社会，不管它是如何舒适和控制得如何完善。"[1]希尔斯强调，大学的使命是培养、扩展和传递人类的想象、推理、记忆和观察能力所能使之达到合理的知识。形式各异的学术不端行为，给大学应有的使命注入了生存危机，大学人才培养、知识传递、服务社会等职能会受到一定程度的干扰。本研究在对大学学术不端行为进行合理分类前先厘定了分类依据。

[1][美]爱德华·希尔斯．学术的秩序——当代大学论文集[M]．李家永，译．北京：商务印书馆，2007：214.

马克斯·韦伯(Max Weber)对学术持有价值中立、理性合理性的态度。他认为,“谁的行为如果依据的是目的、手段及后果,而且在手段与目的、目的与后果、最终可能出现的各种不同目的之间合理思量,那么,他的行为就是目的理性行为,也就是说,他的行为既不是情感行为,也不是传统行为。”[1]在韦伯看来,在不同的价值系统之间进行抉择时,不管分析得多么清楚,都无法加以论证,也无法推断其合理动机——就内容而言,不存在价值预设或信仰力量的合理性。如果不考虑行动者行为能预见到的后果,而只坚持其关于义务、尊严、审美、宗教律令、虔诚或“事实”的正确性信念,并且不管对他提出的是何种要求,那么,他的行为就纯属合价值与和目的理性行为。[2]

划分大学学术不端行为类型的依据取决于学术行动者采用的手段与达致学术目标的偏离程度、学术行动者预见后果与履行学术责任的偏离程度以及给学术秩序造成的危害程度。马克斯·韦伯认为,“目的理性行为”是指一个人的行为满足了手段合理性与选择合理性的条件。“价值理性行为”是指一个人的行为满足了规范合理性的要求。目的理性行为和价值理性行为的统合构成了一种崭新的行为类型,满足了实践合理性的要求,超越了时间和社会的限制,实现了普遍化,即是韦伯所说的一种合理的生活方式。这种生活方式分为手段的运用、目的的设定与价值的取向三个方面,囊括了工具合理性、选择合理性与规范合理性三方面内容。学术人在大学学术场域中的学术行为也符合这一运行逻辑,学术行为的工具合理性是根据运用合理合法的手段达到既定目的过程中的有效学术计划来加以衡量的;学术行为的选择合理性是通过用一定的价值、手段和边界条件来算计目的的正确性加以衡量的;学术行为的规范合理性则是用决定行为偏好的价值标准和原则的同一性力量、整体性力量等加以衡量的。学术论文的抄袭、剽窃、学术评审材料的造假、挪用科研经费等学术不端行为均背离了韦伯言下的理性行为标准。学术理性行为的目标与达致目标的手段都是正当与合理的,而学术不端行为并不是学术理性信念作用下的明智之举。

[1][德]哈贝马斯.交往行为理论——行为合理性与社会合理化[M].曹卫东,译.上海:上海人民出版社,2004:163.
[2][德]哈贝马斯.交往行为理论——行为合理性与社会合理化[M].曹卫东,译.上海:上海人民出版社,2004:166.

（二）大学场域中的学术不端行为表现形式

场域是一种空间的全景结构，是社会现象中各种位置之间存在的客观关系的一个网络化立体构型，在这种网络构型中行动主体会依照全景空间释放的位置的存在状况，以特有的权力，形成具有内在联系的主客观关系。本研究通过分别对高校研究生、学术研究者、管理层领导进行深度访谈，了解他们对大学中出现的学术不端行为表现的看法，将他们认为是共性的学术不端行为进行合并，存在分歧的通过专家德尔菲法进行征求意见，以"学术研究—学术评价—学术管理"为主线来对大学学术不端行为展开分类。

表1-1　大学学术不端行为的表现形式分类

类别	具体表现	案例举要	学术人身份
学术研究	伪造或捏造实验数据、资料、文献（显性学术不端）	舍恩伪造篡改实验数据、美国马里兰大学Steven D. Munger教授论文伪造数据、日本东邦大学副教授藤井善隆的两百余篇论文中183篇涉及伪造数据、研究生的学位论文和学术论文涉嫌篡改、伪造实验数据	学术研究者
	抄袭、剽窃他人学术研究成果（显性学术不端）	韩国110所高校的179名教授因涉嫌完全抄袭他人著作被检方提起公诉、多所高校研究生提交的学位论文以及大学教师的科研成果涉嫌抄袭剽窃他人学术研究成果等侵权行为	学术研究者
	低水平重复（隐性学术不端）	缺乏创新性的低水平变相重复前人的研究成果，出现东拼西凑、投机钻营的学术不端行为	学术研究者
	论文署名不当（隐性学术不端）	学术论文作者署名未按照贡献大小排序、导师霸占学生的研究成果、学术人在未参加的文章中署名、学术搭便车、学术霸权主义、文章中挂了与论文无关的课题名称	学术研究者 学术指导者

续表

类别	具体表现	案例举要	学术人身份
学术研究	编造参考文献、一稿多投 （显性学术不端）	为"丰富"自己的研究而篡改他人参考文献、为体现自己研究权威性盗用他人的参考文献而不标明出处、一稿多投、一稿多发	学术研究者 学术指导者
	科研不作为 （显性学术不端）	未能履行签订科研合同中约定完成科研任务导致的违约过失、学术指导不力	学术研究者 学术指导者
学术评价	编造申报科研课题虚假信息 （显性学术不端）	在科研课题、科研奖项评审中出现弄虚作假、虚假申报等缔约过失	学术研究者 学术评价者
	申报者暗箱操作课题与奖项评审、拉关系 （显性学术不端）	在科研课题评审、奖项评审、职称评定中暗箱操作、拉关系等非学术行为	学术研究者 学术评价者
	同行评议权势独大 （显性学术不端）	"学霸独大"、科研课题审批、科研经费分配以及学术职称评聘中的人情行政权力因素渗透等非学术标准的学术资源评价	学术研究者 学术评价者
学术管理	违背学术管理精神，违规使用学术资源 （显性学术不端）	违法套用、侵吞国家科研经费或挪作他用、学术科研资源中的权权交易、权钱交易、利用国家学术科研资源从事营利活动	学术研究者 学术管理者

（1）学术研究场域中的学术不端行为

学术场域中的学术研究活动主要是指学术行动者（教师和研究生）在收集数据、获取学术资料，对其进行分析与整理形成理论性的学术论文、研究报告、学术出版物等。通过收集案例、整理访谈内容，我们发现该场域中，学术行动者常常出现的学术不端行为主要有：抄袭剽窃他人的学术研究成果、学术论文等科研成果的不当署名、发表的学术论文一稿多投、篡改参考文献、学术买卖交易、科研不作为等。

①伪造或捏造实验科学研究数据、资料、文献

科学研究的实验数据是得出研究结论的重要依据。无论是自然科学还是人文社会科学,若想得出禁得起推敲的研究结论,研究中涉及的一手实验数据必须要真实。然而,纵观世界科技发展,伪造或捏造实验科学研究数据的案件频频发生。2001年美国贝尔实验室的舍恩(Jan Hendrik Schon)伪造篡改实验数据事件,成为科学史上最为著名的学术不端的案例之一。舍恩通过伪造实验数据,用所谓的“分子晶体管”糊弄了包括权威期刊编辑在内的许多学术人,过于嚣张的他甚至在三篇毫不相关的论文中使用完全相同的数据。

近些年,大学场域中的学术研究风气被“唯利是图”的功利色彩包围着,大学教师和研究生在科学研究中肆意伪造、编造适合自己研究的数据,这种现象日趋严重。根据一项对研究生的跟踪访谈发现,有10%以上的研究生认为自己的导师存在论文数据造假、伪造等学术不端行为现象[1]。美国马里兰大学Steven D. Munger教授因伪造数据撤销一篇《Journal of The Neurological Sciences》论文、日本东邦大学副教授藤井善隆发表于国内外学术杂志上的两百余篇论文中183篇涉及伪造数据等。

研究生篡改实验数据、伪造数据达到预期结果的案例还有很多。如台州一所大学的一名大学生在某公司实习,毕业论文与该公司的研发项目相关,结果他伪造毕业论文数据,给公司造成了极大的名誉损失;加州大学旧金山分校Peter Littlefield博士在已发表的两篇论文中数据造假;中科院上海有机化学研究所某博士论文中存在数据造假行为。另外,媒体揭露某知名高校博士研究生在博士论文答辩后被导师质疑,发现该生论文中的电子运算程序的参数设计与论文的结论不符,经过多轮质问后,该生承认参数设计数据是伪造的。[2]

②抄袭、剽窃他人的学术研究成果

抄袭、剽窃他人学术研究成果也是大学场域中教师和研究生出现的较为常见的学术不端行为。本研究将“抄袭、剽窃”作为一个词来解释——“未经著作权人的应允,将他人的作品部分或全部占为己有,公开发表并行使著作权的行为。”[3]近年来,硕士研究生、博士研究生涉嫌抄袭剽窃他人学位论文、学术论文观点的现象较为严重。作为具有较高学历的硕士研究生、博士研究生本应发表高水平的具有原

[1]王平.同行评议活动中的制度性越轨行为[J].自然辩证法通讯,2000,22(04):9-11.

[2]李文辉,蒋笑莉.研究生科研违纪主观成因分析及对策[J].学位与研究生教育,2001(1):36-38.

[3]江新华.学术何以失范——大学学术道德失范的制度分析[M].北京:社会科学文献出版社,2005:42.

创性的学术作品，严重抄袭、大面积剽窃或转述他人的学术观点已成为社会关注的焦点。近年来媒体披露的较为严重的学位论文、学术论文抄袭、剽窃案件有：日本早稻田大学博士生小保方晴子博士学位论文抄袭。最近澎湃网发现，两名同届学生的硕士学位论文除“致谢”部分不同之外，论文主体内容高度雷同。华东理工大学陈晓娟的硕士研究生学位论文与华中师范大学陈龙的硕士学位论文高度雷同，陈晓娟论文完成于2014年3月20日，陈龙论文完成于2014年5月26日，时间仅相隔两个月。[1]上述揭露的大学学术场域中较为严重的学术不端行为，只是冰山一角，类似的学术不端行为案例还有很多。

除了研究生存在抄袭、剽窃的学术不端行为外，大学教师在学术场域中出现抄袭、剽窃行为也时有发生。学者王锋曾撰文披露大学教师的学术道德问题：“青岛大学某位教授出版的著作和发表的学术论文抄袭了自己导师的教学研究成果、南京师范大学林某的论文《“脑体倒挂”考证溯源》全文抄袭发表在《科技导刊》中的《“脑体倒挂”考》；同济大学某教授发表的学术论文不仅题目存在变相抄袭，而且文章中的主体内容完全挪用了长春地质学院某教师的论文。[2]哈尔滨某高校刘茂长等发表的标注基金资助的论文《电子商务技术同化影响因素模型与实证研究》抄袭剽窃他人论文“Kevin Zhu，Kenneth L. Kraemer，Sean Xu. The Process of Innovation Assimilation by Firms in Different Countries：A Technology Diffusion Perspective on E-Business. Management Science. 2006，52（10）：1557-1576.”。这些学术抄袭现象并非学术人的个别学术行为，已渐趋成为大学教师和研究生学术投机取巧的主要方式。“晓声”曾发文《北大博导剽窃，叫人如何不失望？——评王铭铭〈想象的异邦〉抄袭哈维兰<当代人类学>》让学界震惊，北京大学毕竟是高等教育中的最著名学府，也是最早在全国实行博士论文匿名评审制度的高校，连这样高校的知名博导都出现了抄袭的学术不端行为。

③低水平重复

“低水平重复”的学术研究已是大学学术场域中一种较为常见的隐性学术不端行为。学术人在学术研究中为了达到某种既定“目标”，缺乏自主创新的学术钻研精神，重数量轻质量的学术价值观冲淡了学术人求真知的学术意念。[3]通过深度访

[1]两名同届硕士论文除“致谢”外高度雷同[EB/OL].（2016-04-07）[2016-04-14]. http://news.163.com/16/0407/11/BK1V9H5300014AED.html#f=dlist.

[2]王锋.抄袭：不仅仅是道德问题，更是违法行为[J].科研管理，1999，20（2）：68-73.

[3]罗志敏.学术伦理规制——研究生学术道德建设的新思路[M].北京：知识产权出版社，2013：70.

谈以及案例呈现，本研究发现，一些学术人(大学教师和研究生)从事的科学研究缺乏创新性，尤其是人文社会学科，他们重复着前人已做过的学术研究。学术人对传统的学术观点依赖性较强，不愿尝试理论范式创新，无意识地改编前人的研究话语，但仍保留了原作者的学术思想，同一主题的研究内容重复多次表达或调换表达顺序，粗制滥造，“剪刀+糨糊式”的东拼西凑，“产出”诸多缺乏理论深度的研究成果，对学术界无法产生应有的理论贡献。这种隐性的学术不端行为一定意义上来讲属于轻微程度的学术不端行为。

④学术论文署名中的学术不端行为

学术论文署名中的学术不端行为是一种较为常见的隐性学术不端行为，主要包括故意侵占他人研究成果、作者署名未能按照贡献大小来排序、学术搭便车、文章中挂了与论文无关的课题名称等。

第一，故意侵占他人学术研究成果。社会学家布劳德(Broad，Charlie Dunbar)对西方科学社会的研究发现，当今学术研究成果日益丰富，一个学术行动者的名字出现在百篇学术论文中属于正常现象。[1]但这些大量的论文不是出自学术行动者自身创作力的激发，也不是出自他们对真理的无功利追求，而是他们“巧妙”地运用了学术场域中的导师管理制来“霸占”学术产品。这些学术产品大多是博士研究生、硕士研究生通过辛勤劳动创造而来，而被“老板”直接剥夺、在论文中署上了导师的名字或直接忽略学生的名字，这种现象在大学学术场域中时有出现。由于研究生是初入学术场域的“青椒”，处于学术制度规制的底层，如何在学术场域中实现对话与交流要听从实验室或研究室“老大”的召唤。在我国现有的大学学术体制内，侵吞他人学术研究成果这种学术不端现象主要集中在学校、学院的领导中，他们忙于政务，但又要在学术上有所造诣、评职称，一定程度上，只能要求学生为其撰写学术论文或直接侵吞他人学术研究成果。《南方周末》曾披露过这样一个学术不端行为案例：上海某大学的院长利用职务之便将学院某教师的学术论文直接霸占，并署了自己的名字在学术期刊上发表。而且该院长曾将某位教师三年前向该学院提交的学会论文原封不动地公开发表。在学术界，像这位院长这样的“学霸”还有很多，绝不占少数。[2]这种侵吞他人研究成果的学术不端行为属于隐性的学术不端行为，一般被害人出于自保，不到万不得已的时候是不会举报的。另外，还有一种情况，在校

[1]江新华.学术何以失范——大学学术道德失范的制度分析[M].北京：社会科学文献出版社，2005:50.

[2]江水法，梁立明，沈谦芳.科技界精神文明概论[M].北京：经济管理出版社，2000:202.

的博士研究生、硕士研究生也有故意侵吞他人研究成果的情况，直接将授课教师的讲课内容作为学术论文的核心观点而不加说明；盗用导师的研究成果、研究数据而未在致谢或文中注明。如中国石油大学（北京）2008级某博士生2011年在期刊发表学术论文，有的研究内容主要来自其在国外联合培养期间指导教师的研究成果，没有署导师的名字。这种学术不端现象在大学的学术场域中也较为常见。

第二，作者署名未能按照贡献大小排序。这种学术不端行为属于一种隐性的学术不端行为。学术作品的署名排序是在遵照署名权的前提下，按照作者对学术作品的实际贡献的大小来进行的。不同的国家、不同的学科研究领域，也都是按照这个标准，作者署名的顺序按照对学术作品贡献大小来排序。但由于科学研究活动尤其是人文社会科学具有一定的复杂性和程序性，每个学术行动者对学术作品及科学研究成果贡献的大小是难以丈量的，也很难量化拷问谁为研究成果做的贡献最大。这一弊端给学界鉴别学术行动者署名的贡献大小带来了困难，也给许多投机钻营的人提供了"机会"，很多人抱怨自己对研究成果投入了相当多的精力最终无奈被课题组成员抢占了第一作者的位置。

无论是自然科学还是人文社会科学，学术论文的署名排序问题都会涉及作者的学术声誉、影响力、带来的利益等。一些高校的科研部门也对多人合作的学术研究成果进行了权重赋值，如两人合作、三人合作的加分都有区别，但第一作者的加分是最多的。这样就会促使学术行动者在学术论文署名时"不择手段"争做第一作者。在对一所知名高校的博士生访谈中，他是这样陈述的"目前博士毕业生的压力比较大，学校要求发两篇学科级的小论文，才能有资格参加学位论文答辩。每届导师指导的博士生有限，作为博士生撰写的学术论文，学生为了讨好导师，在圈内，有个不成文的规定，发表论文要署自己导师的名。但大多数导师对文章的署名非常谨慎，自己没有指导过的文章，学生若署上自己的名，他会非常气愤，批评学生。"[1]

第三，文章中挂了与文章内容无关的课题名称。文章是反映科学研究课题水平的重要指标。每个级别的科学研究课题都会在结题时要求学术人在不同级别的刊物上发表与课题研究内容相关的学术论文。如国家社会科学基金教育学一般项目要求学术人公开发表CSSCI来源期刊三篇……通过中国知网CNKI数据库检索，我们发现大学学术场域中的学术人在发表的学术论文中乱挂课题名称的现象较为严重，基础教育的文章挂上了高等教育的课题名称、社会学的文章挂上了毫无关系

[1]内容来源于对高校某研究生的访谈，访谈时间是2016年3月11日。

的法学类的课题等。出现这一学术乱象有三种心理表征：其一，自己的文章为了讨好他人或出于无奈，而将他人的课题挂在了自己的文章之下。其二，为了力求赢得编辑部“外加条件”的认可，挂上有分量级别的课题，试图争取早日发表。其三，自己的文章为了早日蒙混结题，而挂上了与文章内容不相关的课题。这种学术不端行为有的是显性学术不端行为，有的是无法察觉的隐性学术不端行为。

第四，学术搭便车。学术搭便车也是学术论文署名中的一种隐性学术不端行为，是指学术人对研究成果的生成没有贡献，却在成果中署名的学术行为。主要有两种表现：第一，研究成果的真实作者出于面子、无奈、压迫等被动原因将自己的研究成果署了别人的名字。第二，研究成果的真实作者主观愿意将自己成果署名拱手让人。无论是被动还是主动，从法律的角度来讲，客观上都存在行为人将他人的学术作品的部分或全部内容归为自己的署名，侵犯了他人的著作权，属于无效的法律行为。这种现象在高校较为常见，当学术剥削者面临职称评聘、奖项评审时，强行搭便车的现象尤为突出。然而，第二种情形还有这样的表现：被动搭车者往往是学术“大咖”，主动搭车者想借此快速发表自己的学术作品，也有人出于利益的交换、献媚单位领导等考虑；搭车者与被搭车者间建立了契约，本着投入最少、收益最大的理念实现学术作品最大限度地发表，这种现象在研究生群体中表现较为突出。

⑤编造参考文献、一稿多投

作为初入学术场域的研究生群体，他们在从事科学研究时需要在前人研究基础上进行理论或实践创新，需要广泛查阅前人的研究成果，只有这样才能保证自己的研究成果在某个点、某个方面是新的。在研究成果——论文、研究报告中正确、合理地标明所引用文献的出处，可以为后人查阅相关内容提供方便，这也是做研究的基本学术规范。社会学家默顿在谈及科学的精神气质时强调“科学的普遍主义和公有主义”，科学知识是非私人性的，它是公共物品，能够被自由地交流和传播，是社会合作的产物。[1]这就要求学术行动者在运用他人观点、材料时也要明确注明出处，并在文中表示感谢。不注明他人成果出处，实则是盗用他人学术成果的一种学术不端行为。

编造参考文献在研究生学位论文写作、学术论文写作过程中已成为一种“不言自明”的普遍现象。在对某高校随机抽到的50位硕士生导师的调查中，我们发现“大多数的研究生已经歪曲了高校有关参考文献的要求初衷，只有10%左右的导师

---

[1][波]彼得·什托姆普卡.默顿学术思想评传[M].林聚任，译.北京：北京大学出版社，2009：53.

认为自己指导的研究生全面阅读了列在文后的参考文献，有高达70%的导师认为自己指导的研究生文后列举的参考文献只是摆设，并没有真正理解，而且有很多学生列举的参考文献与自己的论文不相关，随意编造。”还有的研究生反映，“高校中的一些研究生为了应付学校的论文检查，投机取巧、不假思索地直接复制别人论文中的参考文献。”在访谈以及对网上的案例搜集中，笔者并没有发现高校教师有这种故意编造参考文献的学术不端行为。

对于一篇学术论文既发表在报纸上又发表在学术期刊上，或发表自己出版著作中的内容等合法合道德性的学术行为不在本研究的研究范围内。本研究所指的“一稿多投”主要是指一篇学术论文同时发表在多个学术期刊上。这种学术行为会浪费期刊编辑处理稿件的时间，也会浪费读者阅读文献的宝贵时间，引发知识产权纠纷。

第五，科研不作为。科研不作为是现代学术场域中较为常见的显性学术不端行为。学术人尤其是大学教师申请的科研课题获批立项未能本着诚实信任原则履行立项时的科研合同要求，迟迟拖延课题的完成时间、未完成科研合同的约定，在经过科研立项单位和学术人所在单位的催促与监管下仍未能在延期结项的时间内完成科研任务，最终被撤项。这种科研不作为的案例有很多，国家社会科学基金委员会、全国教育科学规划办等科研管理机构每年都会通报一些过期结项的科研课题或经过延期申请仍未能结项的科研课题。这种科研不作为行为浪费了国家科研资助经费，未能给国家科研事业贡献力量，构成民法意义上的缔约过失责任，违背了合同中的诚实信用原则。另外，导师作为学术指导者，对研究生平时的科学研究以及学业情况进行指导也是一种广义的科研行为。当其对研究生的指导出现不管不问、放任自流现象时，也应纳入科研不作为的学术不端行为中。

(2)学术评价中的学术不端行为

默顿认为，科学研究成果具有认知和实践双重价值，既服务于寻求认识性理解，又具有潜在的实用性的探寻规则价值。“它既可为我们认识事物如何成为事实上它们所存在的那样提供更多的知识，也可为我们如何去改变事物提供知识。”[1]随着我国学术事业的蓬勃发展，高校教师“制造”出的学术研究成果也亟须专家评审，评审活动也日益增多，如高校教师职称评聘、教师的课题申报评审、教师的研究成果评审、教师的科研成果奖励评审等等。在这些诸多评审环节中，评价者和申报者

[1][波]彼得·什托姆普卡.默顿学术思想评传[M].林聚任，译.北京：北京大学出版社，2009：88.

都存在相应的学术不端行为,违背了基本的学术道德规范。

①编造课题、职称、奖项等材料申报虚假信息

评审课题、职称、奖项等学术评价往往是一种选拔性的学术利益稀缺分配,面向的对象较广,名额有限,所以会出现“供不应求”的竞争局面。近年来,一些学术行动者为确保在学术竞争中取胜,能够顺利拿到课题、获得奖励、通过职称评审,在各种评审中出现弄虚作假行为。[1]在课题申报的环节,需要研究者填写其具备承担该课题的研究能力如前期的研究成果、已获得项目资助情况、参与课题研究人员的前期相关成果。这些都是评判申报者能否拿到课题的重要因子。鉴于此,一些教师出于学术功利心通过毫无根据地夸大自己课题研究的能力、伪造课题前期研究成果等不端手段在课题申报中取胜。

②课题、职称、奖项申报暗箱操作、拉关系

学术人在课题评审、奖项评审、职称评定等活动中除在“文字”上做手脚外,暗箱操作、拉关系也成为隐性学术不端行为的主要形式。这种隐性学术不端行为是学术人与评价者之间为了获得各自既得利益而出现的暗箱操作、拉关系的异化评审现象。由于教育部等部门组织的学术科学研究奖项评审项目较多、多数教师需要职称评定,加之科学研究评审机制尚存瑕疵,一些学术行动者通过人情关系寻找熟悉的关系、内部暗箱操作等方式进行学术利益交易。这些方式成了学术评审专家、高校教师以及学术利益相关者之间“沟通”的纽带,利益成了学术评价的一个隐性标准。另外,本该由高校中的三级学术委员会(学校、学院、学科学术委员会)负责评审教师的各项材料申报的评审工作,由具有专业判断能力的教授们来决定,但往往成员的构成离不开行政权力的介入、学术规则也离不开行政的干预,这种环境下的学术评审环境也会滋生学术人与评审者之间拉关系、暗箱操作等学术不端行为现象。

③同行评议权势独大

同行评议最开始的雏形可以追溯到17世纪中叶,西方发达国家在同行评议方面发展较为完善,而在我国尚处于起步发展阶段。同行评议的专家来自大学中各个学科领域中的专家,在各项科学研究项目评审、职称评审过程中发挥“学霸”角色,很大程度上能“掌控”稀缺学术资源的分配。目前大学学术场域中的同行评议行政化、非学术化评价现象较为严重。一方面,一些知名高校的领导既是行政领导

[1]吕东锋,吴萍.论学术不端行为的民事法律责任[J].广西社会科学,2014(5):92-97.

又是同行评议专家，既当“运动员”又当“裁判员”，他们凭借自身掌握的利益资源和权力，干涉课题评审、学科评估的结果。某种程度上讲，学术人能否获得课题、拿到项目、评上职称等，有的时候凭这些“大咖”的推荐可得到助力，这样的学术环境不禁让学者们担忧。有学者是这样表述高校出现的“权势独大”现象的，高校中的一些领导凭借手中占有的行政权力，建立了功利化的学术交易关系，破坏了学术公正的环境，他们不仅把持了学术资源的分配方式、评审专家间的关系；更严重的是，有的高校为了申报硕士学位授权点、博士学位授权点也要靠所谓的专家疏通关系，拿到了硕士点、博士点却忽视对研究生的培养质量。[1]这也印证了马克斯·韦伯所说的“大学中浓厚的官僚化色彩使得很多大学教师找不到从事学术研究的真正意义，消磨了他们捍卫学术自由与探究真理的勇气，为了追逐利益可以屈从专制、趋炎附势而不知羞耻。”[2]另一方面，同行评议成员在评议过程中评价标准亲疏有别、评价方式形式主义。目前高校基本都是采用量化的学术评价方式，追求研究成果给自身带来的社会效益，背离了《教育部关于深化高校教师考核评价制度改革的指导意见》文件精神。同行评价者面对这种量化评价方式也会出于自身利益考虑来评价申请者的材料，这些评价方式、程序背后的理念也远非默顿所言的“普遍主义、无私利性”，同样的评审材料依据申请者的身份不同而出现不同的评价结果。[3]本研究对××市几所高校及研究院的部分教师的深度访谈发现，高校中的评价标准因人而异的现象较为严重，一些同行评审专家往往在课题申报评审、课题结项评审、学术成果鉴定评审、教师职称评审中都会根据申报者与自己关系的亲疏远近“灵活”运用评审规则，对于自己熟悉的申报者会想方设法去“照顾”。

(3)学术管理中的学术不端行为

学术管理中的学术不端行为主要是指学术人违背学术精神、违反学术自治管理制度，在从事科学研究活动中违法套用挪用科研经费、学术科研资源中的权权交易、权钱交易、利用国家审批的学术科研项目从事营利活动等违规、违法使用学术资源的行为。较为典型的网络媒体曝光的违反学术管理规定的学术不端行为案例有很多，如北师大地理学与遥感科学学院教授，兼遥感科学国家重点实验室副主任张某，负责遥感科学国家重点实验室北师大分部的全面工作，他利用职务之便获得

[1]王喜平.学者的类型与道德[J].自然辩证法通讯，2000，4(6)：5-7.

[2]祝贺.韦伯的大学观——《以学术为业》研读[J].高校教育管理，2009，3(3)：76-79.

[3]李楠.关于深化高校科技评价改革的思考[J].中国高等教育，2014(9)：18-20.

横向课题、套用国家科研经费达百万[1]；中科院地质与地球物理研究所研究员段振豪找虚假票据以各种名义从科研经费中报销，贪污科研经费百余万[2]；湖南某高校两名教师王某与李某伪造新闻出版总署科研立项文件，利用虚假课题及其立项资金单独或伙同他人套取学院配套资金[3]。另外，还有一些教育部通报查处的一些高校教师未按照规定的时间完成课题任务，未将科研经费用作科研活动的开展而是利用国家资助的科研经费从事以营利为目的的商业活动。

在对大学学术不端行为进行分类时，本研究重点说明的是有关学术人主流意识形态方面存在的问题不纳入学术不端行为的范畴。主流意识形态属于思想政治范畴，2015年国务院办公厅颁发的《关于进一步加强和改进新形势下高校宣传思想工作的意见》指出，"在党中央坚强领导下，高校宣传思想战线始终坚持正确政治方向和舆论导向，……，宣传思想阵地管理不断加强，党委统一领导、党政工团齐抓共管的体制机制逐步完善。"[4]这也充分说明了意识形态是党的一项重要工作，大学虽是培养意识形态的重要场所，但这与学术不端行为问责是两个概念，存在区别，学术研究不同于意识形态，学术自由强调的是追求真理、尊重事实，崇尚科学的态度；而意识形态强调的是人的人生观、价值观，属于思想政治范畴。《中华人民共和国教师法》开宗明义强调"为了保障教师的合法权益，建设具有良好思想品德修养和业务素质的教师队伍，促进社会主义教育事业的发展，制定本法。教师是履行教育教学职责的专业人员，承担教书育人，培养社会主义事业建设者和接班人、提高民族素质的使命。"也就是说，成为教师就应具有较高的政治素质、拥护中国共产党的领导，这是成为教师最基本的条件。由于学术人主流意识形态偏差而出现发表的学术成果存在涉及民族与宗教问题、主流思想方向不正确，这是个人政治观念价值取向问题，需要的是党的政治问责，需要加强学术人的思想政治方面的学习，尚不属于学术不端行为问责范畴。

[1]北师大一教授3年骗领科研费70万被判刑11年[EB/OL](2014-12-20)[2016-11-12]http://news.xmnn.cn/a/gnxw/201412/t20141221_4258804.htm.

[2]科研经费贪污调查：找发票虚假报销套经费
[EB/OL](2014-01-15)[2016-11-12] http://finance.ifeng.com/a/20140115/11470423_0.shtml.

[3]湖南两教师伪造总署公文被处分[EB/OL](2012-04-11)[2016-11-12]http://zf.chuban.cc/df/201204/t20120411_104833.html.

[4]中共中央办公厅、国务院办公厅印发《关于进一步加强和改进新形势下高校宣传思想工作的意见》[EB/OL].(2015-01-19)[2016-09-05]http://education.news.cn/2015-01/19/c_1114051345.htm.

三、大学学术不端行为治理困境反思

(一)大学学术不端行为治理面临的困境

笔者对现实境遇下的大学学术不端行为治理手段进行了概括与总结,发现这些手段未能从根本上对大学学术不端行为的发生起到遏制作用。其一,由于技术手段本身具有时间滞后、机械性等局限,采用技术手段治理学术不端行为,易给学术人留下学术投机取巧的空间,最终造成治标不治本的困境。通过这种方式也很难辨别出学术人通过变换语序、句子表述拼接而成的学术作品的学术不端行为。其二,多种制度逻辑规约下的学术不端治理会引发更多的学术制度性困惑,导致无理性制度的叠加与堆砌,引发学术治理的制度性危机。其三,道德的规约仅是规范伦理学的一个范畴,局限于“道义上”对“善、恶、是、非”的判断处理,这种治理手段需要完全靠学术的道德自觉。但通过媒体频频爆出的教授抄袭剽窃造假等诸多案例来看,仅仅通过道德自律来约束学术人的学术行为难以起到净化学术风气的作用。

1.技术手段治理无奈

大数据时代,互联网技术已得到广泛应用,数据库不断更新让抄袭、剽窃他人研究成果等学术不端行为变得更加容易与便捷。同样,技术的发展对论文查重系统规范学术不端行为也提出了较大挑战。利用高科技手段来反抄袭、反剽窃已成为许多学术管理部门检测学术人学术研究成果是否存在学术不端行为的一种不可或缺的手段。然而,这种通过技术手段治理学术不端行为的方式是否真的奏效?是否真的万无一失?我们可以通过下面三个案例来解释这一问题。

案例1-1:技术规制背后的弱点[1]

21世纪是网络的世界,大数据信息的不断完善与发展,给学术不端行为治理也带来了困境。随着2008年中国学术期刊电子杂志社联合中国知网、万方等数据库公司研发的“反抄袭剽窃”检测系统的应运而生,2009年3月起,一些高校陆续开始使用这一软件进行学位论文检测,学校各自规定自己学校适合参加答辩的文字复制比,该检测系统能够检测出与数据库中存在的文献相似或相同的句子。

张某是一位在职攻读硕士学位的大学教师,自己的学位论文是用一个星期东拼西凑而成后提交至学校的,虽然很多学生都是这样蒙混过关的,但今年听说学校

[1]余小北.论文也有“测谎仪”[EB/OL].(2009-06-27)[2016-03-07].http://www.nbweekly.com/Article/shtml.

要采用反剽窃论文检测软件检测学位论文,他担心提交的学位论文不能通过学校的检测,时常忐忑不安。

与所有善于钻学术空子的人一样,张某也是有所准备的,他到处寻求帮助,在网络上寻求技术支持:可以尝试使用word里面的替换功能,将“把字句”换成“被字句”,替换英文状态下的标点符号,在一定程度上可以避免被查出抄袭。然而在得知学校采用的是新的学位论文检测系统后,张某以购买系统的客户身份询问公司,被公司告知:目前的系统具有高识别文字复制比的功能,简单的替换文字也有可能被系统检测出来。这也是张某十分担心的。

武汉大学信息技术学院的林老师强调,中国知网、万方等数据库联合推出的这款论文检测系统是存在漏洞的。首先,这种检测软件的检测标准单一,不同的学科、不同的研究方向所涉及的技术标准是不同的。比如,历史研究就需要将大量的史料进行整理与分类,能够将这项工作做好就是一个好论文,这必然会涉及引用与借鉴很多材料。这在这种检测系统看来就是抄袭他人学术观点的学术不端行为。其次,这种检测系统很难从根本上杜绝学术不端行为,只能是防君子不防小人,在一定程度上减少由简单的文字拼凑而造成的抄袭等学术不端行为,可能会产生新的问题。如会产生专门修改论文的专业性的非法营利组织;剽窃抄袭手段变得更加隐蔽,并非简单挪动文字而是抄其大意。

张某后悔没有找一个专门进行学位论文抄袭评估的“管家”。因为这种“管家”可以利用互联网中的相关信息针对客户提供的论文进行抄袭剽窃评估,为其找出可能存在抄袭的部分,并提出问题论文的详细修改方案,直至无抄袭再付费。

案例1-2:山东大学临届硕士毕业生的硕士学位论文完全雷同[1]

网络媒体披露的山东大学档案学2013届毕业生陈振的硕士学位论文涉嫌抄袭安徽大学2012届毕业生刘俊玲的硕士学位论文,论文的主体内容、摘要甚至连致谢都完全雷同。

刘俊玲是2012届毕业生,陈振是2013届毕业生,两篇学位论文前后相差不过一年的时间刊登在中国知网。按照媒体讲述的论文登录数据库时间来看,学位论文一般需要半年时间入库,为何陈振大篇幅抄袭刘俊玲的论文没有被山东大学研

[1]山东大学调查论文抄袭事件 指导教师:我也很纳闷[EB/OL].(2016-01-26)[2016-03-07].http://finance.sina.com.cn/sf/news/2016-01-26/110618575.html.

究生院的学术不端行为检测系统检测出来？

2016年1月24日下午，山东大学历史文化学院文秘档案学系主任、硕士生导师刘旭光教授在接受新浪网记者采访时说，作为陈振同学的导师，他对陈振同学的硕士学位论文大篇幅抄袭表示很纳闷，依照山东大学的学位授予规定，申请学位的学生在答辩前须通过学校的学位论文查抄检测。陈振的学位论文必须经过"查重"检测，即以专业软件检测文章与既有论文的相似度，以杜绝抄袭等学术不端行为。而刘俊玲论文与陈振论文总文字重合比显著超过60%。对于为什么在答辩前陈振同学的学位论文没有被学校检测出有问题，他的导师刘旭东教授表示很纳闷，当初陈振同学的硕士学位论文是做过相关的"查重"处理的，为何没有被学校的论文检测系统检测出来，他本人也想不通。

许多网友强烈谴责陈振同学的严重学术抄袭行为，对山东大学的学位论文查重机制产生了质疑。是该校的查重技术手段失灵？还是该生通过"关系"蒙混过关？还有部分网友质疑说，两人的硕士学位论文出自一个买家，只是购买的时间不同，后购买的陈振遭殃了，陈振在抄袭他人论文时，刘俊玲的学位论文还没有被中国知网数据库收录，缺少获得文本的途径。据澎湃新闻和《生活日报》报道，刘俊玲同学的学位论文是经得起检验的，但陈振同学的学位论文是否找人代写、"劣质"学位论文为何未被学校的论文检测系统检测出来，校方及媒体也并没有给出合适的解释。笔者通过访谈中国知网相关技术人员了解到："论文检测系统存在检测期限的问题，当年毕业学生的学位论文不能立即被中国知网CNKI数据库收录，最长的收录期限是两年，而且各个学校上传给知网的时间也不同，这也会给抄袭剽窃与自己毕业年限较近同学的学位论文带来一定的'福音'，这也是中国知网收录文章的漏洞所在。"

刘俊玲的硕士学位论文早在2010年就开始跟随导师马仁杰教授做毕业论文，该论文耗时2年，长达5万余字，"是经得起检验的"，而并非网络传言"花钱买的"。她的导师马仁杰教授介绍，当时写作这个论文时，刘俊玲花费了很多时间和精力。师徒二人对论文进行了反复的修改。论文完成之后，他们投到档案学核心期刊《档案学通讯》上，2012年3月份就已发表。2012年毕业前，刘俊玲的毕业论文被评为学校的优秀论文。此后，国务院学位委员会对全国的硕士论文进行抽检，刘俊玲的论文被抽到，被专家评为“优秀”。[1]

案例1-3：东北师大文学院两篇硕士论文高度雷同，系出同门仅相差一届[2]

还有个更为奇葩的案例。近日，澎湃新闻记者发现，完成时间仅一年之隔的两名东北师范大学研究生的硕士学位论文存在高度相似的离奇现象。此外，两篇论文的作者还是同一导师指导、同一学院同一专业毕业的“同门”，前后仅相差一届。

澎湃新闻记者从“万方数据”学位论文库中找到了这两篇中国古代文学论文，分别是东北师范大学中国古代文学专业2005届硕士毕业生马达的《曹魏三祖诗歌特色研究》（以下简称“马达论文”）和东北师范大学中国古代文学专业2006届硕士毕业生张立明的《魏氏三祖诗歌特色研究》（以下简称“张立明论文”）。马达论文的完成时间是2005年5月，张立明论文的完成时间是2006年6月，时间上张立明论文比马达论文晚一年。澎湃新闻记者对比发现，两篇论文相同的地方不仅仅是题目、摘要、关键词、引言、参考文献，高度相似的地方遍布全文，甚至一些错误也基本相同。更蹊跷的，这两篇硕士学位论文拥有同一位指导老师——东北师范大学文学院教授、博士生导师傅亚庶。在两篇论文的“学位论文版权使用授权书”上，这位老师的签字（签章）清晰可见。

当年东北师范大学研究生院对答辩之前的学位论文并没有实行“查重检测”，事后也没有进行追查。除了学校及导师对学生学位论文没有严格把关外，技术手段控制学术不端也存在一定的缺憾。就算当年对时隔一届学生的学位论文进行检测，据万方数据库相关工作人员称，由于时间间隔较短，技术本身存在的缺陷和弊端，也很难查出涉嫌抄袭的学位论文。

上述的三个案例表明，由于查重技术本身存在一定的弱点，未能有效解决学术抄袭剽窃造假等学术不端问题，更无法唤醒学术人学术责任伦理意识。很多学术人质疑，“一个极其标准的学术检测系统如何能够精确地鉴别出本身具有很强主观性的人文社会学科论文中的剽窃问题。”[3]我们可以试想一下，倘若学术论文仅仅通过简单技术层面的检验就“合格”了，那么具有学术原创性的学术论文产生的意义

[1]李师荀．山大论文抄袭，被抄者竟早有所知？[EB/OL].（2016-01-29）[2016-03-07]http://yuqing.cyol.com/content/2016-01/29/content_12133546.html.

[2]东北师大文学院两篇硕士论文高度雷同，系出同门仅相差一届[EB/OL].（2016-02-22）[2016-03-07].http://www.sxdaily.com.cn/n/2016/0222/c322-5823048-1.html.

[3]贺方．惩治学术不端要靠自治的力量[N].法制日报，2009-04-23（3）.

何在？这与工厂生产出来的商品经过技术检验合格后上市又有何区别？另外，还有一些高校如北京师范大学、武汉大学的硕士、博士学位论文不被中国知网（CNKI）数据库收录，这也造成了给想彻查抄袭以上学校作者的学位论文的学术不端行为带来困难。中国青年报社会调查中心对全国近1.3万受访者就高校实施的学术抄袭检测系统进行了问卷访谈调查，仅有22.1%的受访者认为该系统可以震慑学术人的学术造假等学术不端行为；而有53.4%的受访者对这一问题持怀疑态度，"学术研究本应是纯净的、靠学术人自身努力而达致的一项事业，为何需要学术检测软件来规约"；也有21.8%的受访者认为学术不端远非一个检测软件所能控制住的。[1]

2. 现有制度执行真空

学术管理中的制度手段约束主要是指国家相关部门及高校针对学术不端行为专门制定的治理该行为的制度性规范，也称学术规范。自1999年开始，教育部等部门出台了相关的法律法规、部门规章及规范性文件。从宏观维度层面来讲，国家相关部门出台的这些规范性制度在一定程度上对遏制学术界滋生的种种学术不端行为起到了一定的积极作用。但一方面由于制度本身存在的缺陷，这些规范性制度均是从宏观层面对学术不端提出的治理指导性意见，而在内容规范性、体系完整性等方面尚存在一定缺陷，导致制度执行的效力偏低、约束力不强。分析事物总要有个分析标准，没有标准就意味着没有分析框架和依据。具体而言，制度是政策的重要组成部分，在分析制度规范时，我们可以借用国内普遍的分析教育政策标准维度——完整性、科学性和创新性，[2]来考量国家相关部门出台的这些制度内容。一个制度内容本身是否完善、是否科学、是否具有创新性将直接影响其执行的效果。首先，从内容本身的完整性来看，至全国人大1999年颁布《科学技术进步法》以来，笔者发现我国相关部门出台的有关学术不端行为的政策性文件仅从学术不端行为表现这一方面切入，对主体的界定、责任的界定与划分、处理程序与事后行为人合法性权利的救济等方面涉猎甚少。权利、责任、义务是道德生活中的核心元素，有权利势必涉及义务的履行与责任的承担，三者构成了道德生活的主旋律。而且文本中关于学术不端行为的查处、归责、认定还是较为笼统，高校依照此标准来实施还不能做到有章可循、有理有据。其次，制度的科学性是指制度内容各要素间关系

[1]中国青年报社会调查中心. 那些职业失去操守最严重？[N]. 中国青年报，2009-04-28(5).

[2]孙绵涛. 关于教育政策内容分析的探讨——以中国1978年后教育体制改革政策内容的分析为例[J]. 教育研究与实验，2007(3)：36-45.

明确、逻辑清楚,即合理性。从内容本身的科学性来看,通过对上述的制度核心内容考察我们可以发现,大多数制度条款间缺乏必然的联系,难以体现制度的合理性。如对如何治理学术不端行为、谁来治理学术不端行为以及如何能够实现治理效果最大化等内在逻辑性的规定较为欠缺。学术不端行为治理的制度设计应确保其内容的联系性、合理性,而非内容的重复堆砌与简单移植。最后,从内容本身的创新性来看,这些制度存在重复、烦冗、"小打小闹"的弊端。如在对学术不端行为的界定上存在重复的困境,有的制度规定了七条、有的制度在保持原有制度内涵的基础上增加至九条;再比如,在对学术不端行为处理机制上,教师和学生是两个不同主体,但通过对文本考察我们发现这些制度在处理程序和处理理念上基本是一致的,不利于针对不同主体产生的学术不端行为提出有效的治理对策。总之,从衡量制度的三大标准——完整性、科学性与创新性来看,有关学术不端行为治理性制度内容规范尚存有瑕疵。另一方面,从外部的因素来看,多重制度逻辑的嵌套、制度供给失灵更会衍生出许多新问题。由于新制度是在旧制度出现缺陷情况下制定的,新制度在运行中又出现了新问题,循环往复、周而复始,难以逃离制度性怪圈。有了学术规范制度,一系列的配套制度就会应运而生,如学术评审制度、学术评价制度、职称评审制度等等,一个环节出现了差错就会影响整个制度的运行。而且多重制度逻辑规约下的制度设计会有不同的利益偏向,在缺乏公共理性、信息不对称以及外部权力介入的制度背景下,制度本身的正义取向也会受到侵染,对于学术制度依然如此。学术不端的规制需要的是学术共同体间的问责"共治",远非仅仅依靠公权力过度介入所能解决的。

美国科学院委员会编纂的《科研道德:倡导负责行为》曾指出:若规章管理模式漫无目的、毫无创新地被制定出来就容易致使科学研究带有严重的行政化味道,完全以制度为规制手段,会出现欲治而无效的局面,可能会降低研究者的学术敏感度、扰乱学术共同体间的学术秩序运行。社会的本质应是人的本质的体现,社会应是人们通过同其他人的实际聚合来表现自己和确证自己的活动场所,制度则是保证这种活动得以实现的关系规范。[1]现有的学术制度还不能突破层层的制度瓶颈,如何发挥学术制度应有的"善"功能,规避制度的利益性依赖,如何确保该制度既是

[1]辛鸣.制度论——关于制度哲学的理论建构[M].北京:人民出版社,2005:56.

一个有"效力"的学术制度,又是一个有"实效"的学术制度[1],值得我们反思。

3.道德约束孱弱

由于上述治理大学学术不端行为的手段在一定意义上存在瑕疵和缺陷,强化学术道德建设被认为是治理大学学术不端行为的基本方法。2002年教育部发布的《关于加强学术道德建设的若干意见》首次强调了加强学术道德建设的必要性和紧迫性,建议建立学术惩戒制度。各级教育行政部门和相关机构应视具体情况对违反学术道德的行为给予批评教育,撤销项目,行政处分,取消资格、学位、称号,直至解聘等相应的处理和处罚。[2]随后,教育部在2006年发布的《关于树立社会主义荣辱观进一步加强学术道德建设的意见》也与前面的意见相类似,对加强学术道德建设、正确引用规范、遏制学术抄袭提出了宏观指导性建议。同年,教育部科学委员会设立了学风建设委员会章程,建立了学风建设委员会。国务院学位委员会在2010年发布的《关于在学位授予工作中加强学术道德和学术规范建设的意见》也指出,学位授予单位应建立健全学术道德标准和学术规范,严肃处理舞弊作伪行为。此外,在高校层面上,一些老牌"985"高校如北京大学、清华大学、武汉大学响应国家关于学术道德规范的建设性意见率先出台了大学教师学术道德准则、科学研究道德行为准则等。

以上提及的这些学术道德规范无论是国家层面的还是高校层面的,从文本内容来看,笔者认为除了一些对学术人进行泛泛意义上的道德批评教育之外,其余的内容与上述在制度层面的学术规范别无两样。这些规范性文件主要是针对学术人的"论文格式""引文方式""文字表述"等技术操作层面的规范,远非哈耶克(Friedrich August von Hayek)所言的自生自发意义上的学术规范。这种操作层面的规范也远非制定者预期要达到的目标。这些学术道德规范只是"弹性"地希望学术人遵照此规范来执行,而对于失范的行为如何承担道德责任尚不明确。如果学术人在学术研究过程中仅仅做到了在论文格式、引文层面、文字表述层面的规范,这样的学术研究也只能停留在一种器物层面上,难以唤醒学术人的学术道德意识觉醒。

[1]学者高兆明认为,一个"善"的制度,不仅仅是形式、工具意义上的"善",更是实质、内容意义上的"善"。一个有效力的制度是指制度具有合法性根据,并以合法明示的方式明确规定有约束力的行为规则要求。一个有实效的制度是指通过各种力量维护能够在日常生活中事实上有约束作用,能够有效地规范与调节社会日常生活。引至:高兆明.制度伦理研究——一种宪政正义的理解[M].北京:商务印书馆,2011:54.

[2]教育部.关于加强学术道德建设的若干意见[EB/OL].(2002-02-27)[2016-04-20].http://www.moe.edu.cn/publicfiles/business/htmlfiles/moe/moe_25/200407/943.html

近些年,高校对知名教授、博导科研成果存在重大抄袭的案件的处理也是通过道德说教的方式,最后不了了之。

复旦大学王正敏院士申报院士的评审材料被举报有57篇学术论文涉嫌造假、抄袭。我们可以发现,校方在对王正民院士的处理意见中仍是以道德教育为主,对其学术不端行为的处理过轻。如下:

"第一,王正敏需要对《耳显微外科》《颅底外科学》和《王正敏耳显微外科学》三本专著中,未经标注采用英文原著中图片的学术不规范、不道德行为向原作者做出书面道歉。今后对这些书籍的重印或再版,必须严格遵循我国目前所制定的学术规范。眼耳鼻喉科医院学术委员会,应将本调查报告通知上述著作的出版社。

第二,王正敏应对院士申报论文材料中存在不实事求是的做法向中国科学院做出说明。

第三,眼耳鼻喉科医院学术委员会和医院领导应该督促被举报人落实以上处理意见,并且将本报告向全院医师和研究生通报,进行一次遵守学术规范的教育。"[1]

多数网友对处理意见持有怀疑态度,王正敏本人严重的系列剽窃造假行为不仅在学术上属于严重违规,更涉及侵权违法,他应向上述三本书的出版社做出明确的说明与道歉,并接受相应的行政处罚。

近些年,我国大学学术的整体水平呈现飞速发展的态势,但网络媒体频频披露的学术不端案件表明,曾被教育主管部门和各大高校寄予厚望的学术道德规范未能真正有效唤醒大学学术共同体成员的学术道德良知与学术羞耻心,也未能实现社会人普遍意义理解上的通过道德说教规约大学学术共同体成员的学术行为矫正的"良性互动"。2012年,哈佛大学数百名学生考试作弊,也引发了美国学者对道德提醒能否真正减少学术不端行为的发生产生了质疑。[2]

道德责任规约更倾向于主观道义层面的约束,局限于道义上对"善、恶、是、非"的判断与处理。道德责任突出的是道德动机与内心善良,不强调行为主体的能力。在倡导依法治教与推进教育治理能力现代化的关键期,只强调良心、意志,忽视责任伦理对行为主体的约束,忽视责任、规范与承担行为的方式,是不能适应当今法治化社会发展的基本要求的,更应突出行为人的责任能力。这种道德规约的标准

[1]复旦大学对王正敏院士学术不端行为调查报告:袒护包庇,大事化小[EB/OL].(2013-09-11)[2016-03-13]http://blog.sina.com.cn/s/blog_aa3a73ae0101ewte.html.

[2]道德提醒能否减少学术不端行为[N].中国社会科学报,2014-06-17.

远非社会“约定俗成”的标准与角色认同的“契约”，未能得到社会和行为主体的“同意”，道德动机和心地善良成为整个道德责任规约的评判标准。

（二）大学学术不端行为治理启示

本章阐述的大学学术不端行为本质、表现以及治理过程中面临的困境让我们愈发意识到学术不端行为不仅仅是造假、剽窃和抄袭，学术治理手段也绝非通过上面提及的手段来规制几个学术违规案例那样简单。学术不端行为远非一种学术行为上的越轨与失范，更是学术人对学术价值本质追求的亵渎和背离。换而言之，学术不端行为并不仅仅是学术人在学术行为与学术道德层面僭越了学术本真的价值与追求，而是学术人未能意识到自己有责任去遵循学术价值规范的责任伦理，即对学术人学术责任伦理的侵犯。据此，大学出现的学术不端行为看似属于一种学术人学术行为表层上的失范与违规，实则从根本意义上来讲是学术人对自身学术责任伦理的一种无意识缺失或有意识僭越。学术责任伦理的失范与违规对大学学术文化的创新是一种侵蚀与毒害，扰乱了大学学术存在的合法性基础。

角色是责任场域中最为重要的构成元素。责任场域是由各主体在各位置之间存在的客观关系职责所形成的一个关系网络，在这个关系网络中各主体应明确其职责与义务的范围，在限定的场域中遵守内在契约而存在、行事——创造差异、与众不同，进而维护一个卓尔不群的共同体。[1]学术场域中的学术共同体成员处在不同位置之间的关系网络交往之中，每一个位置都要受到它与其他位置关系的相互作用与影响，[2]学术场域内部也分为诸多子场域，每个学术子场域中的学术共同体成员都会创造出区别于其他子场域的独特“产品”，但这种创造是建立在清晰的责任体系与规则基础上的。正如布尔迪厄（Pierre Bourdieu）所强调的，每一个子场域都具有自身的逻辑、规则和常规，而在分割场域的每一个阶段，都需要一种真正质的飞跃。[3]这也是学术场域“制造”符号资本的规则，符号资本是布尔迪厄所指的符号暴力，符号资本使得学术行动者在场域博弈中取得的“战利品”套上了合法的外

[1][法]皮埃尔·布迪厄.实践与反思——反思社会学导引[M].李猛，李康，译.北京：中央编译出版社，1998：133.

[2]张意.文化与符号权力——布尔迪厄的文化社会学导论[M].北京：中国社会科学出版社，2005：72.

[3][法]皮埃尔·布迪厄.实践与反思：反思社会学导引[M].李猛，李康，译.北京：中央编译出版社，1998：142.

衣，当社会行动者[1]不假思索地接受和认同这些表象时，符号暴力也就顺理成章地剥夺了个体对真相的思考能力，形成了学术权威。学术场域中的学术权威形象的形成与维系是在学术行动者明晰学术角色中的责任要素基础之上，在学术权力与学术权利间寻找学术责任的平衡点。对于学术行动主体而言，履行学术角色责任的根本在于历练学术行为主体的心智，即形成学术行为主体的学术责任认同力、学术责任实现力和学术责任向心力三者间的网状互通网络。康德（Immanuel Kant）也曾指出，“人，每一个在道德上有价值的人，都要有所承担，没有任何承担、不负任何责任的东西，不是人而是物件。”[2]责任是社会结构点上的凝聚力与承载力的集合，也是这个结点上的力量表征。某种意义上来讲，角色认同与责任认同是一致的，角色认同是对特定时空所处的社会关系的认同，认同这一社会关系，就意味着对社会赋予人的角色的认同，或者是既认同了这一社会关系，就得争取这一关系角色的社会认同。学术人在学术共同体场域交往中扮演的角色与其承担的学术责任是相符的。学术角色认同的过程是一个获得关系双方承认的过程，也是获得第三方即社会认可的过程。学术角色虽然只是一个象征性的符号、一个头衔，但其获得应以行为主体的心智为基础，没有足够的能力、德性和智慧，要争得一个社会角色是不可能的。因此，我们可以得知，根治大学中出现的学术不端行为这一毒瘤，需要唤醒学术行为主体即学术人的学术责任意识，还原韦伯所指的“为了科学而科学”学术的原生态价值，明晰学术不端行为责任的构成要件，科学有效地实施学术问责，划定学术秩序与学术自由边界。

学术责任伦理是已被现代社会关注、能够对学术共同体成员的学术行为加以约束的内生性学术规范、学术伦理准则。当学术共同体有着较为完善的学术责任伦理来约束，群体内的成员能够在学术职业伦理的框架下有序开展教育实践活动。相反，学术职业群体会出现现实教育实践中衍生出诸多学术伦理失范现象。近年来，虽然我国在学术规范、学术伦理道德建设的宏观政策层面取得了一定的成绩，但受功利主义、工具主义价值取向的影响，现代教育领域折射出精神层面低俗化、物质层面功利化以及文化层面庸俗化倾向，导致了有悖于学术伦理道德精神的学

[1]社会行动者这一词是布尔迪厄在场域中引用的。他认为，处身于场域中的个体并不构成实践社会学的研究对象，个体必须以行动者的面目出现才能与实践社会学的各种概念发生联系。本研究借用社会行动者这一词，想说明学术人不是学究派，而是能够对深嵌进我们对实践事实中的预设进行系统的学术批判，形成实践的学术逻辑，内化于概念、分析工具与经验的实践研究。

[2][德]伊曼努尔·康德.道德形而上学原理[M].苗力田，译.上海：上海人民出版社，2002：6.

术不端、学术腐败等行为。乔伊·布莱恩特(Joy Bryant)挑换血液样本事件是生物医学领域典型的学术不端例证。以真理的获得为主要回报的学术原创已异化为以制造大量学术垃圾为荣的功利化学术价值取向,驱逐学术创新责任意识的精神觉醒。[1]责任和责任意识是人之为人的根本标志,责任是人的本质,责任和责任意识亦是理性人的根本标志。作为在学术场域中从事科学研究工作的学术人,学术责任心是促成他们形成学术责任认知角色与学术责任认同感的内在心理机制,也是连接学术人学术责任意识、身份角色认同以及学术责任认同的桥梁。同时,学术责任与问责是内生于学术本质中的一种约定俗成的学术契约,需要学术人在学术实践中积极践行、勇于承担。美国总统林登·约翰逊(Lyndon Johnson)曾说,责任不是别人给你强加的负担,而是你敢于挑战自我的积极选择。[2]因此,合理设定大学学术不端行为责任、实施有效问责理应成为治理大学场域中出现的学术不端行为的有效方式,有效规约学术人的学术不端行为,起到警醒与教育的作用。

[1]陈亮,陈恩伦.论学术责任伦理及其塑造[J].现代大学教育,2016(2):74-79.

[2][美]查尔斯·格罗.不要推卸责任[M].徐海华,编译.北京:群言出版社,2004:2.

第二章

大学学术不端行为问责的学理阐释

任何生活于公共场域空间内的社会共同体成员都不可能断绝与“秩序”这种公共物品发生联系，它的特殊性在于维系人与人之间的行为得以理性互动的“安全阀”。秩序离不开规范的调适，社会秩序总是与相应的行为准则保持适度的联系。[1]学术秩序是学术人从事学术研究的一项学术黄金律令，它使得大学场域中的学术人能够在限定规范的约束下展开学术交流、完成学术创新活动。同时，这也能促使学术不端行为问责能够在有序、合理的限度内运行。学术人遵循了破坏学术秩序则需承担责任、接受问责这一逻辑，使得学术秩序的达成有了共识支持。大学学术不端行为问责作为一种对学术行动者的学术失范行为进行纠偏的责任追究方式，有其内在的逻辑指向。本章重点对应然状态下的大学学术不端行为问责特性与内在逻辑展开学理探讨。

一、大学学术不端行为问责的内在机理

大学学术不端行为问责的生成是一个动态演变的过程，有内在的逻辑指向。存在意义上的大学社群组织需要依靠学术共同体间的信任、合作等深度互动来达成，这种理想互动交往模式的达成需要学术秩序的维系，因为学术秩序是维系大学社群组织有效运行的基础和保障，为学术共同体成员学术合作的生成提供制度性条件。学术秩序也离不开学术规范的润养，学术秩序的生成是建立在学术共同体成员善意合作间的学术共同道德规范准则基础之上。然而，由于学术个体出于个人私益的考虑，常常破坏“游戏规则”，出现种种学术不端行为，维系学术规范的权威需要通过对学术不端行为展开合理合法的问责来实现。

（一）秩序存在是大学生存与发展的基础

纽曼(Newman)曾说：“秩序是人类自由的先决条件，自由是承担责任的秩序目标。”[2]社会秩序作为社会关系的调节剂，生成于社群中人与人相互交往的行为关系之中，具有互动性、稳定性、连续性和一致性等特征。在社会场域中，社群中的人与他人进行交往而形成的社会关系行为是对周围环境、外界刺激产生的一种有意识的、有目的的能动反应。任何社会行为的产生都不是孤立的，都需要人的推动，人与人、人与群体以及群体与群体之间存在着多元“互动”关系。互动是人的社会化

[1]邢建国，汪青松，吴鹏森．秩序论[M]．北京：人民出版社，1993：5.

[2][美]雅罗斯拉夫•帕利坎．大学理念重审——与纽曼对话[M]．杨德友，译．北京：北京大学出版社，2014：71.

条件，也是一定社会关系的外在形式，这种多元“互动交往”模式的形成与运行离不开秩序的有效调适，没有秩序规约的社会是一个空壳。[1]大学作为社群组织中精心培育的学术细胞，同样符合这样的秩序运行逻辑。

秩序对于大学这一社群组织中的学术个体发展而言意义非凡。秩序作为一种文化规范，是社群组织存在的象征性符号，凝聚着社群共同体内的规范能量。学术个体也只有在具有规范秩序意义的学术社群组织仪式中才能真正获得自身发展所需的集体荣誉感和归属感，而非仅仅关涉个体的利益得失。[2]只有将秩序作为社群学术个体的行动准则，才可能释放学术共同体的群体生存空间。大学学术场域中的学术共同体发展的根本需要也决定了作为社群组织的大学需要秩序的观照并致力于秩序逻辑的生成，这是因为作为社群组织的大学中的成员需要通过合作的方式展开学术对话与交流。[3]秩序为学术共同体成员间学术合作的生成提供了规范的制度性依据。

大学场域中的学术共同体成员需要持有信仰与信任的情怀，才能达成合作的意向。因为相互信任、共同的信仰是学术共同体存在的一个必要条件。在缺乏信仰与信任的环境下，人类就会滋生各种失范行为，丧失共同信仰，致使群体成员彼此间充满了猜疑，疏离的人际关系渐趋形成，每个人都把彼此当作竞争对手，一旦有机会，就希望对方遭受失败。[4]用怀特海（Alfred North Whitehead）的话来讲，“秩序是一种与生俱来的信仰，可以在每个细节性的事件中找到蛛丝马迹”。[5]因此，没有信任和信仰，大学场域中的学术共同体成员很难达成合作与交流的共识。霍布斯（Hobbes）将这种情况看成“‘自然状态的失真状况’——产业无法正常运转，产出的成果也没人能够信赖。人们处在变幻莫测、冷漠无情的环境中，充满了危险与恐惧，生命短暂且充满孤独、贫困、残忍。”[6]霍布斯言下的“自然状态”是一种无政府状态，没有一种使所有人都能够产生敬畏的权力规制。本质上来讲，他刻画的是“一种在缺乏理性信仰与信任的情况下，人与人之间的紧张关系，没有人愿意遵守社会准则，每个人都生活在自己狭窄的圈子里，不会与他人产生合作关系，自然也不会

[1]贾玉娇．社会秩序何以可能——对中国社会秩序重建的理论考量与路径探索[J].河南社会科学，2013,21（4）：24-29.

[2]陈亮．低度人权视阈下的合理教育惩戒[J].内蒙古社会科学（汉文版），2015，36（3）：156-160.

[3]张斌．仪式象征权力与学术秩序——学术会议过程的社会学分析[J].高等教育研究，2012（1）：21-26.

[4][英]A.J.M米尔恩．人的权利与人的多样性——人权哲学[M].夏勇，张志铭，译．北京：中国大百科全书出版社，1995：44.

[5][美]怀特海．教育的目的[M].徐汝舟，译．北京：生活·读书·新知 三联书店，2002：4.

[6]Thomas Hobbes. Leviathan[M].Oxford: Basil Blackwell，1946：82.

形成社会群体,也就不可能有诸多文学、艺术、教育等事业的发展。"[1]哈贝马斯在交往理论中强调,共识言语行动是交往主体建立惯习、达成交往共识的基础。倘若互动主体中的一方质疑另一方的意图(指责他说谎、欺骗、伪装等),共识的言语则无法达成。交往若想继续达成共识,那么互动主体间的信任必须被重新修复,通过保证、行动的一致性、准备做出、接受和践行后果、愿意承担暗含的责任和义务等,从而双方建立互信。[2]大学作为人才培养、社会服务、文化传承的社群组织,信任与信仰是其发挥这些功能的前提。因为学术共同体成员之间进行的学术交流与对话活动是在彼此相互信任、有着共同的学术信仰基础之上展开的。"学术信仰不仅能够使学术行动者在心灵上获得蒂里希(Paul Tillich)所指的终极关怀,还能为学术社群中的学术成员营造一种学术神圣性氛围。"[3]这种具有神圣性的学术信仰是一种立志科学研究与探索的"本能信念"[4]。缺少这些,大学学术场域中的学术共同体成员则不能进行合作交往,作为教育实践的共同利益也无法实现,大学存在的合法性根基将受到威胁。"善治、自主、共治,以道驭术,循道自治"是现代大学治理中的新型秩序格局,[5]离不开治理主体间的信仰与信任的生成。"只要是作为一个社会共同体,就存在某种共识,就存在维持这种共识的既定秩序。这种共识的既定秩序就是卢梭所表达的'公意'"。[6]

(二)学术规范是大学学术发展所必须遵守的共同道德

学术秩序离不开学术规范的调适,学术秩序是建立在学术共同体成员善意合作基础之上,并与学术共同道德准则联系在一起。泰勒(Taylor Swift)曾说,自我的自由不是天生的,必然是在环境熏染下形成的(situated)。一切达到自由的自我都会受到明确目的的制约。[7]因此,学术自由也不是完全意义上的"自由",也需要学术规范的约束。

共同道德为增进大学学术共同体成员间的学术信任与学术信仰提供了基础。任何人自出生之日起就没有同组织和他人签订遵守道德行为准则的行动契约,但

[1][英]A.J.M米尔恩.人的权利与人的多样性——人权哲学[M].夏勇,张志铭,译.北京:中国大百科全书出版社,1995:45.
[2][美]托马斯·麦卡锡.哈贝马斯的批判理论[M].王江涛,译.上海:华东师范大学出版社,2010:362.
[3]罗志敏.从信仰到公共理性:学术伦理的权力逻辑[J].现代大学教育,2014(4):82.
[4][英]怀特海.科学与近代世界[M].何钦,译.北京:商务印书馆,1997:4.
[5]徐玖平.大学秩序:善治、自主、共治[J].中国高等教育,2014(21):43.
[6]高兆明.制度伦理研究——一种宪政正义的理解[M].北京:商务印书馆,2011:121.
[7]俞可平.社群主义[M].北京:中国社会科学出版社,1998:60.

人们能够明辨是非，自觉遵守社会约定俗成的道德规范。究其原因，他们是人类生活实践智慧的经验积淀，是人类理性中的不需证明的自生自发、并在诸多规则的博弈中保留下来的规则。对于个体来说，遵循约定俗成的规则有利于他们在社群中依照“章程”行事，个体没必要去“试探”“碰撞”已有规则。倘若这种规则不具有普遍意义上的适用性，那么就不能在现有的文化道德范式下得到普遍的尊重。因为道德准则是一种实践理性规导下的行动程序，与霍布斯强调的“自然状态”有异曲同工之处，“自然状态”是一种约定俗成的自然规则——成员在这种自然规则熏陶下建立起相互信任的群体，形成共同体生活，相互信任、讲真话、抵制暴力、盗窃等。然而，这种信任机理的生成只有在每一个成员都承认这样做是正确的，而且其他人也会这样做的情况下才有可能形成规则。更进一步说，共同体中的成员必须是有道德的主体，对正当与非正当行为能够形成共同观念与共同立场。增进人类共同体成员间的信任是道德在社群中发挥作用的关键，失去道德的存在，社群中的共同体成员就无法展开形式多样的合作，而这种多元的合作构成了社群中的共同生活。但这并非所指道德是一种工具理性、实现社群共同体生活目的的手段，而是植入社群生活的一个组成部分。个体若想成为社群中的共同体成员，除了满足不同社群的特殊条件之外，从内在本质上来说，他应该是道德主体。

对于大学场域本身而言，作为具有学术道德性的学术个体，他们在获得进入学术场域成员资格后，尚需接受共同学术责任规制的约束。康德在论述道德价值时曾指出，“道德不是工具理性的产物，也不是达到某种目的的手段，而是社会生活诸领域中必不可少的组成元素。一个人在发展成为共同体成员的同时，也成了社群意义上的道德主体，负有履行维系社群发展的各种义务。”[1]“义务”这一概念的核心是指无论学术个体的自我利益和偏好如何，大学场域学术共同体中的每个成员都负有一项义务就是遵守学术共同体的学术规范。从学术本然的生态全局出发，共同体的利益优于学术个体的利益，受到共同体学术责任的约束。正是基于这样的原则，每个学术共同体成员会形成一种内生于心的学术共同道德契约，遵守这些学术共同道德契约也是学术共同体成员进入大学学术场域的必须资格。

学术共同体的共同利益以及学术个体间的合意学术行为需要一种有序化的互动秩序环境。大学场域中的学术成员正是在致力于生成学术秩序的大学学术生活中产生了共同的学术道德，表现为学术的游戏规则——学术规范。学术规范是学

[1][德]康德．纯粹理性批判[M]．邓晓芒，译．北京：人民出版社，2004：65.

术共同体进入学术场域的基本游戏规则,它是约束学术个体学术行为的一系列制度总和,它抑制着学术人在学术交往中可能出现的投机行为和机会主义。布尔迪厄曾言:一种资本的价值,取决于某种游戏规则的存在,某种使这项技能得以发挥作用的场域存在:一种资本总是在既定的场域中灵验有效,既是斗争的武器,又是争夺的关键,使得它的所有者能够在所考察的场域中对他人施加权力、运用影响,从而被视为实实在在的力量,而不是无关轻重的东西。[1]

学术规范,是维系这种存在得以运行的具体表现,也是促使学术共同体成员接受共同责任规则约束的基石。学术规范是良好学术品质得以形成的催化剂,但也需要学术自由的向善发展。在推进学术治理法治化发展的浪潮中,现代大学制度所倡导的学术自由是一种学术理念,又是一种学术管理范式,而非绝对的放任自流。[2]学术自由作为一种学术管理范式,既要彰显学术自治与学术秩序的内在学术契约精神,也需要法律和制度等外在保障因素的推动。学术规范体系是大学学术共同道德得以发挥效力的基石,学术道德在本质上是学术人作为道德主体在学术交往中应承担学术责任的内在约束,为学术人彼此间的学术交往以及学术共同生活营造了良好的信任环境。[3]哈贝马斯对交往理论的阐释能更好地印证学术秩序的重要性。他认为,人类社会是一种交往关系,社会规范是确保这种交往合理运转的关键因素。这种规范也是社会交往实现普遍道德的前提。[4]简言之,规范是应交往的需要产生而发展起来的,同时又给交往确立了规范准则。[5]学术实则也是一种交往活动,交往合理性的维持必然需要一定的学术秩序,它能够积极引导学术朝着常态有序的方向发展。同时,学术规范也是学术共同体成员获取学术资本、展开学术交流的基本游戏规则,能够促使学术成员形成良好的学术品质,坚守共同道德。总之,共同道德是大学这一特殊社群存在的必要条件,它为大学学术共同体成员开展学术研究提供了信任基础。正是因为有了信任,大学学术成员间才能开展多元化的学术交流合作,才能逐步凝聚成大学学术场域中的学术共同生活。为了完成作为存在意义的社群组织所独有的任务,大学必须维系其应有的学术秩序样态,这些具有“共在”意义的学术道德被扎根并成为调整大学学术场域学术共同体学术行为

[1][法]布尔迪厄.实践与反思——反思社会学引论[M].李猛,李康,译.北京:中央编译出版社,1998:134.

[2]李晓燕.学术自由、学术规范与学术秩序治理[J].陕西师范大学学报(哲学社会科学版),2011,39(6):14-22.

[3][英]A.J.M米尔恩.人的权利与人的多样性——人权哲学[M].夏勇,张志铭,译.北京:中国大百科全书出版社,1995:44.

[4]Habermas, J.Technik und Wissenschaft als Ideologie [M].Frankfurt: Frankfurt am Main,1968:83.

[5]罗志敏."学术伦理"诠释[J].现代大学教育,2012,4(2):7-13,111.

的学术规则,即学术基本规范。

(三)学术不端行为的发生是对学术场域共同道德的践踏

学术不端行为是对共同道德的践踏与公共资源私有化占有的狭隘损人利己行为。在大学学术共同体中存在无道德的学术利益钻营利己主义者。大学学术规范内容本身具有映射公共学术资源的道德性功能,学术个体在利用这些资源时应体现非竞争性和公共性的特质。但作为一种特殊意义上的公共资源——道德理性,这种资源是无形的,内化于人们心中的一种伦理价值观,具有抽象性、普遍性的特质。同时,这种道德资源的实现是人们在实践理性的交往中以这种不成文的"习惯法"为契约,并遵守这种契约。"道德与自然界中的空气、水等相似,具有公共性的特征,也会衍生出诸如'搭便车'、投机等不端行为。利己主义者都想利用道德这种公共资源来为自己谋福而不付出成本。因此,人们在使用具有公共性的道德资源时只能凭借无形的约束来保障道德资源免受私人利益的肆意侵犯。"[1]道德本身存在这样的公益特性,人人都想为了私益而不断攫取公益,大学学术场域中也必然会存在损害学术公益的学术投机行为的利己主义者,学术行动者在学术共同体生活中为了实现某种个人学术利益而出现抄袭、剽窃他人学术成果等的学术不端行为,僭越了学术场域中的共同道德。共同道德是社群组织中的一切人都应遵守的道德,具有共同性与普遍性,共同道德的目的是保障人类社会,一个人造福的对象,才会在其是人类的前提下,离自己越远便越符合道德目的,便越高尚。[2]而如今学术场域中的学术人,自我主体意识凌驾于共同道德目的之上,以满足自身的发展需要为目的,用自己的"道德"标准去衡量他人行为的道德性,或是将外在化的德性利益作为从事学术研究的行动准则,未能顾及作为共同道德中的诚实、善良、正义等共同善的元素。麦金泰尔(Alasdair Chalmers MacIntyre)曾指出,"美德是一种品质,这种品质的显现,使人们能够严格履行其定义明确的社会角色所要求的义务。"[3]践踏学术场域共同道德的学术不端行为已不具有内在利益的美德,利益唯我、利益至上成了学术人追求的目标,模糊了学术人作为学术场域共同体成员应负有的集体义务,使得共同道德失去了应有的善态。

[1]王玉珍.道德秩序的经济学分析:对利他行为的一个分析角度[M].北京:经济科学出版社,2005:59.

[2]王海明.新伦理学[M].北京:商务印书馆,2001:146.

[3][美]麦金太尔.追寻美德——道德理论研究[M].宋继杰,译.南京:译林出版社,2008:184.

（四）学术不端行为问责是学术共同道德规范发挥效力的“强制善”

康德认为，一项可以加以普遍化的行为准则是每个人必须永远服从的，而且是有义务去服从的，因为这一法则将人永远尊为一个道德自主者，作为内在价值的目的来对待，而非外在工具的手段。[1]学术不端行为问责是建立在学术共同道德普遍意义上的“强制善”，旨在唤醒学术人的内在学术道德责任心，强制只是一种达到教育教化、还原学术自觉行为目的的必要手段。“人们怎样能将服从于法则的强制与运用自由的能力结合起来是教育面临的最大问题之一。因为教育需要强制，以‘善’为导向的强制是必需的。”[2]学术不端行为问责与学术道德规范存在必然联系。学术道德规范是一种弱意义的规范，它的实施主要靠学术共同体成员的学术自觉——即凭借学术意志来决定是否遵守学术道德规范。由于学术抄袭、剽窃、造假等学术不端行为僭越了学术道德规范，责任的承担以及问责的开展成为确保学术道德规范发挥应有效力的强制性手段，能够增强学术道德规范的约束力。若想维护社会场域中诸多规范的持久性，必要的强制性手段是一种必须、合理的惩罚，是一种必要的教化“善”，而非一般意义上的规训与钳制。倘若规范是规定行为人应该做，不包含必要的惩罚元素，行为人会出于自身的利益考虑选择践踏规范，超越规则所设定的行为边界。一旦犯规成为常态，规范就失去了应有的规范作用，互动关系成了混乱无序的状态。规范并不一定能促成良好秩序观的形成，需要借助适当的权力对失范行为实施强制性的惩罚来弥补规范“柔弱”的性格。

涂尔干和马卡连柯（Макаренко）在论述惩罚与纪律的关系时曾指出，纪律的权威体现在包含其中的神圣不可侵犯的规范之中。“惩罚并不意味着不尊重[3]、赋予纪律特权的形象，而是为了有效防止纪律丧失其应有的规约之力。”[4]我们可以借用上述的观点来理解学术不端行为问责与学术道德规范之间具有的内在关联性——为学术道德规范赋予权威的不是学术不端行为问责；它的注入是为了防止学术道德规范在学术场域失去应有的权威色调。如果我们允许或纵容学术不端行为免受责罚，那么学术规范就会逐渐被学术不端行为所侵染。学术道德规范是大学学术场

[1][英]A.J.M米尔恩．人的权利与人的多样性——人权哲学[M].夏勇，张志铭，译．北京：中国大百科全书出版社，1995：98-102.

[2]刘同舫．康德道德观及其对现实道德教育困境的开解[J].教育研究，2014，35(4)：77-84.

[3]陈亮．低度人权视阈下的合理教育惩戒[J].内蒙古社会科学（汉文版），2015(3)：158.

[4]刘德林．教育惩罚的本质与运用[J].中小学管理，2004(2)：28-32.

域这一构成性社群中学术道德的制度化典范，这种规范不是“人造秩序”，而是学术共同体在长期的学术互动中自生自发形成的回应其所处的学术环境时遵循的某些内化为自身的学术行为准则。因此，学术共同体成员就应认可与承认自发形成的且具有道德价值的学术规范，有着高度的学术使命感，对学术规范怀有虔诚敬畏之心，内化为一种约束自身学术行为之“必需”。违反学术规范的学术成员实质上失去了对自发形成的学术规范秩序的虔诚之心与基本的学术道德，把学术道德规范看成了一种工具，将除自己之外的成员看作是一种实现自我目的的一种手段，而不能与学术共同体和睦相处。这样的学术成员也即是前文所描述的学术利己主义者。学术共同道德是大学学术场域这一构成性社群赖以存在的学术基础，学术规范规定的是学术场域中最基本的学术秩序。[1]依照康德论述的“绝对命令”和不作欺诈原则，社群中的每个成员都应得到平等对待，当学术共同体成员不能按照应有的学术规范行事，把其他成员当作手段来看待时，出现的学术欺诈等学术不端行为得不到有效遏制，群内成员不能规劝他人免于沦为学术利己主义者，那么这样大学学术社群就会名存实亡。因此，本质上来讲，学术不端行为问责就成为维系学术规范得以有效运行的一种必需的善治手段，它的存在是为大学学术社群中的学术共同道德树立权威形象，更是确保学术共同道德规范发挥效力的“强制善”。如果说学术自由是大学的灵魂，那么学术责任则是大学的良心，是大学保持活力的动力源泉。[2]

当学术知识成为大学学术共同体成员谋获私益的“知识产权”时，知识的属性就开始变质，形成了一种以市场导向为主旋律的知识生产与消费模式，侵袭着大学场域学术共同体的身份定位。[3]在这种模式下开展学术实践探索活动势必会滋生学术利己主义、学术“唯物主义”等违反学术规范的学术不端行为。对违反学术规范的学术个体进行惩处主要是彰显一种学术秩序观，体现在为大学学术场域中的学术共同体成员提供一种确定的学术行为秩序模式。然而，大学学术场域中的学术个体总会因种种原因违背学术规范，破坏大学学术理性存在的合法性价值观、僭越大学学术规范的本质功能。这也从一个侧面折射出学术规范总是会被学术人违反的，学术不端行为问责会因学术个体的不同失范行为而有所不同，从秩序规约的角度来讲，学术处分的目的是警示、教育有违规或有潜在学术违规意图的学术个体，

[1]马焕灵，冯景波．高校学生纪律处分纠纷发生机制辨析[J].现代教育管理，2010(9)：54-57.

[2]李子江．学术自由问题研究的现状和趋势[J].高等师范教育研究，2003，15(4)：68-73.

[3]张学文．大学理性失范：概念、表现及其根源[J].北京师范大学学报（社会科学版），2010(6)：21-30.

维系大学学术场域的学术规范秩序。面对突如其来的社会转型发展，传统社会中的先赋角色、同质文化、首属关系受到现代社会自由、开放、生成的秩序观冲击，充满不确定性的现代社会秩序在冲突中组建的同时，大学场域中的学术秩序也受到了转型社会价值的冲击，纷繁复杂的学术不端行为需要大学行使专有的学术管理权，通过学术问责的方式对违规的学术个体施以责罚，成为现代大学学术治理的一种向善选择。

二、大学学术不端行为问责的特征

大学学术不端行为问责是以“教育善”的价值为灵魂守候，倡导塑造学术人的学术责任伦理，呼唤学术人理性学术精神回归。大学学术不端行为问责不同于一般意义上的行政问责，其更强调在解中心化的理性学术空间内达成参与互动的学术交往问责共识。学术人违反了某种学术规则后应付出报应成本，问责不可避免地含有强制性、报复性的惩处意味，但这仅仅是达到学术善治目的的一种必要的手段恶。

(一)惩罚性

大学学术不端行为问责是大学学术社群中每个学术成员达成共识的共意学术秩序表达，建立在规范、约束学术场域中学术个体学术行为基础之上，由学术场域内各级学术主体对学术个体的学术不端行为实施的一种责任追究方式。不具有惩罚特征的学术不端行为责任与问责不会发挥应有的震慑力，良好的学术不端行为问责机制的运行需要明确各级各类问责主体的职责，合理划定问责的范围，通过实施具有惩罚性的学术不端行为问责来对未能履行应有学术责任的学术个体施以不同程度的责罚。当然，这种责罚是建立在教化意义上的，一种恰到好处的合理惩罚，具有唯一性，而这种责罚更是一种最低限度的、道德性的秩序约束，应该保持在大学作为存在意义上的社群组织所必需的最低限度范围内。康德曾言，教育必须带有强制性，但绝对不能是奴役性的。[1]学术道德的维系始于他律的外在约束，最终形成于学术人内在学术道德意志的自律觉醒，学术不端行为问责涵涉了康德所言的责任是一切内在道德价泉源的旨意，强调将学术人看作学术惩罚向善发展的目的，而非“经验式”达到治理目的的手段，具有内在道德性的学术责任伦理人格塑造

[1][德]伊曼努尔·康德.论教育学[M].赵鹏，何兆武，译.上海：上海人民出版社，2005:29.

的功能。学术不端行为问责的惩罚性主要体现在能够对违规者的学术不端行为起到遏制、教化作用,对未犯者起到警示、提示的作用,确保问责的严肃性与权威性。

(二)报应性[1]

大学学术不端行为问责遵循发展性的报应惩罚观理念,学术场域中的学术个体出现了学术不端行为就应该受到恶的制裁,要为自己的学术不端行为所造成的不良影响承担不利后果,追求一种以恶制恶的对等报应。这种对等报应实则是发展性的对等报应,但它与一般意义的功利性报应观不同,它是为了防止更大恶的产生,是一种维护学术秩序的必要手段恶,最终是为了实现更大的学术善[2]——即学术向善发展。大学学术场域中的学术人是平等的主体,每个学术人都应为自己的学术行为负责,都应被以目的来对待,而非他人存在的手段。正因如此,大学学术不端行为问责应体现一种发展性的报应观,而非仅仅将学术人作为一种责罚的手段。强制报应在任何社群组织中都是一种必需措施,没有了它,做了坏事的社群成员也就失去了责任感,维护社群共同道德的基础也消失殆尽。由上文可知,大学学术不端行为问责的目的是要重塑学术道德规范在学术人心中的权威,应保持在维系学术场域存在与运行所必需的最低限度内,报应性的恶是发展性的,而非束缚与钳制,只是一种临时剥夺学术个体权益的手段,是手段恶与目的善的统一。正如哈耶克所言,必要的手段恶只在于防止更大的恶,强制只能维持人类和社会的基本存在,自由才能促进人类和社会的发展。[3]大学学术不端行为问责的发展性报应观彰显的是一种学术责任使命,还原学术人对学术行为的自我意志遵从与责任承担。康德曾言:"一种行为只有是出于责任,以责任为动机,才有道德价值。"[5]

(三)互动性

大学学术不端行为问责是一种开放、互动的学术责任追究方式,是学术共同体成员在学术实践互动商讨中达成的一种相互认可的问责解释模式。这种问责解释模式建立在学术"生活世界"的理性交往行为前提下,问责主体与问责客体处于自由、平等、和谐的普遍意义的"生活世界"主体间性之中,祛除了问责主体权力独大

[1]本段借鉴了马焕灵教授《高校学生纪律处分纠纷及其处理》一书的观点,在写作过程中得到了马焕灵教授的指点。

[2]王海明.新伦理学[M].北京:商务印书馆,2001:424.

[3]王海明.伦理学原理(第三版)[M].北京:北京大学出版社,2013:250.

[5][德]伊曼努尔·康德.道德形而上学原理[M].苗力田,译.上海:上海人民出版社,2002:19.

的解中心化强制命令观念。交往互动旨在达成一种基于有效性主张的共同认可之上的同意(consensus)。[1]达成理解的目标是达成一种同意，其终止(terminate in)于相互理解(mutual comprehension)、共享知识、相互信任和彼此一致之主体间的公共性(communality)。[2]大学学术不端行为问责是学术主体间交往的共识行为，产生于学术互动主体(问责主体与问责客体)对一种普遍意义(理性交往互动)上的学术问责情境的解释达成。在此基础上，它需要在学术场域提出的有效性学术主张相关联中进行理解，需要积极、开放地回应公众以及社会媒体的质疑与监督、及时向公众发布问责相关信息，能够让问责客体对学术问责结果“心服口服”，形成学术共同体内与社会的良性互动，避免因信息不对称出现学术交往信任危机。进而言之，学术人以自由、平等的身份活动在共有的学术不端行为问责“生活世界”中，这种“生活世界”构成了一个双向交往的学术问责视域，同时预先提供了学术规则文化的自明性，学术人成为学术场域中的交往互动参与者，在交互解释协商的过程中可达成对学术不端行为责任追究的共识。哈贝马斯曾言：“生活世界是互动参与者的资源。由此，互动参与者提出了可能达成共识的命题。作为这样一种资源，生活世界相当于主体哲学赋予一般意识的综合活动。……。理解行为建立在理性交往行为中，并与各种自称总体性的传统、社会实践以及切身的复杂经验都保持着紧密的联系。”[3]同时，交往行为网络的形成为生活世界中具体的生活方式再生产提供可能。

互动共生的大学学术不端行为问责作为一种开放的“学术生活世界”交往对话模式，打破了现代主义固有主体间性的孤立状态，倡导多元学术声音中的学术理性的同一共识性，鼓励学术共同体在百家争鸣的学术生活世界中对学术不端行为达成理性的问责共识，关切学术共同体的整体学术利益。哈贝马斯指出，言语者与听众互动的共同生活世界构成了背景和资源，主体不再被理解为一个孤独的创作者，而是必须理解为传统、社会群体和社会化相统一的产物。[4]一个个体的存在不是通过客观化命题的复杂描述去认知的，而是用“适当的整体性”方式认知的。[5]

---

[1][美]托马斯·麦卡锡.哈贝马斯的批判理论[M].王江涛，译.上海：华东师范大学出版社，2010:364.

[2][美]托马斯·麦卡锡.哈贝马斯的批判理论[M].王江涛，译.上海：华东师范大学出版社，2010:363.

[3][德]哈贝马斯.现代性的哲学话语[M].曹卫东，译.南京：译林出版社，2014:378.

[4][美]莱斯利·A.豪.哈贝马斯[M].陈志刚，译.北京：中华书局，2002:98.

[5][德]于尔根·哈贝马斯.后形而上学思想[M].曹卫东，付德根，译.南京：译林出版社，2012:143-144.

（四）救济性

权利救济是维护社会正义的“安全阀”，有利于消除社会中潜在的冲突和矛盾。[1]作为社群中的每位成员，其做出的行为应是基于理性的选择，考虑到自己的行为与他人权利之间的关系，是否会侵犯他人的合法权益。大学学术不端行为问责是学术场域内的一种具有正义性的学术纠错方式，这种纠错方式是罗尔斯所言的“不完善的程序公正（imperfect procedural justice）”[2]。大学学术不端行为问责主体应能够遵循现有的教育法律规范，以客观事实为基本出发点来对学术场域中出现的学术不端行为进行责任追究，同时这种学术不端行为问责具有自查、自纠与改进功能。尽管在学术不端行为问责程序之外存在着衡量什么是正义的标准，但现实状态下，百分之百地使满足这个标准的结果得以实现的程序是不存在的，即不可完全避免问责权力滥用或无意错误的发生。因此，大学学术不端行为问责应体现保护问责客体的合法、正当权益，如问责事由知情权、惩处方式透明权、申辩权、寻求帮助等救济权利。权利救济是亚里士多德关注的人与人之间权利关系的正义社会美德，“正义本身是‘他者之善’或‘他者之利益’”[3]，是对学术不端行为问责权力滥用的一种矫正与补偿。

三、大学学术不端行为问责的性质判定

大学学术不端行为问责是法律法规赋予高校等学术组织机构的一项学术管理权，是学术权力在学术治理领域中的具体体现。这种学术权力实则是一种规范性的学术权力——被修正了的权利，是一种得到学术人普遍认可的正当性学术权利，重点关涉学术人对学术义务的遵守。大学学术不端行为问责权是一种公权力介入下的行政法行为，高校作为法律授权的行政组织，行使这一问责权也符合“权利”中包含的“利益”“资格”与“自由行为”要素。第一，利益是权利要素的灵魂所在，大学学术不端行为问责为实现学术共同体的共同学术利益而营造良好的学术秩序，确保一种“真实、真诚、正当”的学术互动行动仪式得以实现。第二，资格是利益主张

[1]陈宏彩．论权利救济与社会和谐的内在逻辑[J]．天津社会科学，2008（1）：69-71．

[2]冯建军．教育公正——政治哲学的视角[M]．福州：福建教育出版社，2008：149．

“不完善的程序正义”是指虽然在程序之外存在着衡量什么是正义的客观标准，但是百分之百地使满足这个标准的结果得以实现的程序却不存在。“不完善的程序正义”的基本标准是：当有一种判断正确结果的独立标准时，却没有可以保证达到它的程序。

[3][美]博登海默．法理学——法律哲学与法律方法[M]．邓正来，译．北京：中国政法大学出版社，2004：277．

的凭据,是权利的条件。高校实施学术不端行为问责权是有一定的依据,《中华人民共和国高等教育法》《中华人民共和国科学技术进步法》《中华人民共和国著作权法》《关于严肃处理高等学校学术不端行为的通知》《高等学校预防与处理学术不端行为办法》等法律法规都有间接涉及对大学学术不端行为问责的条款。实施大学学术不端行为问责的主体由国家机关、法律法规授权组织以及组织中具备扎实学术功底、良好学术道德素养的专业人员组成。只有具备专业条件的组织或个人才有资格成为学术不端行为的问责主体,对学术人展开学术专业方面的问责。第三,自由行为是权利主张的一种必然结果。探究学问是一个出现在任何分化的和有文化教养社会中的现象,是人类社会生活的自然属性,具有自由自主性。学术倡导的是一种自由行为,学术人的学术行为不受行政主体等外界环境的肆意干涉,但也有一定的自由边界,即必须以不侵害学术共同体和他人学术权益为前提。大学学术不端行为问责是基于对学术自由进行的保护与监督,对学术人因过度学术自由而产生的学术不端行为的及时匡正与调适,是确保学术自由得以实现的外部保证。至此,本研究将大学学术不端行为问责的性质厘定为一种公共权力——学术自治公权力。

(一)大学学术不端行为问责是一种公共权力

1.基于行政关系的公共权力解说

公共权力是国家为适应社会发展需要、处理社会公共事务而产生的。公共权力代表人民的集体利益,最大限度地保护人民的权利,是基于社群组织中的共同体成员的合意行为而得到的认可并为其承担管理公共事务使命的行为。公共权力观照下的所有者是社会场域中的共同体成员中的一分子,具有集体公益的属性。国家机关、非政府公共组织、公益事业组织是公共权力的实体性主体机构,社会场域中的具体公共事务是公共权力的载体,其根本目标在于维护和追求全社会的公共利益,社会基本权利是其重要的关注点,公共权力来源于社会成员,存在于社会关系之中,是政治权力、经济权力、文化权力的综合体。

英国法哲学家洛克(John Locke)认为,社会是自然所赐予的,国家则是人民为了实现某种公共目标,通过社会契约的方式建构而来。在洛克看来,人们应生活在自由平等的美好生存自然状态之中,在自然法的范围内可以按照他们认为合适的办法来决定他们自己的行动和处理他们的财产,无须得到任何人的许可或听命于任何人的意志。[1]但这也存在一定的缺陷，人们在自然状态之下只会按照自己的标准行事与生存，缺少一种人们所共同接受和承认的是非标准和裁判纠纷的尺度，缺少依照商定的共同标准来评判争执的公正裁判者。于是，人们为了规避上述诸多缺陷，解决生活中的认同冲突，维护其权利而订立了社会契约，缔造了共同意义上的政府。这就是立法和行政权力的原始权利和这两者之所以产生的缘由。公民为了保护自身利益而以共在的社会契约方式让渡给国家部分权利，国家代为公民行使部分权力，而主权依然在民，倘若国家违背契约的规定而滥用权力、侵吞公益，后者就可以凭借主权收回曾让渡的，推翻旧政权，建立新权力体系。因此，国家之于公民社会，是一种工具性的手段，目的在于确保公民充分行使自身的合法权利。[2]公共权力具有如下特征：

第一，公共权力具有民主性。公共权力源自人民权利的让渡与授权，凝集着人民民主权利。“权”既可以指涉为权力的权，也可以指涉为权利的权，体现以民为本的民主治理思想。在现实社会实践场域中，为了区别于国家权力，通常将人民手中的权力理解为正当性的权力——权利。国家的权力来自人民的权利，最终归结到对人民负责上来，人民享有的权利是具有集体性的民主权利，而非个体独有的单一权利。由此可以看出，公共权力源自民意，受到人民群众的监督。维护社会公共秩序，增进社会公共利益是公共权力得以存在与运行的根本目的，“公共”从一个侧面也反映出民主的含义。

第二，公共权力具有约束性。约束性是权力共有的权威品性，蕴含在权力的每个细胞中。在西方政治学中，韦伯主义和帕森斯(Talcott Parsons)主义是有关权力的主要代表学派。韦伯认为，权力在社会关系中处于统领作用，统治者不顾行为人的反对而执意贯彻自己的意志，也不问这种意志依据的是什么原理，显然这是权力约束性的结果，也是韦伯典型的科层制理论指向。布劳(Peter Michael Blau)在韦伯权力的定义基础上进行了升华，他指出，权力是个人或集团通过威慑力量将其意志强加于他人的一种强制力量。帕森斯在韦伯和布劳基础上赋予权力一种“合法性”元素。他指出，“当根据各种义务与集体目标关系而促使这些义务合法化时，如果遇到顽抗就理所当然会有依靠消极情境制裁去强制实行的地方，权力是一种保证

[1][英]洛克.政府论(下)[M].叶启芳，瞿菊农，译.北京：商务印书馆，1996：112.

[2]汪渊智.民法总论疑难问题研究[M].北京：商务印书馆，2014：16.

集体组织系统中各单位履行有约束力的义务的普遍化能力。"[1]这里所言的权力是建立在义务与集体目标基础上的强制，是具有共意的约束性。在我国，随着法治社会的逐步发展，权力具有控制性和行动性两大属性。其一，政治上的控制性，权力是代表国家意志的约束性力量。对于家庭和市民社会两个领域而言，国家意志是具有外在必然性的最高权力象征，它们的法规和利益都从属于这种权力的本性，并依存于这种权力。[2]其二，行动上的指挥与支配，要求人们做出某种行为，包括允许、要求以及禁止人们做什么。这两种属性都带有一定的强制色彩，而且权力都是以相应的服从作为条件的。个人对国家尽多少义务，同时也就享有多少权利。[3]如果不具有强制性，权力会显得软弱无力，无法强迫社会成员服从。但这种强制的权力并非为所欲为，应符合人民的意志、受到法律约束，避免出现权力的个人私有化、专制化、独裁化倾向。没有支配性的权力，权力就会失去应有的效力，权力的支配性使得权力具有了相对人不得不服从的色彩。但这种支配性的权力并非政府的强制暴力野蛮行为，而是代表人民行使的行政公权力。

第三，公共权力具有组织规范性。公共权力是一种有组织的系统性支配力量，它需要有组织的国家机构来分配与行使，而非仰仗个人行政权力而颐指气使。由于权力系统是复杂、多元的，权力与权力之间也会出现交织的丛生乱象，因而权力会被限制在诸多法律的框架之下，规范权力的运行与实施。因此，公共权力不是国家行政人员随意行使的行政权力，而必须是行政机关以及法律法规授权组织依照相关法律法规来规范行使的行政权力。

规范性的公共权力除了具有政治稳定的保障作用之外，增进公众利益、保护个人合法权利也是其应有之义。诺奇克（Robert Nozick）是自由主义的代表人，他一直强调建立"最弱意义上的政府"，国家只能是最弱意义上的国家，任何功能更强的国家势必会对个人权利造成侵犯，国家的公共权力是要最大限度地保护公民的合法权利，规范社会中的不当行为。[4]增进公众利益、保护个人合法权利、形成符合社会公共利益的道德价值，是任何形式公共权力的基本职能，也是防止公权力异化与私化的关键。某种意义上来讲，公共权力的民主性、约束性与规范性是其发挥应有效

[1]王志勇.有关"权力"话语评析[EB/OL](2009-09-02)[2016-11-24]http://www.chinavalue.net/Finance/Blog/2009-9-2/198563.aspx

[2][德]黑格尔.法哲学原理[M].范扬，张企泰，译.北京：商务印书馆，2014：261.

[3][德]黑格尔.法哲学原理[M].范扬，张企泰，译.北京：商务印书馆，2014：261.

[4][美]罗伯特•诺奇克.无政府、国家与乌托邦[M].姚大志，译.北京：中国社会科学出版社，1991：1.

力的主要特征，也是维护社会公共秩序持续发展、建立正义合作社会共同体的有力保障。

2.公共权力观照下的大学学术不端行为问责

由上文可知，公共权力最大的特点是公共服务性，大学学术作为高等教育领域最核心的知识产品，知识产品的生产不仅仅是大学内部学者自身的问题，而是具有公共性的社会事务。正如孙绵涛教授所言，虽然大学知识产品生产属于学术问题，但也不能脱离社会体制和制度的约束，大学学术活动是大学活动中的一个组成部分，如同其他管理活动一样，都需要在一定的社会体制和制度约束下进行，才能释放有效的自由空间。[1]无论是大学知识产品生产还是学术治理都属于学术活动的范畴，均离不开社会体制与制度的约束，这种约束实则是国家公共权力的一种体现，印证了潘懋元先生所说的"教育必须为社会的政治、经济、文化科学服务，教育必须受到一定社会的政治、经济、文化科学所制约"两个规律。

虽然学术界在高喊学术自由、学术自治，但这也是限定的自由与自治，新知识观念模式下，多元主体的协同发展、社会多元评价模式的开发以及以市场为导向的人才培养均离不开政府的资金支持、高层人才的引进等政策的方向、方法和目标的引领，都需要发挥政府的公共行政宏观指导职能。[2]学术与政治有着不可分割的天然联系，"从来没有一所大学曾经是、或曾经能够完全自治。……。大学的绝大部分活动发生在国家的领土范围内，国家必须通过公权力对大学承担起某种责任，无论是准许它们的存在还是提供财政资助。……。在过去的一个世纪里，国家逐渐承认了授予学位的机构的合法性。这种合法性反映在由国家颁发的特许状上。"[3]再比如，美国、德国等一些发达国家的高校招生环节，法律要求大学必须录取所有那些持有证书、能证明业已完成某些中学课程的申请人。这也是公权力运用于大学治理的实践、限制学术过度自由的又一例证。在现代民族精神与国家教育治理能力现代化的语境下，大学作为一种必须服从国家议程的社会组织应彰显国家性格，知识创新、探索科学是自由的，但学术人与学术组织都肩负着政治使命，大学处于民族精神与世界发展的两种价值抉择之中，并通过承担责任来实现融合的利益

[1]孙绵涛，康翠萍.学术自由性与受控性的对立统一——学术自由大学本质观的重新审视[J].教育研究，2011，32(6)：52-59.

[2]任增元.量化评价、知识生产与理想大学的追寻——兼评《大学理性研究》[J].清华大学教育研究，2014(4)：122.

[3][美]爱德华•希尔斯.学术的秩序——当代大学论文集[M].李家永，译.商务印书馆，2007：284.

诉求与发展愿景。以学术为业的大学学术需要通过解释、发现与反思进行科学分析来为国家提供智力支持;而国家又通过行政手段实现对大学学术进行管理与资助,两者相辅相成。和谐共生的“府校关系”为大学学术治理提供了公共权力基础。在现代大学制度框架下,公共权力是确保大学学术治理行政权力良性运转的合法性源泉,学术治理中涉入的行政权力并非行政化,而是一种科学、必要的治理方式,行政权力涉足学术领域,行使的不是决策权而是执行权,完全脱离行政公权力的学术治理必将是片面的。因为学术研究作为社会的一个子系统,与政治、社会、经济密不可分,行政公权力的介入能够推动学术良性发展、促进学术治理走向规范化。行政权力的干预并非都是负面的,推动学术发展的行政权力应该受到保护。[1]布鲁贝克(John Seiler Brubacher)曾言,高等教育已走出“象牙塔”模式,逐步卷入社会的事务中应用政治的观点来看待它。[2]布鲁贝克所指的“政治观点”就是国家(政府)为运用公共权力实现对大学学术的“为知识而知识”和“为社会而知识”两种发展模式,[3]推动大学实现内部自治、自由讲学、独立审判等学术权力,[4]具体干预和控制表现在法律法规的确证。

国家是高等教育的举办者,根据相关法律法规规定,负责设立专门的教育管理机构,实现国家教育行政管理职能与确保教育公共性。[5]《中华人民共和国宪法》第十九条,《中华人民共和国高等教育法》第二十四条、第四十二条,《高等学校预防与处理学术不端行为办法》第二十九条以及《国务院学位委员会关于在学位授予工作中加强学术道德和学术规范建设的意见》都对大学学术治理权进行了相应的授权性规定,高校及其他相关学术组织有权依照相关法律法规对学术人出现的学术不端行为进行问责。如“高等学校设立学术委员会调查、认定学术不端行为。”“高等学校应当根据学术委员会的认定结论和处理建议,结合学术不端行为性质和情节严重轻重,依职权和规定程序对学术不端行为责任人做出相应的处分决定。”“学位授予单位应依据《中华人民共和国学位条例》及其暂行实施办法的规定,建立和完善对学位授予工作中舞弊作伪行为的惩处机制,制订切实可行的处理办法,惩治舞

[1]田虎,陈鹏.论大学“去行政化”的价值设定与治理选择[J].内蒙古社会科学,2015,36(3):150-155.

[2][美]布鲁贝克.高等教育哲学[M].王承绪,郑继伟,张维平,等,译.杭州:浙江教育出版社,2001:32.

转引自:任增元.量化评价、知识生产与理性大学的追寻——兼评《大学理性研究》[J].清华大学教育研究,2014(4):122.

[3]我们这里所言的“为社会而知识”主要是发挥大学服务社会的基本功能,知识生产的目的也是为了社会功用,适应社会的发展。

[4]韩水法.大学与学术[M].北京:北京大学出版社,2008:7.

[5]秦惠民.走入教育法制的深处——论教育权的演变[M].北京:中国人民公安大学出版社,1998:28.

弊作伪行为，促进学术自律。”

除此之外，最具法律效力的“校内法”——大学章程也对学术不端行为的认定等方面做了解释。《高等学校章程制定暂行办法》第二十三条规定“地方政府举办的高等学校的章程由省级教育行政部门核准，其中本科以上高等学校的章程核准后，应当报教育部备案；教育部直属高等学校的章程由教育部核准；其他中央部门所属高校的章程，经主管部门同意，报教育部核准。”[1]大学章程作为大学内部治理的“小宪法”，必须经过教育行政部门的核准才能生效。大学通过核准的章程给学术委员会赋予了审理学术纠纷、调查和评定学术不端行为、审定学术道德规范的权力。

由此我们可以看出，公共权力介入的大学学术不端行为问责需要法律法规的授权，而非任意解释、任意管制。公权力介入下的行政行为可以分为内部行政行为和外部行政行为，那么大学学术不端行为问责是否属于行政法中的行政处罚？

行政处罚是基于行政法律关系对行政相对人的具体行政行为做出的终结性行政制裁，具有鲜明的行政性、具体性和外部性的特点。某种意义上来讲，从这一定义和特征来看，大学学术不端行为问责具备了行政处罚的构成要件。高校作为法律法规的行政授权组织，依照《中华人民共和国高等教育法》《中华人民共和国学位条例》等法律法规对学术人在从事学术研究过程中出现的学术不端行为做出警告、严重警告、留校察看……开除学籍（公职）等终结性的具体行政行为。高校或其他授权学术组织机关对研究生、教师在行使自身学术权利时出现的学术不端行为施以惩处，是依据法律法规的授权行使的学术管理权，两者之间属于行政法律关系，既包括外部行政行为，又包括内部行政行为。这里所言的外部行政行为主要是指改变学术人身份的处分，如开除学籍、撤销学位、开除公职等。内部行政行为主要是指诸如警告、严重警告等一般学术性处分的具体行政行为。高校等授权性学术组织机关作为公务法人，所行使的外部行政行为和内部行政性行为均符合行政处罚的特性，也符合《中华人民共和国行政处罚法》第八条规定的其他种类的行政处罚。[2]但《中华人民共和国高等教育法》《中华人民共和国学位条例》《高等学校预防与处理学术不端行为办法》等授权性法律尚未明确规定学术不端行为问责具有行

[1]高等学校章程制定暂行办法[EB/OL].（2011-11-28）[2017-03-20]http://www.moe.edu.cn/publicfiles/business/htmlfiles/moe/s6342/201406/xxgk_170440.html.

[2]《中华人民共和国行政处罚法》明确规定了“6+1”式的处罚种类，6指的就是处罚种类明确直接规定的：警告、罚款、没收违法所得、责令停业停产、暂扣或吊销许可证、行政拘留；1指的就是法律法规规定的其他行政处罚。引至：胡建淼.“其他行政处罚”若干问题研究[J].法学研究，2005(1)：70-81.

政处罚的性质,尚未找到明确的法律依据。高校作为特殊的行政主体,享有法律授权规定的办学自主权——即自主管理权、教育教学组织权、处分权等。因此,作为事业单位法人的高校在法律法规授权范围内行使的这些权力也属于大学自治的管理行为,对学术人行使具有学术自由裁量权的警告、严重警告、记过、留校察看、开除学籍(公职)学术不端行为问责方式也是来自公共权力演化下的高校学术自治的行政管理行为。据此,大学学术不端行为问责是一种具有特殊意义的"准行政处罚",而非完全意义上的"行政处罚"。

(二)大学学术不端行为问责是学术自治的公权力

1.学术自治公权力的诠释

大学学术不端行为问责属于公共权力体系下的社会自治权分支。国家权力是公共权力的最高表现形式,统摄着社会诸场域的权力运行。在我国有着集权传统的国家里,国家权力始终是最高权力,大学自治权首先应体现为国家教育管理权,这是无可厚非的。但由于高等教育自身的学术特性以及大学独有的办学主权,"大学自主,教授治学",实现大学内部治理中的行政权力与学术权力的合理配置责任愿景,已是大学自主有限发展、落实办学自主权的一种必然趋势。这里所指的行政权力和学术权力即是社会自治公权力的具体体现,是大学学术场域中学术共同体的集体权力,而非个人的专断权力。从我国高等教育体制历史变迁的现实样态中可以得知,市场经济导向的供求关系是现代社会经济发展的必然趋势,高等教育办学也需要从原有的政府主导转向回应市场,大学的身份也从原有的政府行政机构转变为具有办学自主权的独立法人。但值得说明的是,高校的有限办学自主权仍然来自国家教育管理权力的下放,并非完全意义上的自主、自治,仍需国家教育经费的拨款,只是管理方式的转变,即由原来的行政强制变为行政指导与行政建议,减少政府对高校的行政审批事项,实现管办评相分离的治理格局,摆脱高校成为政府的附庸品。同时,国家也通过制定相关的法律法规确立了高校在学术治理、招生管理等方面的自主权,明晰了高校的法人地位。大学学术治理权——对学术人出现的学术不端行为进行问责,成为国家教育公权力下放给高校等学术组织的社会自治公权力的重要内容。

2.契约:学术自治公权力的实现方式

布尔迪厄认为,一个学术场域,交流渠道越是畅通,越是能够把各种不可明言的动机通过"争执"转化为科学的学术行为,也就越发具有科学性。在一个结构松散、缺乏契约责任意识、自主程度低的学术场域里,不合法的动机会产生诸如抄袭、剽窃、造假等学术投机行为。在一个高度自主、约束力强的学术场域中,学术人通过自身的钻研、努力,可以免受场域力量之外的因素制约。这是理想状态下的学术场域,实然状态下的学术场域需要学术契约——学术问责来匡正、扶正学术人的学术行为,发挥公权力作用下的学术自治功能。

契约精神具有不可侵犯性,它是大学存在以及大学学术发展得以有效运行的基础。丹尼尔·韦伯斯特(Daniel Webster)在指出美国历史上第一桩关于高等教育的诉讼案达特茅斯学院案件的严重性和重要性时曾强调,"如果学院受政见变化或政党兴衰的过度干预,势必会影响学院存在的根基,这也必将导致私人捐助者们转变他们的捐赠方向,致使学院失去大量的私人捐助。而学者们由于不能确保自己的职位或教授头衔,也将对是否终身从事教育事业采取十分谨慎的态度。"[1]这也说明了达特茅斯学院特许状是制约内部成员以及外部社会力量的一个契约,违反契约规定将会影响组织内部运行效率。[2]从这个意义上来讲,不可侵犯性是作为社会自治契约的内涵本质,是大学依法行使自己办学自主权、确保法人地位得以实现的关键,受到美国宪法的保护。在一个民主政治的国家里,国家的法律是一国公民必须遵守的契约,这个契约虽然没有与每个公民签订,但是经过人民代表表决通过的。同样,大学学术发展与学术治理也需要学术人履行学术契约,学术契约是学术自治的实现方式,成为引领大学学术自治的一种手段善与目的善的统一。

契约是民法术语,发端于古希腊和古罗马,用于商品交换平等自愿、遵守规则基础上,本意是指"两个以上当事人间具有法律约束力之协议,或由一个以上当事人为一组具有法律约束力之允诺"[3]。契约分为狭义的契约和广义的契约。狭义的契约专指涉事双方的合意表达,即是双方经过平等协商达成的共识,并通过书面形式经双方协商同意且将达成共识的条款记录下来,形成具有内在约束力的规章。广义的契约包含诸多形式,是法律法规规定的、书面签订的、约定俗成的、具有约束力的内容规范统称。无论是双方的"合意"行为还是单方的"承诺"行为,"契约"都

[1]陈学飞.美国高等教育发展史[M].成都:四川大学出版社,1989:44.

[2]王海莹.我国现代大学章程建设研究[D].重庆:西南大学,2012:67.

[3]杨桢.英美契约法论[M].北京:北京大学出版社,1997:1.

暗示了一个不言自明的道理——按照各方都能接受的均衡利益原则来划分。我们谈及的契约实则是广义层面的契约，遍及到人类生活的方方面面，如政治生活、经济生活、精神生活、物质生活等。契约已成为法治社会、民主社会治理的重要组成部分，维系着社会的良性运转。随着法治社会建设的逐步完善，契约理念已逐步从民法领域应用到行政问责、政治问责和社会治理领域，实现了从命令行政到契约行政的转型，适应了现代新型国家治理观的发展需要，在契约自由观念的泛自由基础上发展为集体契约的公法社会观念。正如亨利·梅因（Henry Maine）所言，"所有社会的进步是从身份到契约的运动。"[1]其内涵主要包括：第一，契约作为一种秩序生活法则可以囊括一切社会关系的变迁与发展，而且这些社会关系的变迁与发展均具有契约的属性。第二，契约关系的形成是社会进步的表现，需要以社会共同利益为前提，而非仅仅考虑个人的私有利益，因为契约的兑现要靠社会诚信制度的建立，其科学性彰显的是场域成员交往的公正性。由此，契约精神融入了公法精神，蔓延至社会生活的诸多领域，民主合意、平等自由、权责承诺、公益互助成为现代社会契约的核心内容。民主政治的推行需要契约，契约承载的是责任，契约责任的实现是社会场域最基本最普遍的。那么，契约精神是如何体现大学学术不端行为问责中的呢？

其一，大学学术不端行为问责是大学与学术人之间的自治性契约。自治性契约是契约的一种表现形式，大学作为一种学术组织，通过组织内的学术章程实现对学术人学术行为的约束，它能够保证大学与学术人双方正当的学术利益得以有效实现——大学通过学术人的学术研究成果而获得外界较高的学术声誉，学术人通过自身的学术研究成果获得大学的奖励、服务社会，对违反契约不履行责任的学术人给予惩处，焕发大学的理性文化气质。自治性契约的主要功能在于明晰组织与当事人之间的权利与义务、组织运行必要加载事项以及与外界的关系。大学作为学术自治性契约组织对关于内容复杂的学术责任以条目的形式加以记录并明晰权利与义务，为双方履行责任提供支点，同时也说明大学学术组织作为学术人学术交流以及接受社会监督的场所，必然会涉及他涉性。通过大学学术不端行为问责这一自治性契约能够回应社会对学术人在学术场域中学术行为的监督，在组织自治性契约的约束下学术人通过自我省察的方式，端正对学术认知态度，对学术不端行为给学术组织带来的困扰能产生羞耻感，仅凭借学术个人的道德行为难以达成组

[1]杨勇萍.从命令行政到契约行政——现代行政法功能新趋势[J].行政法学研究，2001(1)：6.

织自治性的学术契约协议。美籍韩裔学者全钟燮(Jong S. Jun)指出，当个体在一个组织中工作时，他或她可以感知到组织中的伦理行为。[1]组织中的伦理行为是自治性契约的关键要义，涉及约束组织内部成员行为以及与外部社会间的关系。大学学术不端行为问责则是协调大学与学术人学术行为之间关系、实现外部社会对学术人学术行为进行监督的组织性契约。社群组织中都会有劳动分工的存在，必然会产生契约关系，“劳动只有通过交换的方式来获得财产，所有的交换都潜在一种契约关系。”大学学术场域也亦如此。卢梭指出，社会秩序为其他权利提供了一项基础的神圣权利。然而这项权利绝不是出于自然，而是建立在约定之上的。[2]社会秩序以契约为枢纽，国家是各类契约的实行者和监督者，契约责任的实现是保障社会良性运转的根本要素。[3]同理，学术秩序作为大学学术发展所必需的公共产品，若想发挥其应有的效力，必然要使其成为一种约定，通过学术自治组织的契约方式来调节学术人的学术行为，发挥自治性契约应有的作用，这也是其区别于其他交易性契约、身份性契约的关键所在。

其二，大学学术不端行为问责是大学内部学术治理与学术人之间商定的共在表达。[4]由上文可知，契约不仅仅适用于个人与个人之间，还适用于个人与组织之间。大学学术不端行为问责虽不是完全意义上的行政契约，但兼具行政性与契约性的合理要义。无论是教师入职还是研究生招生，他们在进入学术场域时都会与大学签订不言自明的学术契约——“遵守学术规范，不得有抄袭、剽窃、造假等学术不端行为”“拥护中国共产党的领导，具有正确的政治方向，热爱祖国，愿意为社会主义现代化建设服务，遵纪守法，品行端正”，接受大学内部学术治理的规制。从这个意义来讲，学术人与大学之间存在着合意的行为表达，双方是基于平等自愿、自由意志表达而达成的学术协议，只要是学术人就要遵守学术规范，接受对学术不端行为的问责，而且这种问责具有建立在沟通、协商之基础上的“强制性”。理想化的这些学术规定也是大学在广泛征求学术代表意见基础上达成的具有双向性的学术共意行为，符合契约平等的本质特征。

契约的基本精神在大学学术场域中体现的是学术自律，这种学术自律既包括

---

[1][韩]全钟燮.公共行政的社会建构：解释与批判[M].孙柏瑛，张钢，黎洁，等译.北京：北京大学出版社，2008：146.

[2][法]卢梭.社会契约论　一名：政治权利的原则[M].何兆武，译.北京：商务印书馆，1980：8-9.

[3][法]卢梭.社会契约论　一名：政治权利的原则[M].何兆武，译.北京：商务印书馆，1980：23.

[4]本观点受哈贝马斯交往合理性的启发，哈贝马斯将商谈伦理的互主体性原则作为交往的主要原则，把互主体性提高到中心位置，商谈者之间权利和机会的平等通过相互交流、讨论，达到相互理解。本文所指的“共在”是学术治理组织的多元主体，不仅仅指学术不端行为问责主体。

学术人道德良知上的自律，也包括自觉遵守学术规范、规章的要求，能够成为真正的学术人。这也是荀子在《礼记》中所言的“人生而有欲，欲而不得，则不能无求；求而无度量分界，则不能不争；争则乱，乱则穷”的旨意。学术人在道德良知上的自律也需要有学术自治契约性的伦理行为约束，不是每个学术人都能靠自身的学术道德来控制自己的学术行为，借助具有民主合意、平等自由、权责承诺、公益互助的契约性质的大学学术不端行为问责能够推动公权力作用下的大学学术治理更具民意、民主色彩，能够让学术人更加信服问责结果，形成社会公权力自治下的学术契约问责文化交互网络。将学术场域中的学术行为纳入契约的管理范畴，以便大学能以平等合意表达的学术契约为基础逐步建立起学术诚信制度，将契约落到实处，而非一纸空文。

综合以上的阐述，本研究认为大学学术不端行为问责是学术权力在学术治理中的具体体现，是一种被修正了的权利，符合“权利”的“利益”“资格”与“自由行为”要素说。谈及权利与权力必然会涉及法律关系，但由于学术不端行为问责属于学术场域问题，具有一定的特殊性，并非所有的主体关系都受到法律关系的调整，只有法律法规规定的内容才能受其调整。在大学学术不端行为问责过程中，涉及高校与学术人、国家科研机关与高校、国家科研机关与学术人之间的多重特殊形式的特殊行政关系，具备法律关系中的主体、客体与内容要素，是一种管理与被管理、监督与被监督的兼具内部“自治管理”的行政行为与外部行政行为。因为大学学术不端行为问责是一种学术权力，既来自国家法律法规的授权，又来自大学场域内的自主管理权。正如前文的分析，无论是内部行政行为还是外部行政行为，大学学术不端行为问责都具有行政的性质，学术治理的学术权力，首先体现的是国家意志性，是国家的教育权力，是公共权力介入学术自治的一种合法性体现。对学术人给予的开除学籍、撤销学位以及开除公职等改变学术身份、严重影响学术人受教育权的学术处分也都是以相关法律、法规为依据，参照相关规章，参考涉案高校正式公布的不违反上位法规定的校纪校规，充分遵守法律保留原则。其次，学术治理中的学术权力也是高校学术自治管理的一种法定权利和应有权利，属于学术自治公权力范畴，是一种公共权力体系下的社会自主权体现。高校根据法律法规授权制定的学术制度等规范性文件，给予学术人警告、严重警告、记过等内部行政行为，是高校对学术人的内部学术管理行为，具有私行政的性质，属于高校内部的学术自由裁量权。这种学术自由裁量权是高校内部实现对其成员的学术治理方式，也是终结性的学术问责，但对学术人的行政处分不会改变其原有的学术身份或重要的受教育权利。

总而言之，大学学术不端行为问责是一种公共权力，不能排除国家公权力影响的学术自治公权力，是一种特殊意义上的“行政处罚”。单说大学学术不端行为属于国家意志公共权力的行政行为或高校的学术自治权都是片面的，因为学术自由不是完全意义上的自由，是需要受到政治因素（公共权力）制约的有限自由，问责体现了维护学术公共利益的国家政治性，新时期的大学学术自由观是——受控性与自由性的辩证统一，完全自治的学术不端行为问责也是脱离“教育会受到来自社会场域中的政治、经济、文化科学所制约，并为其服务”[1]的主流意识形态。

四、大学学术不端行为问责的逻辑构架

大学学术不端行为问责不同于一般意义上的行政问责，虽然都是对行为人责任过失的一种追究方式。但其强调的核心在于“学术”，是以“教育善”的价值为灵魂守候，倡导塑造学术人的学术责任伦理，呼唤学术人理性学术精神回归，是基于专业的学术判断而产生的问责，需要考证学术本身的属性与理念，还需考证问责孕育于学术场域中的特殊方式与价值。大学学术不端行为问责更强调在解中心化的理性学术空间内达成参与互动的学术交往问责共识。基于此，本节重点讨论大学学术不端行为问责的逻辑构架。

（一）问责逻辑构架的分析标准

考察任何事物都要有明确的分析标准，没有标准也就等于没有分析依据和分析框架。分析大学学术不端行为问责的内容体系也不例外，大学学术不端行为问责的内容体系究竟应该包括哪些维度，建立清晰的内容分析标准就显得尤为重要。因为大学学术不端行为问责内容分析标准如何，将会直接关系到分析是否规范、是否科学。那么，当前我们是否有明确的大学学术不端行为问责内容分析标准呢？笔者曾对改革开放30年来有关学术不端行为治理的理论性研究文献从政策研究的内容、标准、视角等维度进行结构化的分析统计。在对随机抽取的385篇学术论文中，我们发现有335篇的文献存在不同程度的研究缺陷，几乎没有涉足分析标准的确立问题。作为一个专业领域的高等教育政策分析正不断走向规范，作为高等教

[1]任增元．量化评价、知识生产与理性大学的追寻——兼评《大学理性研究》[J].清华大学教育研究，2014(4)：121.

育政策分析中最为基础性的内容分析更应做到规范化。[1]大学学术不端行为问责内容分析是高等教育政策内容分析的一个方面,也应体现这一分析特质,因为内容分析是高等教育政策过程、价值、环境分析的前提和基础,也是整个高等教育政策分析的逻辑起点。如果内容得不到有效规范,那么就会影响后续的分析。厘定大学学术不端行为问责内容体系分析标准是方法论前提。

通过文献分析,我们发现学界对大学学术不端行为问责内容尚无分析标准,考虑到大学学术不端行为问责内容分析属于教育政策内容分析的范畴,因此我们需要弄清教育政策内容的分析标准。美国教育政策研究专家司图亚特·S.那格尔(Negal.S.S.)提出了分析教育政策内容的最佳标准是:有效性、重要性、有用性、创新性和可行性。[2]那格尔得出的“五性标准”是“最佳教育政策分析方案的分析标准”,是针对整个教育政策内容、过程、实施、评价等环节的全面标准。正如孙绵涛教授的评论,他认为那格尔的“五性标准”囊括了其他所有政策分析的标准,并不是完全针对教育政策的内容标准。[3]因此,我们不能把“有效性、重要性、有用性、创新性和可行性”作为教育政策内容分析尤其是大学学术不端行为问责内容的分析标准。确立教育政策内容的分析标准,应以考察教育政策内容本身为根本原则和着力点。[4]

关于教育政策内容的分析标准,通过查阅研究性文献,我们发现学界普遍引用了“完整性、科学性和创新性”这一观点,并将其作为分析各类教育政策内容的分析标准来考证实然情境中的教育政策问题。[5]而且首先提出该标准的学者认为“完整性、科学性和创新性这三者统一起来作为政策内容的分析标准,是以整体系统的政策分析观作为理论基础的。”[6]根据对这种观点的理解,学者康翠萍认为,“完整性”主要是指教育政策内容应囊括教育政策范围的全部问题,教育政策内容的构成要件应是完整的。教育政策的要件主要包括目标、对象和措施,而政策内容即为政策规范,往往蕴含在其中。因此,对教育政策内容分析要考察是否包含了目标、对象和措施等要件。“科学性”主要是指教育政策内容的各要素关系明确,逻辑清晰明

[1]康翠萍.标准、方法与程序:高等教育政策分析若干规范旨要[J].现代教育管理,2011(7):40-44.

[2]Negal.S.S. Policy Analysis Methods[M].New York: Nova science Publisher,1999:353.

[3]孙绵涛.教育政策学[M].北京:中国人民大学出版社,2010:256-258.

[4]本观点得到中南民族大学教育学院康翠萍教授的指点,部分观点参考了她的著作《一种分析范式:中国高等教育政策研究》,在此表示感谢。

[5]孙绵涛.关于教育政策内容分析的探讨——以中国1978年后高等教育体制改革政策内容的分析为例[J].教育研究与实验,2007(3):39-45.

[6]孙绵涛.关于教育政策内容分析的探讨——以中国1978年后高等教育体制改革政策内容的分析为例[J].教育研究与实验,2007(3):39-45.

了。“创新性”主要是指教育政策内容不拘泥于传统观念，能够根据形势的变化与发展进行政策理论创新。从发挥作用的效果来看，三者需要共同作用，不能偏废其一而单向来谈。因为完整性是针对政策内容的形式而言，科学性和创新性是针对政策的实质性质而言，三者之间联系密切，互为前提。完整性必须以科学性和创新性为基础，科学性要以完整性和创新性为前提，而创新性是在完整性和科学性基础上的内容创新。[1]这“三性”标准能够涵盖教育政策内容分析的价值指向，能够为教育政策内容分析标准提供方法论意义上的指导。

上述有关教育政策内容分析标准的观点为我们厘定大学学术不端行为问责内容分析标准提供了借鉴。因为大学学术不端行为问责内容标准属于教育政策内容分析范畴，从方法论的角度来说，我们可以借用“完整性、科学性和创新性”这一内容分析标准，为确立大学学术不端行为问责静态内容分析标准提供方法论层面的指导思想。大学学术不端行为问责内容作为一种具有普适性意义的学术制度内容，确立它的分析评价标准是为了让问责能够更好地实现原初制定目的的需要。制定大学学术不端行为问责内容是为了规范大学学术场域中出现的学术不端行为，解决学术失范的全部问题，调动各方主体积极参与到学术治理中。而只有完整、科学且具有创新性的问责内容才有可能实现这一目的。缺乏系统全面的大学学术不端行为问责内容是不可能解决学术场域面临的学术不端问题；全面系统的学术不端行为问责内容虽然有可能解决学术治理中面临的学术不端问题，但如果问责内容缺乏内在的逻辑关系、不科学，有可能解决眼前的学术不端问题，但并不能从源头上触及问题的本质；然而仅有全面系统和科学的学术不端行为问责内容还不够，如果内容上未能摆脱俗套的旧制度束缚、缺乏理论指导，问责内容仍然会停留在旧制度框架下解决新的学术不端问题。

如此而言，我们在探讨大学学术不端行为问责内容构架的标准既要符合完整性与科学性的要求，又要在此基础上进行创新，三者缺一不可。大学学术不端行为问责内容的完整全面是实施问责的基础，内容的科学系统是实施问责的关键，内容的创新规范是问责最终解决问题的核心。依据这“三性”标准并将其转化为具体可操作的大学学术不端行为问责内容，才能构建出分析大学学术不端行为静态内容构成的分析框架。依据完整性标准，我们要看大学学术不端行为问责表现在哪些维度，能否针对大学场域中的学术不端行为表现反映真实的学术治理问题，包含的

[1]康翠萍．一种分析范式：中国高等教育政策研究[M]．北京：人民出版社，2010：35.

内容能否真正解决大学学术场域中的学术不端行为。依据科学性标准,我们要看大学学术不端行为问责要素间是否具有逻辑关系、能否构成大学学术场域中的学术不端行为问责体系、是否符合高等教育发展规律、是否合乎法理性以及是否实现了事实与价值的统一。依据创新性标准,我们要思考为何现今大学学术不端行为治理效果收效甚微、学术不端行为问责内容是否能够突破这一瓶颈实现理论与实践上的创新、是否能够突破已有治理困境实现问责的程序正义与实体正义。基于上述的论证,我们将教育政策内容确立的分析标准作为大学学术不端行为问责构架标准的指导原则与方法论基础。

(二)基于标准的问责内容构架

依照上文论述的"完整性、科学性和创新性"作为大学学术不端行为问责内容构架标准的指导原则与方法论基础,可以为我们建构大学学术不端行为问责内容框架提供依据。一般来讲,构建政策内容分析构架主要有两种方式:一是将前人的理论作为建构构架的标准,二是运用科学的研究方法考察现有的教育现象后通过自我建构标准并加以论证而得出分析构架的标准。本研究在确定大学学术不端行为问责内容构架时主要是采用第二种方式并结合法理学理论,通过文献梳理、对参与大学学术规范制定的专家进行咨询和半开放式的访谈等多种研究方式,进行构建大学学术不端行为问责的内容框架。在论证与咨询的过程中,我们发现,无论是各高校制定的有关学术规范、学术不端行为惩处文本的逻辑内容,还是专家们在接受访谈过程中谈及的看法,都显现出学术不端行为问责内容的共性,即问责主体、问责客体、问责程序、问责依据以及责任类型,这也是我国大学学术治理中最需要明确的内容要件。因为问责作为一种责任追究方式,需要在明确"由谁问、问谁、依据什么问、怎么问"这一逻辑主线前提下开展,而问责主体、问责客体、问责程序、问责依据以及责任类型正好诠释了大学学术不端行为问责中的所有问题。这五大要素间的关系明晰、逻辑清楚,而且遵循了"完整性、科学性与创新性"的总的指导原则与分析标准。再则,因为大学学术不端行为问责具有广义上法律意味,也应符合法律规范的构成要件,"一个完整的教育法律规范包括假定、处理和制裁三个要件。'假定'是规范行为准则适用的情形;'处理'是对行为人的行为做出具体的规定;'制裁'是对未能按照行为准则要求行事的错误行为做出处罚。"[1]大学学术不端行

[1]李晓燕.教育法学[M].武汉:武汉工业大学出版社,1992:43.

为问责内容体系的设定也需在“完整性、科学性与创新性”这一宏观原则前提下包含“假定、处理和制裁”要件。基于上述的考虑,本研究将“问责主体、问责客体、问责依据、问责程序以及责任类型”作为大学学术不端行为问责的内容构架。

(三)问责构架的合理性论析

本研究之所以将问责主体、问责客体、问责依据、问责程序以及责任类型作为大学学术不端行为问责内容体系框架,而且以此标准来考量实然状态下我国大学学术不端行为问责情况,有其内在的事实逻辑与价值逻辑,具有合理性。

(1)大学学术不端行为问责五大内容标准反映了学术治理所要解决的现实问题的事实逻辑。在大学现实的学术场域中出现的学术不端行为关键在于防范与治理,还原学术的本真样态。我们知道,大学学术不端行为问责主要包括由谁来问、问谁、依据什么问、如何问这样一条逻辑线索,即这是大学学术不端行为问责内容的纵轴。出现了学术不端行为,关键在于如何能够更好地解决。解决这一问题的最好方式就是通过责任的追究让学术行为人明确学术信仰与学术规制之间的关系——学术权利与学术责任之间是怎样的关系,哪些学术行为属于“违规”行为,如何能够得到有效遏制等,而大学学术不端行为问责的五大内容标准所呈现的正是以解决“谁来问、问责谁、依据什么问、如何问”为核心。

从事实实践层面来看,我国教育部等部门出台的有关学术治理的文件以及各高校制定的学术惩处制度在内容体系上也离不开问责主体、问责客体、问责程序、问责依据以及责任类型这五大要素,而且这五大要素之间也存在一定的运行逻辑。其中,大学学术不端行为问责主体是整个问责的关键要素,是对追责主体的明确与职责的确证,主要解决的是哪些主体能够担当大学学术不端行为问责主体以及各主体间(教育行政部门及其直属科研管理部门、高校及其下属相关负责部门、社会新闻媒体、用人单位、第三方学术评价机构)的关系和在学术场域中的位置。大学学术不端行为问责客体是整个问责的方向,主要明确的是大学学术场域中要惩处的学术对象以及他们应该履行哪些学术职责与义务、承担哪些学术义务等问题。大学学术不端行为问责依据是基础支撑,在确定了问责主体、问责客体后,就需明确依据什么来问责,有了明确的问责依据才能确保对学术不端行为的问责有理有据、合理合法,同时为后续的问责程序开展以及责任类型划定提供科学依据。大学学术不端行为问责程序是整个问责的核心灵魂,明确如何对大学学术场域中出现的学术不端行为进行问责、依照什么样的程序来达致目标以及如何能够保证问责能够科学有效运行。大学学术不端行为问责依据以及问责程序后，就应该询问依据什么问责，大学学术不端行为问责的责任类型是问责得以最终实现的裁定结果。在确定了问责程序和问责依据后，厘定学术不端行为的责任类型，明晰学术人的违规行为需要承担哪些责任，是学术不端行为问责最终对学术行为进行责任追究的一种实体上的内容确证。

虽然大学学术不端行为问责内容的各个维度揭示出各自独立性，但这五大要素内在逻辑依旧是紧密相连的，存在于多维交织的共生关系网中，缺少其中任何一个要素，大学学术不端行为问责都无法发挥应有的效力。

(2)大学学术不端行为问责五大内容标准也反映了学术治理的价值协同逻辑关系。价值是对主客体相互关系的一种主体性描述，代表着客体主体化过程的性质和程度。[1]大学学术不端行为问责内容标准的价值在于协同、共生，能够使客观的问责内容更好地反映现实的主观学术行为，形成完整的大学学术不端行为问责内容体系，实现各内容要素间的协同，推进大学学术不端行为问责走向实体正义与程序正义。共生互存是哲学向善的思想，是一个学术共同体良好学术秩序形成的价值基础。“善”是学术共同体学术治理达到理想效果的终极价值追求，包括实在善与外在善两层含义。[2]

首先，实在善即是指大学学术不端行为问责各要素的内容本身以及与其他要素之间是符合道德善的终极目标，各内容要素之间是一种协同共生、相互依存的关系。第一，大学学术不端行为问责主体与问责客体的确定是整个问责系统能够展开的目标源，也是前提性条件，是其他要素存在的根本，没有问责主体与问责客体的存在，将无人追究大学场域中出现的诸多学术不端行为，也没有承担学术不端行为的责任主体，整个学术问责体系也会名存实亡。第二，大学学术不端行为问责依据实现的是一种方向性的引领，为整个学术不端行为问责内容体系的设定奠定了基础，问责依据确定的是一种学术问责标准。倘若问责的标准不明确，对学术不端行为的责任追究也会五花八门，后面的问责程序以及责任类型的划分也将无法开展，问责诸要素间也很难实现共生互存。第三，大学学术不端行为问责程序是问责共生状态下学术不端行为问责得以落实的保障，以什么方式、什么理念、什么手段

[1]李德顺.价值论[M].第2版.北京：中国人民大学出版社，2007：79.

[2]金生鈜.教育基本善事物及其意义——基于教育正义的思考[J].陕西师范大学学报（哲学社会科学版），2015，44(1)：150-159.

追究学术人的学术责任是学术不端行为问责得以落实的关键。第四，大学学术不端行为的责任类型划分是整个学术问责中关键的定性之维，唯有弄清楚不同学术不端行为的责任归属，学术不端行为问责的其他要素才能协同发挥作用对学术人的学术不端行为实施有效问责，责任类型的划分涉及对学术人的学术不端行为进行类型确证，是在前面问责内容要素的基础上形成的。责任类型突出了某一种要素或某一种结构的标识作用，这种要素本身即是构成责任类型的法则，同时也是大学学术不端行为问责诸多内容要素的实现结果。

其次，手段善是外在善，基于大学学术不端行为内容要素本身以及与其他要素间的关系的内在善而体现的学术治理结果的手段善，内在善要求治理的手段应趋于善。大学学术不端行为问责是要实现学术生态的良性运转这一终极善，目标与手段是这一终极善的关键环节，也是一种构成性的“学术善”指向。学术问责手段的实施也是为了达到学术向善的内在善——“纯粹的、完善的、协同的”最终学术治理目标，实现学术不端行为问责各内容要素间的协同共生。治理手段是为治理目的而服务的，良好的治理手段能够促进治理目标的达成。因此从这个意义上来讲，大学学术不端行为问责内容体系实现的是外在善与内在善的统一，手段与目标的统一，将问责主体、问责客体、问责依据、问责程序与责任类型看作学术不端行为问责的有机统一体，在内容与形式上实现共生并存。

综上所述，我们认为，无论是从事实逻辑还是从价值逻辑来讲，“问责主体—问责客体—问责依据—问责程序—责任类型”作为大学学术不端行为问责内容构架符合认识论基础，一个正义合理的大学学术不端行为问责内容体系首先应确定问责的主体与客体，在明晰了“由谁问”“问责谁”的基础上，需要遵照一定的问责依据，在厘定问责程序的前提下划定大学学术不端行为问责的责任类型，最终为大学科学有效实施学术问责奠定基础。各要素之间是协同共生的关系，共同推进大学大学术不端行为问责实现道德善与手段善相统一的“终极善”学术发展愿景。

第三章

大学学术不端行为问责的实然考证

从前面章节对学术不端行为有关现象以及学术不端行为问责的理论详细阐述我们可以发现，学术不端行为已是大学学术场域一种较为常见的弊病。至2014年国家提出治理能力与治理现代化后，教育治理也逐步走向法治化与规范化发展，大学学术场域已加大对学术不端行为的整治力度，隐含着对学术不端行为实施了问责。然而，被网络媒体揭露的学术剽窃、造假等学术不端行为依然频繁不断，现有的问责效果也值得我们质疑：究竟目前大学学术不端行为问责实施现状怎样，体系是否完善，还存在哪些亟待解决的问题，是什么原因导致了问责出现的困境，这也是本章需要重点研究的。要解决这些问题，在明晰了问责的发生机理、性质特征以及基本构架基础上，我们需要深入考察有代表性的案例，将访谈调查法与问卷调查法相结合，共同作用于大学学术不端行为问责的现实境况中，探明目前大学对学术不端行为进行追责的方式与实施路径。基于此，本章将详细介绍调查的目的、研究对象的确立、基于责任与问责关系的调查研究大学学术不端行为问责现实表征与问题呈现，希冀为从理论层面构建正义合理的大学学术不端行为问责制提供现实基础，实现实践与理论的深度融合。

一、大学学术不端行为问责的现状调查

大学学术不端行为问责具有学术的特殊性，它是一个复杂而系统的庞大工程，需要各方主体的共同努力。理论研究最终是要解决实践问题的，若想了解大学学术不端行为问责实际情况如何，必须对其展开调研与访谈，掌握一手资料，了解学术当事人以及问责主体的真实情况。

（一）调查目的

大学学术不端行为问责是推动教育治理走向常态化发展的必然趋势，问责现状是通过具体的案件处理情况以及问责体系是否完善来呈现的。本研究试图编制大学学术不端行为问责现状的调查问卷及访谈提纲，通过调查了解目前大学学术不端行为问责的现状，深度分析其存在的问题及影响因素。具体而言，其一，在梳理已有大学学术不端行为问责及治理相关理论研究基础上，确定问卷的分析维度及其指标，问责主要包括问责主体、问责客体、问责依据与目标、问责程序五大维度。其二，编制大学学术不端行为问责现状的调查问卷（校领导问卷和师生问卷），经过试测修改后，展开正式问卷调查，以获得一手数据资料和信息，从而全面了解

目前大学学术不端行为问责现状、问题及原因。其三，为了弥补问卷调查缺乏面对面交流的弊端以及对问题进一步深入了解，本研究设计了相关领导与师生的访谈提纲，辅之以制度文本分析，对在问卷调查中测出的学术不端行为问责中存在的问题进行确证，进而为分析影响因素提供支撑。

（二）调查对象

学术研究必须有明确的研究指向与目标，合理设定调查对象则是实现这一目的最为基本与关键的一环。本研究采用概率抽样与非概率抽样的方法，共抽取我国东中西部共15所高校。随机发放150份校领导问卷，回收139份，问卷回收率92.7%；1500份师生问卷，回收1400份，问卷回收率93.3%。访谈对象包括上述学校中校领导15名，师生50名，通过对其访谈内容进行录音转换，得到纸质文本。

这15所大学的选择是一种非概率性的目的性抽样，主要考虑到这些学校分布在东中西部，有国家“双一流”建设高校和地方“双一流”建设高校，可代表不同地域高校的学术研究水平以及学术不端行为治理境况，具有一定的典型性，通过选择具有特殊性的高校来反映普遍性的大学学术不端行为问责的现状与问题。教育研究中的非概率抽样主要是将具有单一的、典型的对象作为研究对象，通过对这些研究对象进行深入具体考察，了解具有特殊性质的对象发展变化的特点，[1]通过特殊性的事物对象反映具有一般性、普遍性事物的发展变化趋势。辩证唯物主义认为，万事万物处于矛盾状态之中，而普遍性与特殊性是矛盾的一体两面，普遍性寓于特殊性之中，并通过特殊性得以表现，没有特殊性就没有普遍性的存在。基于这样的规律，本研究试图通过探究特殊意义中的大学学术不端行为问责来映射当前具有普遍性的大学学术不端行为问责现状以及存在的问题。

选择这15所大学的教师与研究生采用的是概率性随机抽样，主要包括人文社会科学和自然科学的教师、博士研究生、硕士研究生。采用概率性随机抽样，每个对象都有被抽中的可能，从而确保调查对象的广泛性、调查数据的说服力。这15所大学的领导主要从学术委员会、学位委员会、研究生院、人事处等相关部门中进行随机抽样。

问卷调查及访谈于2018年1月至2018年12月开展。对问卷进行必要的检查之后，对数据加以保存和整理。将数据录入SPSS 19.0统计分析软件进行统计分析，

[1]杨晓萍.教育科学研究方法[M].重庆：西南师范大学出版社，2012：111.

得出被试情况如表3-1、表3-2。所调查的领导所在部门分布为：研究生院35人，学位委员会30人，学术委员会（包括校学术委员会、院学术委员会）39人，校办15人，社科处14人，人事处6人。

表3-1　校领导被试分布情况

项　目	维　度	被试数（人）	所占百分比（%）
性别	男	102	73.4
	女	37	26.6
学校类型	国家“双一流”建设高校	82	59.0
	地方“双一流”建设高校	57	41.0
职务	校长	9	6.5
	院长	57	41.0
	处长	56	40.3
	普通职员	17	12.2
职称	教授（研究员）	55	39.6
	副教授（副研究员）	35	25.2
	讲师（助理研究员）	40	28.8
	助教（实习研究员）	9	6.5

表3-2　师生被试分布情况

项　目	维　度	被试数（人）	所占百分比（%）
性别	男	675	48.2
	女	725	51.8
学校类型	国家“双一流”建设高校	903	64.5
	地方“双一流”建设高校	497	35.5
职业	教师	311	22.2
	博士生	499	35.6
	硕士生	590	42.1

续表

项　目	维　度	被试数(人)	所占百分比(%)
职称	教授(研究员)	61	4.4
	副教授(副研究员)	114	8.1
	讲师(助理研究员)	178	12.7
	助教(实习研究员)	165	11.8
	无	882	63
专业类别	文史类	733	52.4
	理工类	667	47.6

(三)调查工具

1. 调查问卷

(1)问卷设计

本研究自编了《大学学术不端行为问责现状调查问卷》(校领导问卷)、《大学学术不端行为问责现状调查问卷》(师生问卷)。两类问卷均由两大部分组成,第一部分主要调查基本信息;第二部分是调查的主体,分为量表部分、多选题及开放题部分,从问责主体、问责客体、问责目标与依据、问责程序、责任类型五大维度展开调查。具体来说,量表部分采用李克特五点量表,用1~5代表完全不符合、比较不符合、有点符合、比较符合、完全符合。每个维度下又分3~5个指标,具体指标与对应题目如下表3-3所示。设置相应多选题与开放题以期更全面、深入了解所调查内容,主要涉及五大维度的事实性描述问题,如问责主体的机构有哪些、问责程序有哪些环节等。

表3-3　学术不端行为问责问卷量表部分指标

维度	指标	校领导卷对应题目	师生卷对应题目
问责主体	机构的明确性、权力的集中性、主体间互动性、效用发挥性	1~5	1~6
问责客体	全面性、明确性、能动性	6~9	7~10

续表

维度	指标	校领导卷对应题目	师生卷对应题目
问责目标与依据	目标明确性、依据完整性、依据指导性	14～17	11～14
问责程序	原则明确性、透明性、民主参与性、完整性	10～13	15～18
责任类型	责任追究类型多样性、责任并罚性、责任层次性	18～21	19～22

(2)问卷形成

本研究通过因素分析后,对问卷中量表的信效度进行了检验:

①信度检验。对校领导问卷、师生问卷量表部分用SPSS 19.0进行信度检验,校领导问卷量表部分的克隆巴赫α系数为0.849(如表3-4),Guttman Split-Half Coefficient分半信度为0.716(如表3-5);师生问卷量表部分的克隆巴赫α系数为0.846(如表3-6),Guttman Split-Half Coefficient分半信度为0.886(如表3-7)这充分表明量表在总体上具有良好的稳定性和内部一致性。

表3-4　校领导问卷信度检验

Cronbach's Alpha	项数
0.849	21

表3-5　校领导问卷 可靠性统计量

Cronbach's Alpha	部分 1	值	0.707
		项数	11[a]
	部分 2	值	0.819
		项数	10[b]
	总项数		21
表格之间的相关性			0.578
Spearman-Brown 系数	等长		0.732
	不等长		0.733
Guttman Split-Half 系数			0.716

a. 这些项为：T1, T2, T3, T4, T5, T6, T7, T8, T9, T10, T11.

b. 这些项为：T12, T13, T14, T15, T16, T17, T18, T19, T20, T21.

表3-6 师生问卷 信度检验

Cronbach's Alpha	项数
0.846	22

表3-7 师生问卷可靠性统计量

Cronbach's Alpha	部分 1	值	0.697
		项数	11[a]
	部分 2	值	0.740
		项数	11[b]
	总项数		22
表格之间的相关性			0.796
Spearman-Brown 系数	等长		0.887
	不等长		0.887
Guttman Split-Half 系数			0.886

a. 这些项为：T1, T2, T3, T4, T5, T6, T7, T8,T9, T10, T11.

b. 这些项为：T12, T13, T14, T15, T16, T17, T18, T19, T20, T21, T22.

②效度检验。用SPSS 19.0对量表的各维度进行相关分析，发现校领导问卷各维度之间的相关系数均在0.415～0.568之间，学生问卷各维度之间相关系数均在0.414～0.583之间，均远低于其信度系数，这说明本问卷的设计符合问卷设计的一般要求。在此基础上，对试测数据进行项目分析，以27%的临界值进行高分组与低分组排列。然后通过独立样本t检验，检查高低分组题项上的差异，结果发现，t值全部达到显著水平，说明这些题项均具有较为理想的鉴别性，量表具有可以接受的内在效度。同时，《大学学术不端行为问责现状调查》校领导问卷、师生问卷的项目均邀请2名教育法学专家和随机遴选的几位校领导及高校师生对问卷的项目进行了评判，均认为本问卷基本能够代表学术不端行为问责现状的相关研究问题，问卷内容效度良好。

2. 访谈提纲

本研究访谈提纲包括学术不端行为问责访谈提纲（校领导）、学术不端行为问责访谈提纲（师生），分别包含7～8个题目，从对学术不端行为问责这一治理方式看法、学术不端行为问责过程中产生的问题及原因、学术不端行为问责的难点及改进措施等多方面进行题目设计，以期获取一手真实材料，从而更全面深入了解学术不端行为问责。

（四）调查结果分析

1.学术不端行为问责的整体概况

通过对学术不端行为问责现状调查的校领导问卷、学生问卷进行数据统计分析，得到学术不端行为问责现状的每题均分以及各个维度的每题均分，在一定程度上能够代表学术不端行为问责现状的整体概况。如表3-8所示，校领导问卷中每题均分为3.1356，问责主体、问责客体、问责目标与依据、问责程序、责任类型的均分分别为3.5036、2.0989、3.5683、2.9946、3.5126、3.1356。由此可知，大学学术不端行为问责整体情况处于一般状态，问责客体、问责程序的均分较低，呈现的问题较为突出。

表3-8　学术不端行为问责描述统计量（校领导问卷）

	N	极小值	极大值	均值	标准差
问责主体每题均分	139	1.80	4.60	3.5036	0.55500
问责客体每题均分	139	1.00	3.75	2.0989	0.81016
问责目标与依据每题均分	139	1.50	5.00	3.5683	0.62757
问责程序每题均分	139	1.50	4.75	2.9946	0.88847
责任类型每题均分	139	1.75	5.00	3.5126	0.71178
每题均分	139	2.06	4.43	3.1356	0.59587
有效的 *N*（列表状态）	139				

从师生问卷来看，如表3-9所示，每题的均分为3.0433，与校领导问卷得分情况一致，印证了学术不端行为问责情况处于一般状态。问责主体、问责客体、问责目标与依据、问责程序、责任类型的均分分别为2.6171、3.0345、3.5564、2.7041、3.3041。其中，问责主体得分较低，由于校领导本身处于问责主体的角色，问责主体部分得分可能偏高；问责客体、问责程序得分偏低，与校领导问卷一致。由此可知，大学学术不端行为整体情况一般，问责主体、问责客体、问责程序方面存在较为突出的问题。

表3-9 学术不端行为问责描述统计量(师生问卷)

	N	极小值	极大值	均值	标准差
问责主体每题均分	1400	1.33	4.83	2.6171	0.64543
问责客体每题均分	1400	1.00	5.00	3.0345	0.73372
问责目标与依据每题均分	1400	1.00	4.75	3.5564	0.70732
问责程序每题均分	1400	1.00	4.75	2.7041	0.70546
责任类型每题均分	1400	1.25	5.00	3.3041	0.60891
每题均分	1400	1.53	4.53	3.0433	0.55518
有效的 *N*(列表状态)	1400				

2.学术不端行为问责主体现状

问责主体是大学学术不端行为问责的执行者,只有明晰问责主体的职权、落实其责任,学术不端行为问责才能真正发挥其应有的效力。以下将从学术不端行为问责主体的机构、不同职责权限的问责主体、问责主体作用发挥等方面,以问卷调查结果为依据进行全面的现状扫描。

(1)问责主体机构

学术不端行为问责主体的机构主要是指学术不端行为问责受理、调查与认定、裁决与申诉的相关机构。通过问卷调查发现,如表3-10所示,“我校学术不端行为问责主体机构明确”题目选择的均分为4.45,但“我不清楚我校的学术不端行为具体处理的机构”题项的选择均分为3.76(如表3-15),可见高校学术不端行为问责主体机构较为明确,但学生与教师群体对于学术不端行为问责机构的关注度并不高。如表3-15所示,在“学术不端行为问责机构对于治理学术不端行为来说十分必要”的均分为3.92,由此可见,设立大学学术不端行为问责机构的必要性。

表3-10 学术不端行为问责主体描述统计量(校领导问卷)

	N	极小值	极大值	均值	标准差
T1我校学术不端行为问责主体机构明确	139	1	5	4.45	0.661
T2学术委员会及其下设机构是我校学术不端行为问责的最主要的机构	139	1	5	3.73	0.921

续表

	N	极小值	极大值	均值	标准差
T3我校学术不端行为问责主体权力相对集中	139	1	5	4.17	0.881
T4学术不端行为问责主体能够进行有效部门间的互动	139	1	5	2.87	0.806
T5学术不端行为异体问责主体能够发挥效力	139	1	5	2.30	1.008
有效的 N（列表状态）	139				

具体来说，参与学术不端行为问责的机构较多。如表3-11所示，在“您所在的学校对于学术不端行为或者失范行为的处理主要涉及哪些机构”的题项选择中，有91.2%的人选择了学术委员会，55.1%的人选择了学位委员会，68.4%的人选择了研究生院，44.9%的人选择了人事处，可见这四者在学术不端行为问责中发挥着重要作用。同时结合“学术委员会及其下设机构是我校学术不端行为问责的最主要机构”题项选择的均分为3.73，我们可以得知，学术委员会及其下设机构是高校学术不端行为问责的主要机构。另外，如用人单位、社会媒体、第三方学术评价机构、制度制定者在学术不端行为问责中有一定的参与，但参与度较低。

表3-11　学术不端行为问责机构频率（校领导卷）

		响应		个案百分比
		N	百分比	
您所在的学校对于学术不端或者失范行为的处理主要涉及哪些机构？[a]	学术委员会	124	27.0%	91.2%
	学位委员会	75	16.3%	55.1%
	研究生院	93	20.3%	68.4%
	人事处	61	13.3%	44.9%
	学会组织	18	3.9%	13.2%
	用人单位	16	3.5%	11.8%
	社会媒体	20	4.4%	14.7%
	第三方学术评价机构	17	3.7%	12.5%
	制度制定者	21	4.6%	15.4%
	其他	14	3.1%	10.1%
总计		459	100.0%	327.2%

a. 值为 1 时制表的二分组。

(2)不同职责权限的问责主体

学术不端行为问责主体的职责权限主要分为学术不端行为的受理、调查与认定、惩处三个方面,如表3-12所示,在"贵校学术不端行为的受理机构为"题项选择中,有65.6%的人选择了学术委员会及其下设机构,可见其是学术不端行为的主要问责机构。同时,部分学校的研究生院、学位委员会、制度制定者、社科处等也是学术不端行为的受理机构。另外,从其他选项的填写情况来看,某些学校的科技处、学生处等也是学术不端行为的问责机构。

表3-12　学术不端行为问责的受理机构频率(校领导卷)

		响应		个案百分比
		N	百分比	
贵校学术不端行为的受理机构为[a]	学术委员会及其下设机构	82	30.6%	65.6%
	学位委员会	44	16.4%	35.2%
	研究生院	60	22.4%	48.0%
	社科处	15	5.6%	12.0%
	制度制定者	47	17.5%	37.6%
	其他	20	7.5%	16.0%
总计		268	100.0%	214.4%

a. 值为1时制表的二分组。

从学术不端行为调查认定主体来看,如表3-13所示,在"学术不端行为问责的调查机构"题项中,有73.3%的人选择了"学院学术委员会成立专家小组"、48.1%的人选择了"学术委员会成立专家小组",27.5%的人选择了"研究生院成立专家小组",可见这三者是学术不端行为问责的主要调查与认定主体,而其他机构对于学术不端行为的调查参与较少。

表3-13　学术不端行为问责的调查机构频率(校领导问卷)

		响应		个案百分比
		N	百分比	
贵校学术不端行为问责的调查机构为[a]	学术委员会成立专家小组	63	26.1%	48.1%
	学院学术委员会成立专家小组	96	39.8%	73.3%
	第三方学术机构	8	3.3%	6.1%

续表

		响应		个案百分比
		N	百分比	
贵校学术不端行为问责的调查机构为[a]	学位委员会	12	5.0%	9.2%
	研究生院成立专家小组	36	14.9%	27.5%
	学会组织	11	4.6%	8.4%
	用人单位	4	1.7%	3.1%
	其他	11	4.6%	8.4%
总计		241	100.0%	184.0%

a.值为1时制表的二分组。

从学术不端行为的最终裁决主体来看，如表3-14所示，在“贵校学术不端行为最终裁决机构是”题项中，有78.6%的人选择了“校长办公室”，其余各机构如校（院）学术委员会、研究生院、学位委员会对于学术不端行为的裁决权力有限。

表3-14　学术不端行为问责最终裁决机构频率（校领导问卷）

		响应		个案百分比
		N	百分比	
贵校学术不端行为最终裁决机构是[a]	校学术委员会	21	14.5%	18.8%
	院学术委员会	15	10.3%	13.4%
	校长办公室	88	60.7%	78.6%
	研究生院	12	8.3%	10.7%
	学位委员会	7	4.8%	6.3%
	其他	2	1.4%	1.8%
总计		145	100.0%	129.5%

a.值为1时制表的二分组。

各主体机构具有的权力较为集中，如表3-10所示，“我校学术不端行为问责主体权力相对集中 ”的均分为4.17。另外，问责各主体间的互动配合与部门之间的有效监督是问责主体的权限职责重要组成部分。如表3-10所示，“学术不端行为问责主体能够进行有效部门间的互动”“学术不端行为异体问责主体能够发挥效力”的题项选择均分分别为2.87、2.30。可见，学术不端行为问责主体缺乏各机构间的有效监督，各机构之间的互动配合需进一步加强。

(3)问责主体的作用发挥

校内学术不端行为问责多为同体问责。从问责主体对学术不端行为的受理来看,学术不端行为受理的范围尚待扩展、学校学术不端行为问责主体处于被动状态。如表3–15所示,“学校学术不端行为问责机构主要受理实名投诉、举报的案件”“学校会对教师和研究生的学术成果定期检查,主动发现学术不端”均分分别为2.07、3.51。从问责主体对学术不端行为调查与认定来看,学术不端行为调查客观性、公正性尚待进一步加强。如表3–15所示,“学校学术不端行为的调查较为公正客观”均分为2.11。从问责主体对学术不端行为的处理决定来看,大都要经由校长办公室,而这不可避免导致行政权力的渗入。

表3–15　学术不端行为问责主体作用描述统计量(师生问卷)

	N	极小值	极大值	均值	标准差
T1我不清楚我校的学术不端行为具体处理机构	1400	1	5	3.76	1.277
T2学术不端行为问责机构对于治理学术不端行为来说十分必要	1400	1	5	3.92	1.179
T3学校会对教师和研究生的学术成果定期检查,主动发现学术不端	1400	1	5	3.51	1.099
T4学校学术不端行为问责机构主要受理实名投诉、举报的案件	1400	1	5	2.07	1.232
T5学校学术不端行为的调查较为公正客观	1400	1	5	2.11	1.129
T6我校学术不端行为问责各机构之间能够形成有效监督	1400	1	5	1.86	0.916
有效的*N*(列表状态)	1400				

除此之外,异体问责也是大学学术不端行为问责的重要方式,主要是指学术圈以外的诸如用人单位、社会媒体对学术不端行为进行的问责。然而如表3–10所示,“学术不端行为异体问责主体能够发挥效力”题项选择的均分仅为2.30。可见,学术不端行为问责异体问责亟须加强。

3.学术不端行为问责客体现状

学术不端行为问责客体是关于“问责谁”的问题,明晰学术不端行为问责客体是学术不端行为问责的前提,主要涉及学术工作者以及学术工作者所在单位。问责客体具体囊括了哪些人员及单位、涉及连带责任的学术不端行为到底要追究谁的责任、问责过程中客体是否具有能动性等。

(1)问责客体的组成

大学学术不端行为问责客体涉及问责要追究哪些对象的责任。如表3-16所示,在“下列属于贵校问责客体有哪些”的题项中,在校师生员工、离退休教职工、博士后流动站研究人员、以高校名义从事学术活动的访问学者、进修教师、兼职人员和以高校名义从事学术活动的单位等都有一定选择比例,都属于学术不端行为问责客体范围。由此可见,大学学术不端行为问责客体基本涵盖了学校内以及以学校名义从事科学研究的各个群体。其中,选择在校师生有84.2%,可见在校师生是学术不端行为问责的主要群体。选择“研究生课程进修班学员”“进修教师”“兼职人员”的低于50%,可见学校对于这些人员学术不端行为的问责尚需进一步明确。如表3-18所示,“学术不端行为问责客体有待进一步具体”题项选择的均分为3.83,可见学术不端行为问责客体需进一步具体。通过对校领导进行访谈,我们了解到这种不明确的情况主要体现在未对研究生、教师等各个群体进行严格的范围界定。

表3-16　学术不端行为问责客体人员组成频率(校领导问卷)

		响应		个案百分
		N	**百分比**	**比**
下列属于贵校问责客体的有哪些[a]	在校师生	117	15.6%	84.2%
	离退休教职工	92	12.3%	66.2%
	博士后流动站研究人员	99	13.2%	71.2%
	以高校名义从事学术活动的访问学者	88	11.7%	63.3%
	研究生课程进修班学员	62	8.3%	44.6%
	进修教师	38	5.1%	27.3%
	兼职人员	59	7.9%	42.4%
	已经取得学位的上述类别人员	97	12.9%	69.8%
	以高校名义从事学术活动的单位	80	10.7%	57.6%
	其他	18	2.4%	12.9%
总计		750	100.0%	539.6%

a.值为1时制表的二分组。

学术不端行为问责实施过程中到底对哪些群体进行了追责,直接关系问责效果。如表3-17所示,在“关于学术不端行为问责,学校一般只追究被举报人的相关责任”题项选择均分为4.15；又如表3-20所示，在“当在调查过程中发现了非被举报者的学术不端行为，我校会对其进行处理”仅有16.3%的人选择了该项。由此可见，学校对于学术不端行为的问责一般仅局限于被举报人。

表3-17　学术不端行为问责客体描述统计量（校领导问卷）

	N	极小值	极大值	均值	标准差
T6关于学术不端行为问责，学校一般只追究被举报人的相关责任	139	1	5	4.15	1.035
T7当学生为第一作者学术论文、导师署名，出现学术不端行为，一般只会追究学生的责任	139	1	5	3.81	1.307
T8学术不端行为当事人在问责过程中有陈述自己观点的机会	139	1	4	3.78	1.389
T9学校一般不会追究学术不端当事人所在单位的责任	139	1	4	4.11	1.372
有效的 *N*（列表状态）	139				

（2）连带责任中的问责客体

发生学术不端行为时，往往会牵涉到多方责任，导师与学生、师生与单位等责任。连带责任人的责任追究，在一定程度上能够彰显学术不端行为问责的正义、公平价值理念。如表3-18所示，“学校一般只追究学术不端第一作者的责任”题项选择的均分为3.72，可见学校对于学术不端行为的问责大多局限于对学术成果第一作者的追责。

表3-18　学术不端行为问责客体描述统计量（师生问卷）

	N	极小值	极大值	均值	标准差
T7学术不端行为问责客体有待进一步具体	1400	1	5	3.83	1.252
T8学生为第一作者学术论文导师署名，若出现学术不端行为，一般只会追究学生的责任	1400	1	5	3.94	1.072
T9学术不端行为当事人在问责过程中有陈述自己观点的机会	1400	1	5	3.98	1.231

续表

	N	极小值	极大值	均值	标准差
T10学校一般只追究学术不端第一作者的责任	1400	1	5	3.72	1.091
有效的N(列表状态)	1400				

导师对学生负有监督与指导的责任,同时又是学生学术成果的第一审阅人与负责人。如表3-17、表3-18所示,在"学生为第一作者的学术论文、导师署名,若出现学术不端行为,一般只会追究学生的责任"的题项中,校领导问卷、师生问卷选择的均分分别为3.81、3.94。又如表3-19所示,在"当研究生以第一作者学术论文成果抄袭、剽窃、造假中,其他合作者会受到怎样惩罚"题项中,选择"导师署名时,在导师不知情的情况下,可不追究其责任"占87.4%,可见,关于学生学术论文成果中出现的学术不端行为由学生负责。然而,如表3-20所示,选择了"已答辩的硕博士论文若查出抄袭,学校会追究导师责任"有97.8%,可见导师要对学生学位论文中出现的学术不端行为负责。

表3-19　多人合作成果责任追究频率(校领导问卷)

		响应		个案百分比
		N	百分比	
当研究生以第一作者学术论文成果抄袭、剽窃、造假中,其他合作者会受到怎样惩罚[a]	只追究第一作者的责任	103	38.0%	76.3%
	按照署名顺序酌情处理其他作者	11	4.1%	8.1%
	导师署名时,无论如何,都要追究导师的监管责任	11	4.1%	8.1%
	导师署名时,在导师不知情的情况下,可不追究其责任	118	43.5%	87.4%
	只要是合作者都会受到一定的处罚	15	5.5%	11.1%
	其他	13	4.8%	9.6%
总计		271	100.0%	200.7%

a.值为1时制表的二分组。

学术不端行为当事人所在单位对学术不端行为负有一定的监督责任,若出现学术不端行为,单位是否应该承担一定的责任有待考量。如表3-17、表3-18所示,校领导问卷“学校一般不会追究学术不端行为当事人所在单位的责任”的题项选择、师生问卷“学校一般只追究学术不端第一作者的责任”的题项选择中的均分分别为4.11、3.98。又如表3-20所示，“当我校教师在承担省部级科研项目中选择出现了挪用、滥用科研经费的行为，所在单位会受到行政处分 ”的选择比例仅有5.6%。可见现有问责对于学术不端行为当事人所在单位的连带责任追究甚少。

另外，学术成果审议者、评价者对学术成果中出现的学术不端行为是否负有责任也值得探讨。如表3-20，仅有0.9%的人选择了“申报科研项目完成后，若发现申报材料作假问题，我校不会对项目评审者进行追责。”可见，学术不端行为问责在学术评价不端行为方面尚需进一步加强。

表3-20　学术不端行为连带责任追究频率（校领导问卷）

		响应		个案百分比
		N	**百分比**	
在学术不端行为问责过程中，学校会对哪些情况追究连带责任[a]	当我校教师在承担省部级科研项目中出现了挪用、滥用科研经费的行为，所在单位会受到行政处分	12	5.6%	8.9%
	已答辩的硕博士论文若查出抄袭，学校会追究导师责任	132	61.4%	97.8%
	申报科研项目完成后，若发现申报材料作假问题，我校对项目申报评审者予以追究	2	0.9%	1.5%
	当在调查过程中发现了非被举报者的学术不端行为，我校会对其进行处理	22	10.2%	16.3%
	在以上情形均不会追究连带责任	47	21.9%	34.8%
总计		215	100.0%	159.3%

a. 值为1时制表的二分组。

（3）问责客体的能动性

问责客体不是一味被动地接受问责，其也有权维护自己的合法权益。在实际问责过程之中，问责客体需要发挥主观能动性。如表3-17、3-18所示，“学术不端行为当事人在问责过程中有陈述自己观点的机会”的题项选择中,校领导问卷、师生问卷的均分分别为3.78、3.98,可见问责客体在问责过程中具有一定的能动性,这在一定程度上能够避免误判、判重等情形发生。在之后的访谈中我们了解到,由于学术不端行为问责会涉及对当事人各种处罚,有些会影响到当事人学位的获取、职称的评定,学校对于学术不端行为的问责十分慎重。学校在进行问责时,问责客体往往具有陈述与申辩的机会,以免发生问责失当。

4.学术不端行为问责目标与依据现状

学术不端行为问责目标是指学术不端行为通过问责要达到什么样的效果。学术不端行为问责依据是指当学术不端行为发生时可以依据什么去问责,进而明确是否追责,如何追责。

(1)学术不端行为问责目标

学校进行学术不端行为问责的目标是学术不端行为问责实施以及评价的重要方向标。如表3-21所示,在“贵校进行学术不端行为问责的最主要目标是什么”的题项选择中,有90.6%的人选择了“规范的学术行为”、85.6%的人选择了“营造良好的学术环境”、74.1%的人选择了“为了维护学术道德”、77.0%的人选择了“弘扬优良学风”、66.9%的人选择了“提高研究生培养质量”、66.2%的人选择了“严明学术纪律”、55.4%的人选择了“维护学校声誉”。由此可见,这五者是目前这些高校进行学术不端行为问责的主要目标。而“引导学术向善发展”的选项选择结果仅为41.7%、“唤醒学术人的遵守学术规范的自觉意识”的选项选择结果低于40%,对问责目标教化作用的发挥仍较为模糊。另外,在其他选项的选填中涉及提高学位论文质量、促进学术繁荣、培养教职工队伍、惩治学术不端行为等目标。如表3-22所示,“我校学术不端行为问责目标明确”题项选择的均分为4.21,可见,高校学术不端行为问责的目标较为明确。

表3-21 学术不端行为问责的目标频率(校领导问卷)

		响应		个案百分比
		N	**百分比**	
贵校进行学术不端行为问责的最主要目标是什么[a]	为了维护学术道德	103	13.3%	74.1%
	营造良好的学术环境	119	15.4%	85.6%
	规范学术行为	126	16.3%	90.6%
	严明学术纪律	92	11.9%	66.2%

续表

		响应		个案百分比
		N	百分比	
贵校进行学术不端行为问责的最主要目标是什么[a]	弘扬优良学风	107	13.8%	77.0%
	引导学术向善发展	58	7.5%	41.7%
	维护学校声誉	77	9.9%	55.4%
	提高研究生培养质量	46	11.3%	66.9%
	唤醒学术人的遵守学术规范的自觉意识	14	1.8%	10.1%
	其他	33	4.3%	23.7%
总计		775	100.0%	557.6%

a.值为1时制表的二分组。

（2）学术不端行为的问责依据

学术不端行为问责的依据是指大学出现学术不端行为应参照什么、如何进行追责。其主要涉及两方面的内容，一是学术不端行为问责的相关规章制定的依据是什么；二是学术不端行为问责实施过程中主要依据什么。

从相关规章制定依据来看，学校学术不端行为问责相关规章制定的依据主要是上位法，如表3-22所示，"我校学术不端行为问责相关规章制定往往是根据上位法的精神"题项选择的均分为3.92。从学术不端行为问责实施过程中的依据来看，学术不端行为问责的法律及规章是问责的主要依据，如表3-22所示，"我校学术不端行为问责实施最主要是依据相关法律规章"题项选择的均分为3.92。

表3-22　学术不端行为问责的依据描述统计量（校领导问卷）

	N	极小值	极大值	均值	标准差
T10我校学术不端行为问责相关规章制定往往是根据上位法的精神	139	1	5	3.92	1.174
T11我校在进行学术不端行为问责时能够考虑行为产生的因果关系	139	1	5	4.06	1.030
T12我校学术不端行为问责的目标明确	139	1	5	4.21	0.936
T13我校学术不端行为问责实施最主要是依据相关法律规章	139	1	5	3.92	1.425
有效的 N（列表状态）	139				

具体来讲，如表3-23所示，“学校的学术不端行为问责往往需要从上位法中寻找间接的法律依据”“学校学术不端行为问责规章较为完善”题项选择的均分分别为3.63、2.28，可见，上位法作为间接依据也是学术不端行为问责实施依据的组成部分，学校学术不端行为问责规章尚需进一步完善。在“我校在进行学术不端行为问责时能够考虑行为产生的因果关系”题项中，校领导问卷、师生问卷的均分分别为4.06（如表3-22）、4.15（如表3-23），可见，在问责过程中问责主体会厘清学术不端行为的前因后果、考虑问责的事实依据，以便于做出公正的处罚。如表3-23所示，在“我校学术不端行为问责会考虑到当事人特殊情况酌情或加重处理”的题项选择的均分为4.07，可见问责主体在问责过程中也会考虑伦理及道德依据。由此可知，学术不端行为问责依据涉及法律、事实、伦理等多个方面。从后续的访谈中我们可以得知，各层面的问责依据尤其是法律依据方面的完善性尚需进一步加强。

表3-23　学术不端行为问责的描述统计量（师生问卷）

	N	极小值	极大值	均值	标准差
T11学校学术不端行为问责规章较为完善	1400	1	5	2.28	1.102
T12学校学术不端行为问责会考虑行为产生的因果关系	1400	1	5	4.15	0.901
T13我校学术不端行为问责会考虑到当事人特殊情况酌情或加重处理	1400	1	5	4.07	1.057
T14学校的学术不端行为问责往往需要从上位法中寻找间接的法律依据	1400	1	5	3.63	1.080
有效的N（列表状态）	1400				

从问责依据的指导性来看，如表3-24所示，在“学术不端行为问责依据存在情况”题项选择中，“发生学术不端行为，但找不到关于相关法律规章处理依据”选择占55.9%。可见，大学学术不端行为问责法律依据需将更多学术不端行为囊括于其范围内。选择“存在‘既可以追究，也可以不追究的学术不端行为’”有57.7%，选择“存在‘既可以这样追究，也可以那样追究的学术不端行为’”有33.3%，可见，大学学术不端行为问责依据存在一定模糊性，问责依据指导性仍需进一步加强。

表3-24 学术不端行为问责的依据存在情况频率(校领导问卷)

		响应		个案百分比
		N	百分比	
对于学术不端行为认定和追究责任过程中,您遇到过下列哪些情况[a]	发生学术不端行为,但找不到相关法律规章处理依据	62	25.8%	55.9%
	发生学术不端行为,需要从其他法律中找间接的法律依据	74	30.8%	66.7%
	存在"既可以追究,也可以不追究的学术不端行为"	64	26.7%	57.7%
	存在"既可以这样追究,也可以那样追究的学术不端行为"	37	15.4%	33.3%
	我没有遇到过上述情况	3	1.3%	2.7%
总计		240	100.0%	216.2%

a. 值为1时制表的二分组。

5. 学术不端行为问责程序现状

学术不端行为的问责程序,是开展问责时所应遵循的步骤、顺序和方法,是问责具体的操作化指南。以下将从问责应遵循的原则和问责程序的环节、问责程序的公开透明度、问责过程的民主参与度四个方面进行分析。将原则置于此主要是考虑到程序执行的整个过程都需要原则为其提供规范性指引。

(1)学术不端行为问责的原则

学术不端行为问责的原则即是问责实施所本着的法则。如表3-25所示,在"贵校学术不端行为问责坚持的原则有"题项选择中,95.7%的人选择了"依法的原则",96.4%的人选择了"公正、公开、公平的原则",87.8%的人选择了"教育与惩罚相结合的原则",79.1%的人选择了"从严治学的原则",74.1%的人选择了"实事求是的原则",可见这四项原则是学术不端行为问责所秉持的主要原则。另外,"惩防并重、重在预防的原则""惩前毖后的原则""民主集中制的原则"选择的人数较少,如表3-27所示,"我校学术不端行为问责有着明确的实施原则"题项的均分为2.52,可见学术不端行为问责实施的原则尚待进一步明确。

表3-25 学术不端行为问责的原则频率(校领导问卷)

		响应		个案百分比
		N	百分比	
贵校学术不端行为问责坚持的原则有[a]	教育与惩罚相结合	122	18.3%	87.8%
	实事求是原则	103	15.5%	74.1%
	依法的原则	133	20.0%	95.7%
	从严治学的原则	110	16.5%	79.1%
	公正、公开、公平的原则	134	20.2%	96.4%
	惩防并重、重在预防的原则	18	2.7%	12.9%
	惩前毖后的原则	36	5.4%	25.9%
	民主集中制的原则	7	1.1%	5.0%
	其他	2	0.3%	1.4%
总计		665	100.0%	478.4%

a. 值为1时制表的二分组。

(2)学术不端行为问责的环节

学术不端行为问责程序是问责各环节按照一定的顺序进行的步骤。究竟学术不端行为问责环节有哪些?如表3-26所示,在"在我校学术不端行为问责过程中主要涉及哪些环节"题项中,选择了"初步调查程序""告知程序""正式调查及事由说明""听取当事人陈述和申辩""做出处分决定""送达处分通知""将处分记录存档备案 "的分别为90.6%、88.5%、91.4%、68.3%、89.9%、76.3%、85.6%。然而,选择"必要时举行学术听证""学术不端事后评估与救济"分别为33.1%、49.6%,可见,目前学术不端行为问责程序中尚需引入听证与救济程序。再则,学术不端行为问责的程序过于简单,需进一步系统化,如表3-28所示,"学校学术不端行为的问责程序过于简单"题项选择的均分为3.52。

表3-26 学术不端行为问责的环节频率(校领导问卷)

		响应		个案百分比
		N	百分比	
在我校学术不端行为问责过程中主要涉及哪些环节[a]	初步调查程序	126	13.2%	90.6%
	告知程序	123	12.9%	88.5%
	正式调查及事由说明	127	13.3%	91.4%

续表

		响应		个案百分比
		N	百分比	
在我校学术不端行为问责过程中主要涉及哪些环节[a]	听取当事人陈述和申辩	95	10.0%	68.3%
	必要时举行学术听证	46	4.8%	33.1%
	做出处分决定	125	13.1%	89.9%
	送达处分通知	106	11.1%	76.3%
	学术不端事后评估与救济	69	7.2%	49.6%
	将处分记录存档备案	119	12.5%	85.6%
	其他	18	1.9%	12.9%
总计		954	100.0%	686.3%

a.值为1时制表的二分组。

从问责程序的完整性方面来看，“我校具有学术不端行为问责的事后评估规定”“学校学术不端行为救济方式仅限于申诉”题项选择的均分分别为2.76（如表3-27）、3.51（如表3-28）。可见，学校学术不端行为问责事后评估规定缺失、救济方式以申诉为主。另外，“我校学术不端行为问责缺少以监督为目的的程序规范”均分为4.4。可见，大学学术不端行为问责缺乏有效监督程序。

表3-27　学术不端行为问责程序描述统计量（校领导问卷）

	N	极小值	极大值	均值	标准差
T14我校学术不端行为问责有着明确的实施原则	139	1	5	2.52	1.603
T15我校学术不端行为问责缺少以监督为目的的程序规范	139	1	3	4.4	0.708
T16学术不端行为调查认定过程中会邀请相关专业专家参与	139	1	5	2.31	1.055
T17我校具有学术不端行为问责的事后评估规定	139	1	5	2.76	1.041
有效的N（列表状态）	139				

（3）学术不端行为问责程序的公开透明度

公开透明的程序是保障学术不端行为问责公正性的必要条件。如表3-28所示，“我校学术不端行为问责有着公开透明的程序”题项选择的均分为2.41，可见学校学术不端行为问责的程序不够公开透明。这与上文调查出学术不端行为问责所坚持"公正、公开、公平的原则"原则有所冲突，也反映出问责实施过程中存在问责原则的偏移情况。

表3-28　学术不端行为问责程序描述统计量（师生问卷）

	N	极小值	极大值	均值	标准差
T15我校学术不端行为问责有着公开透明的程序	1400	1	5	2.41	1.009
T16学校学术不端行为的问责程序过于简单	1400	1	5	3.52	1.146
T17学校学术不端行为问责过程中学术人能够民主参与	1400	1	5	2.39	0.974
T18学校学术不端行为救济方式仅限于申诉	1400	1	5	3.51	1.209
有效的 *N*（列表状态）	1400				

（4）学术不端行为问责程序的民主参与性

学术不端行为问责的民主参与性主要体现问责中能否确保学术人参与。"学术不端行为调查认定过程中会邀请相关专业专家参与""学校学术不端行为问责过程中学术人能够民主参与"题项选择的均分分别为2.31（如表3-27）、2.39（如表3-28），由此可见，高校学术不端行为问责民主参与度并不高。

6.学术不端行为问责责任类型现状

明晰学术不端行为当事人承担的责任是学术不端行为问责的重要方面。唯有确定责任，才能合理、合法地对学术人的学术不端行为进行追责。以下将从学术不端行为问责的责任类型、责任并罚性、责任层次性三个方面进行分析。

（1）学术不端行为问责责任追究的类型

如表3-29所示，"我校学术不端行为问责的责任类型主要有哪些"的题项选择中，道德责任、行政责任、刑事责任、民事责任的选择分别为97.1%、91.4%、74.1%、7.9%，在其他选项的填写中涉及纪律责任。可见，道德责任、行政责任、刑事责任是目前大学学术不端行为问责的主要责任类型。

表3-29　学校学术不端行为问责的责任类型频率

		响应		个案百分比
		N	百分比	
我校学术不端行为问责的责任类型主要有哪些[a]	行政责任	127	32.8%	91.4%
	刑事责任	103	26.6%	74.1%
	民事责任	11	2.8%	7.9%
	道德责任	135	34.9%	97.1%
	其他	11	2.8%	7.9%
总计		387	100.0%	278.4%

a. 值为1时制表的二分组。

具体来看，在"学校设置有学术道德委员会对抄袭、剽窃等学术不端行为当事人进行批评教育"题项选择中，校领导问卷、学生问卷的均分分别为3.88（如表3-30）、3.65（如表3-31），可见大部分高校设有学术道德委员会对学术不端行为进行道德问责。如表3-29所示，"学校学术不端行为问责的责任类型"题项中道德责任、行政责任选择的比例分别为97.1%、91.4%，可见道德责任、行政责任是大学学术不端行为责任承担的主要类型。在"对于涉及刑事责任的重大学术不端行为，学校配合司法部门进行调查"的题项选择中，校领导问卷、师生问卷的均分分别为3.87（如表3-30）、3.40（如表3-31），可见学校能够配合司法部门追究当事人的刑事责任。在"当学术人在申报项目时出现虚假申报时，学校会配合科研立项部门追究其缔约过失责任"题项选择中，校领导问卷、师生问卷的均分分别为2.47（如表3-30）、2.71（如表3-31），可见大学学术不端行为问责民事责任追究亟待完善。

表3-30　学术不端行为问责责任类型描述统计量（校领导问卷）

	N	极小值	极大值	均值	标准差
T18学校设置有学术道德委员会对抄袭、剽窃等学术不端行为当事人进行批评教育	139	1	5	3.88	1.425
T19当学术人在申报项目时出现虚假申报时，学校会配合科研立项部门追究其缔约过失责任	139	1	5	2.47	1.534

续表

	N	极小值	极大值	均值	标准差
T20我校学术不端行为问责往往多种责任并罚	139	2	5	3.82	1.379
T21对于涉及刑事责任的重大学术不端行为，学校配合司法部门进行调查	139	2	5	3.87	1.372
有效的N（列表状态）	139				

表3-31　学术不端行为问责责任类型描述统计量（师生问卷）

	N	极小值	极大值	均值	标准差
T19学校设置有学术道德委员会对抄袭、剽窃等学术不端行为当事人进行批评教育	1400	1	5	3.65	1.109
T20我校对于不同程度的学术不端行为的问责具有一定的层次性	1400	1	5	3.46	1.247
T21对于涉及刑事责任的重大学术不端行为，学校配合司法部门进行调查	1400	1	5	3.40	1.264
T22当学术人在申报项目时出现虚假申报时，学校会配合科研立项部门追究其缔约过失责任	1400	1	5	2.71	1.322
有效的N（列表状态）	1400				

（2）责任的并罚性

学术不端行为问责往往牵扯到多种责任的共同追究。在实际问责过程中，如表3-30所示，“我校学术不端行为问责往往多种责任并罚”的题项选择的均分为3.82，可见学校学术不端行为问责一般都会涉及多种责任并罚。而责任并罚会牵扯到责任聚合问题，通过进一步地深入访谈可知，责任聚合问题一直是学术不端行为问责中的热点问题，如何确保多重责任并罚的合理性亟待学界深入探讨。在开放题“学术不端行为问责责任追究过程中存在哪些责任并罚的现象”的题项回答中，行政责任与道德责任、刑事责任与行政责任、民事责任与行政责任提及的次数最多，可见行政责任与其他责任的并罚比较普遍。

(3)责任的层次

学术不端行为责任层次性主要是指不同程度的学术不端行为需要受到不同层次的问责,具有两方面的含义:一是学术不端行为当事人依据学术不端行为性质不同需承担道德责任、法律责任等不同惩处力度的责任;二是在不同责任类型的内部也具有不同层次的惩罚,针对不同严重程度的学术不端行为对当事人进行不同程度的惩处,如行政问责中的警告、严重警告、记过、记大过等。如表3-31所示,“我校对于不同程度的学术不端行为的问责具有一定的层次性”题项选择的均分为3.46,可见,学术不端行为问责的层次性较为分明。然而,通过深入访谈我们得知,由于学校规章制度中存在规定不明晰、模糊等现象,针对不同性质及严重程度的学术不端行为需承担责任的层次性方面仍待完善。

二、大学学术不端行为问责的问题表征

依据理论部分建构的分析维度对大学学术不端行为问责实施的现状进行调查,并结合对相关人员的深度访谈,我们发现大学学术不端行为问责在主体、客体、程序、依据等维度层面尚存在一定的缺陷,导致实然问责与应然问责之间存在较大差距,很多情况下出现了问责不力的困境。

(一)问责主体的职责未得到确证

问责主体是整个大学学术不端行为问责得以实施的灵魂,没有问责主体的大学学术不端行为治理将是黯然失色的,没有效果的。从上述的现状分析我们可以看出,受访者对出现了学术不端行为,应该找哪个部门解决以及对什么是学术不端行为问责都不是很了解,足以证明现有大学学术场域对学术不端行为的问责主体缺位现象较为严重,主体的职责未得到应有的落实。

1.学术委员会角色边缘化

本处为何首先提及了学术委员会,主要是因为从各高校制定的有关学术不端行为治理文本中提及最多的问责主体也是学术委员会。而且2016年教育部出台的《高等学校预防与处理学术不端行为办法》规定了学术委员会是学校处理学术不端行为的最高学术调查评判机构。2014年教育部出台的《高等学校学术委员会规程》中明确指出要求高校以学术委员会作为校内最高学术机构,统筹行使学术事务的

决策、审议、评定和咨询等职权。可以说,无论是校学术委员会还是二级学院(部)学术委员会在学术不端行为治理过程中发挥主力军的作用。但通过问卷调查与深入访谈我们发现,学术委员会在大学学术不端行为问责中的角色边缘化现象较为严重,未能发挥其应有的职责。目前而言,虽然国家出台了相应的部门规章等规范性文件强化了学术委员会的地位,各高校内部也组建了学术委员会,但其履行职责的效果欠佳。从学术不端行为问责实施来看,学术委员会下设机构对学术不端行为进行调查时,调查小组组长一般是行政人员,且最终处分决定大多由校长办公室下达。这样,行政权力容易渗入学术权力中,干涉学术场域中学术不端行为的处理。通过笔者的深入访谈发现,高校学术委员会的运行确实存在问题,其独立行使学术事务的权力受到阻碍。

网上有位教师是这样陈述的:

"作为高校从事科研工作的教师,我认为学术委员会是个虚位,与行政权力有着撕扯不清的关系,并不能独立发挥作用,大多学术上的事务需要听命于校领导的行政权力安排。某种程度来讲,可能我讲得有点夸张,学术委员会在有的高校成为摆设。在出现学术不端举报时,学术委员会不能独立启动对学术不端行为的调查,要听学校领导的意见,这种现象较为常见。大家所见的是,高校偶尔会对涉及学术不端的普通教师进行'严肃'处理,而对涉及院士、学校领导的学术不端举报,却能拖就拖,鲜有处理。"

另外一位有着高校基层管理经验的教师说:

"我是××学院研究生工作秘书,同时兼职负责学院学术委员会的日常性工作,我们院原来没有组建学术委员会,教育部出台《高等学校学术委员会规程》后,才成立了院学术委员会,具有行政职务的领导比例占据较多、成员的学科分布也不是很均匀,容易出现学术集权现象。而出现个奇怪的现象,学院教师对学术委员会这一学术组织没有什么概念,他们觉得处理学术事务与行政事务都是学院的那几位教授在'把持',学术委员会也不会发挥太大的作用,并不能代表广大教师和学生的利益,集权现象仍有存在。在涉及学术事务的处理如学术不端行为的处理时,通常是由学院学术委员会组织初步审议,审议后将结果上报校学术委员会。但由于学院学术委员会的成员主要集中于某个学科,其他学科的成员比例失衡,涉及学科专业判断会出现偏差,对学术不端行为的事实认定等环节势必会存在武断、集权等不公正现象，对学术不端行为的裁决自然会出现问题。”[1]

从上述的问卷现状调查和深度访谈我们可以得知，高校虽然表面上承认了学术委员会主要负责处理大学学术场域中的学术不端行为，但实践中，学术委员会的角色边缘化现象较为严重，未能释放其应有的学术独立裁决与公正审判功能。学术权力行政化、学术权力集中化，已使学术委员会失去了其独立决策、审议、评定和咨询的功能，造成学术委员会难以发挥其学术不端行为问责效力的困境。学术委员会是大学学术场域中最为重要的学术裁决组织，无论是校级学术委员会还是二级学院学术委员会，若不能明晰其角色职责、不能实现校一院两级学术委员会问责主体间的相互监督与制衡，很容易出现问责不力的困境。

另外，笔者通过对高校制度文本的考查分析发现，学术委员会处理的学术不端行为案件大多是实名举报，对于网络举报、匿名举报的学术不端行为尚未形成明确的处理规定。而且被动问责、不作为问责的情况较为常见，未能对本校教师和研究生的学术成果定期检查，缺乏主动调查与审查的意识，对其自身的角色认知、角色使命理解存在偏差，加之行政权力的介入，导致其角色职责模糊，出现上述访谈中“能拖就拖、消极处理”的现象，以致其角色逐渐边缘化。

2.同体问责主体之间缺乏相互的监督

学位委员会是对研究生的学位进行评定的学术组织机构，有权对研究生出现的学术不端行为施以问责，学术制度制定者如研究生院、人事处、社会科学处、科学技术处以及国家、省级科研管理等相关部门都是配合学术委员会制定有关学术惩处、学术奖励、学术评价等制度的主要机构，共同参与本校的学术治理，形成以学术委员会为领导的各学术有关部门积极配合的同体问责合作监督机构，共同治理教师和研究生出现的学术不端行为。但从目前的调查与访谈来看，大学学术场域对学术不端行为的同体问责尚不明确，各主体间的职责范围较为模糊，容易出现互相推诿、权力集中、缺乏监督的乱象。孟德斯鸠曾说，权力一旦集中于某个部门或某一群体中就会滋生腐败。[2]

某重点高校人事处师资管理科的教师说：

“学术不端是很敏感的话题，对于以学校名义从事学术活动的各类人员出现的

[1]内容源于对高校某教师的访谈，访谈时间是2016年9月24日。

[2]陈亮.公平正义诉求下的博士招生“申请——考核”制探微[J].现代教育管理，2014(12)：107-111.

学术不端行为都交由校学术委员会进行审议评定，我们人事处一般不会介入，涉及降职、撤职等职称处分的，由学校下达函件，我们听从学校的命令负责具体的执行工作。”[1]

某高校社会科学处的教师说：

“学术不端行为治理与我们社科处无关，主要看学校相关部门对此问题的认定，主要看文件的规定，文件上怎样规定的学校就会怎样执行，在处理学术不端行为过程中，学校若需要我们社会科学处提供相应材料，我们会配合提供教师在职期间的科研成果，以便学校进行事实审查，由校学术委员会负责最终审议。”[2]

通过以上访谈以及对多所“985”高校的制度文本分析发现，高校处理学术不端行为的问责主体较为单一，校学术委员会（或下设的学术道德委员会）负责学校学术不端行为的治理，最终的处理结果也是由校学术委员会审定后交由校长办公会执行，研究生院、人事处、社会科学处、科学技术处等相关部门只是配合、服从调查或是这些单一部门将初步调查的结果呈给学术委员会定夺，而很少对其审定的结果提出质疑或否定，缺乏对学术委员会做出决定的程序性监督，容易滋生学术权力独大或学术权力不作为的治理乱象。缺少专业同体问责主体间的互动与监督，会存在学术委员会依据自身利益考量来酌情处理学术不端行为或出现对教师的处理过轻、对学生的处理过重的现象。各问责主体不知道自己应该履行什么样的职责，抑或采取逃避责任的方式，这样问责就失去了其应有的效力。

3.异体问责主体缺位现象严重

异体问责是行政问责领域中彰显问责公平与效率的一种有效问责方式，也是为了规避同体问责上下级之间领导与被领导的复杂关系局面。从行政问责的角度来看，异体问责是指除行政主体以外的其他主体对行政场域中的工作人员的失职或不履行职责情况进行责任监督，并要求其承担责任的一种民主问责方式，更具说服力与真实性。然而，通过问卷调查与深入访谈我们并未发现明确的学术不端行为异体问责主体，缺乏异体问责主体对学术不端行为进行监督与必要的介入。

通过对部分高校有关学术不端行为惩处文本内容的分析，我们发现：大部分高校没有规定异体问责的具体事项，直接由学术委员会或研究生院审定后交由校办执行。

[1]内容源于对高校某教师的访谈，访谈时间是2016年9月25日。
[2]内容源于对高校某教师的访谈，访谈时间是2016年9月25日。

“……接到举报5个工作日内，学术道德委员会与被举报人所属二级单位负责人协商，决定是否实施调查。如决定对举报情况实施调查，则成立调查小组。小组由具有相当学术声望、办事公正且和调查事件不存在直接利益冲突关系的人员组成。调查小组成立后立即进行初步调查，收集分析有关材料，与被举报人和其他知情者面谈，在规定期限内对初步调查的内容和结论做出书面报告……”[1]

“研究生院对有关培养单位、举报人(投诉人)、被举报人(被投诉人)、导师等进行初步调查；经初步调查属实者，研究生院将有关材料提交学校学术规范督察委员会(隶属于校学术委员会)，由该委员会对被举报人(被投诉人)的学术道德违规行为的性质、程度等做出评判，并提出书面意见和处理建议，最后交由校长办公会执行。”[2]

一位研究生处培养办的教师是这样说的：

“从自检的角度来说，研究生处会利用中国知网(CNKI)学位论文的检测软件来检测研究生的学位论文，发现学术不端会通知学生所在的学院要求对论文进行整改；至于研究生平时公开发表的学术论文并没有进行定期审查，研究生自行按照学校制定的学术规范以及期刊的相关规定来进行规范写作与投稿。从他人举报的角度来说，研究生处负责接受举报人提供实名举报事实材料的初审，随后上报至学术委员会进行评议。但目前为止，学校还未接到举报人对本校研究生学术论文等涉嫌学术不端行为的举报，缺乏这方面的问责经验。”[3]

从上述知名高校制定的有关学术不端行为问责制度文本摘编以及访谈中，可以发现该校对学术不端行为问责的实施过于单一、随意，有的偏重学术委员会，有的偏重研究生院，没有引入学术人申请课题获得批准的相关科研管理部门、第三方学术评价机构以及学术组织来对学术人的学术成果是否存在学术不端进行鉴定，而且“与……协商决定是否实施调查”“如决定对举报实施调查，则成立调查小组”这些含糊其词的表述，必然会影响问责的可信度与公正性。

综上，大学学术场域中缺乏对学术不端行为的异体问责，高校只是在校内开展学术不端行为问责，未能将制度制定者如国家、各省科学研究资助管理机构、社会媒体、用人单位以及第三方学术评价机构对学术人在学术成果发表、课题申请、课题结项、学术成果评价等方面有权问责的主体结合起来，未能实现多元问责主体的

[1]内容摘自某高校的教师学术不端行为惩处制度文本。

[2]内容摘自某高校的研究生学术不端行为惩处制度文本。

[3]内容源于对高校某教师的访谈，访谈时间是2016年8月25日。

共治、善治链，而是体制内自行解决，缺乏与校外问责主体间的沟通与交流。这样的问责会导致缺乏外界问责主体对大学场域内学术不端行为问责的监督，容易陷入圈内腐败或问责低效的窘境。教育部近日出台的《高等学校预防与处理学术不端行为办法》虽暗含了“异体问责”的元素，如“……调查组认为有必要的，可以委托无利害关系的专家或者第三方专业机构就有关事项进行独立调查或者验证。”“……被调查行为涉及资助项目的，可以邀请项目资助方委派相关专业人员参与调查组。”但这些措辞都是建议性与非强制性的，对高校在学术治理层面引入“异体问责”的观照度以及指导力尚且不够。

（二）问责客体间的连带责任追究不详

康德指出，责任是由于尊重规律而产生的行为必要性，对我们的行动起着立法的作用，这种作用以定言命令表示。[1]大学学术场域中出现的学术不端行为种类较为繁多，牵扯的对象也较为复杂，倘若不能对问责对象加以明确的界定或界定存在模糊性，势必会影响问责的效果与有效实施。从目前各高校发生的案例处理情况来看，多数都是将学术个人纳为问责客体，没有涉及连带责任问责客体责任的追究。

连带责任是民法领域中的概念，是指依照法律规定或者当事人约定，两个或者两个以上当事人对其共同债务全部承担或部分承担，并能因此引起其内部债务关系的一种民事责任。当责任人为多人时，每个人都负有清偿全部债务的责任，各责任人之间有连带关系。将此概念引申至学术问责领域，能够确证学术人产生的学术不端行为究竟需要哪些对象来承担，避免对问责客体造成疏漏，使其逃避责任追究的错位现象发生。

一位高校某学院学术委员会成员教师是这样说的：

“学术研究是一项很严谨的志业，容不得半点虚假，谈及学术不端行为的问责客体，无外乎就是涉嫌学术不端行为的教师和研究生，但我们学校在成果署名方面有较为严密的规定：‘成果署名者应对该项成果承担相应的学术责任和法律责任。合作成果应按照对成果所做贡献大小的顺序署名，另有学科署名惯例或署名约定者除外，但亦应符合法律规定。所有署名作者应对自己完成的部分负责，其中第一署名作者和通讯作者应对整篇论文或者著作负责。学生为第一作者而指导教师为合作者的研究成果，指导教师应负主要责任。’也就是说文章署名中涉及的作者都

[1][德]伊曼努尔·康德.道德形而上学原理[M].苗力田，译.上海：上海人民出版社，2002：8，19.

是问责客体，涉及了相关责任人的连带责任。但没有涉及教师在申报课题、申报奖项出现的学术不端行为是否应纳入问责范围。一般从实际操作层面来看，教师若在课题申报、奖项申报中出现了学术不端行为都直接由相应的受理单位在网上公示做出撤项等处理，学校对外也没有对其进行问责处理，除非有人举报。”[1]

《中华人民共和国科学技术进步法》第七十条规定：“抄袭、剽窃他人科学技术成果，或者在科学技术活动中弄虚作假的，由科学技术人员所在单位或单位主管机关责令改正，对直接负责的主管人员和其他直接责任人员依法给予处分。”这里面对问责客体的界定就存在相当的模糊性。其一，具有法律效力等级较高的《中华人民共和国科学技术进步法》中并没有对直接负责的主管人员是谁做出确切的规定，是涉嫌抄袭、剽窃的相关学术人，还是高校负责科研管理的行政责任人，抑或是高校的行政执行人员、行政决策人员。若仅仅将直接负责的主管人员定位为涉嫌抄袭剽窃的相关学术人，势必会忽视了一些次要责任主体，负责高校科研项目申请、申报的机构以及研究生学位论文审核的培养单位也是责任客体。其二，一定意义上来讲，并不是每个学术不端行为都会涉及直接责任人，各高校的制度文本对其界定以及责任分配也较为模糊，并没有将主要责任人与次要责任人划分清楚，倘若在一篇由多个作者署名的文章中，不是第一责任作者出现了学术不端行为，而是由于第三、第四作者的数据造假导致的学术不端行为，难道就不追究他们的责任，不能成为问责客体？

20世纪90年代发生了一起较为典型的学术不端案例。从“成才巨匠”到“造假先锋”的李富斌，在职称评定和多次基金申请过程中存在伪造个人信息、严重剽窃的学术不端行为，1991年在中国矿业大学推荐下李某申报获批的国家自然基金项目经国内外学者联名举报，并向当时的国务委员、国家科学技术委员会主任宋健反映，国家自然基金委员会成立了专案组对此事展开了调查。[2]但笔者查阅相关审理及调查结果发现，其一，国家自然基金委员会只对李某个人给予撤销项目，没有追究李某所在学校中国矿业大学的责任；其二，李某所在的中国矿业大学也仅仅对李某个人给予了不同程度的行政处分，没有对相关科研部门给予处分以及问责。

笔者通过查阅相关网站，发现教育部社会科学司通报的某高校教师申报的教育部人文社会科学一般项目的结项最终研究成果存在学术剽窃，对其本人申报的项目给予了撤项处理。这一案例也仅仅是对涉事的学术个体进行了问责，并没有

[1]内容源于对高校某教师的访谈，访谈时间是2016年8月28日。

[2]中国科学院.科学与诚信：发人深省的科研不端行为案例[M].北京：科学出版社，2013：179.

对学术人所在的单位及相关部门进行责任追究。

总之,目前大学学术场域对学术不端行为连带责任的追究尚存遮蔽。从现实实践层面来看,大学对研究生所犯的学术不端行为会考虑追究连带责任人的责任。但对于教师在课题申报、奖励申报等方面出现的学术不端行为相关问责主体并没有考虑追究教师以外客体的连带责任,仅仅考虑到涉事的学术个体,忽视了学术不端行为连带责任客体的范围。教师并非以个人名义来申报国家级课题、省部级课题、厅局级课题等纵向科研课题,都需要以所在学校为依托,在申报过程中学校科研机构有义务对本单位的课题项目申报内容、申请人的前期研究成果等进行审核,若学校的相关科研部门能做到事前对教师申报的科研材料进行实体内容与形式内容审查,早发现早诊断,这种学术不端行为就能得到一定程度的遏制。

(三)问责目标尚存错位

一个高效运行的大学学术不端行为问责不仅仅规定如何对学术人进行惩罚,而且应有明确的问责目标与归责原则,到底是基于什么样的理念去对学术人产生的学术不端行为进行问责,都需要体现在问责的整个过程中,彰显“无知之幕”之下的学术基本善与学术问责教化的真正价值诉求。然而,从目前大学学术场域对学术人出现的学术不端行为问责现状来看,存在问责目标错位以及问责原则模糊的现实积弊。

问责目标即是对学术人产生的学术不端行为问责处理后要达致何种目的,实现何种效果的价值取向。合理有效的学术不端行为问责不仅仅是一种秩序诉求,更是确保学术自由得以有效释放的助推器。这种问责是在教化对话中实现的,蕴含着教育自由与秩序两种价值,自由是学术问责应彰显的终极价值,也是人类全面发展的旨归。秩序是确保学术自由得以实现的保障。从现有统计的15所高校有关学术不端行为问责文本的目标来看,更多强调的是一种规斥与驯服,让学术人对学术产生畏惧感与敬畏之心。高校的学术不端行为问责目标大致表现为:“为弘扬优良的学术传统,进一步规范学术行为,严明学术纪律”“为规范学术行为,坚持学术诚信,维护学术道德,促进我校学术创新与繁荣”“为规范研究生的学术行为,净化学术环境,提高学位论文质量,维护我校办学声誉”“为进一步加强对研究生学位论文的规范管理,防范学位论文抄袭、剽窃等学术不端行为”“为维护学术道德、规范学术行为、严明学术纪律、提高学术水平,促进我校学术活动健康持续的发展”“为维护学校正常的学术活动，提高学术水平，严明学术纪律，规范学术行为”等。这些目标更偏重对本校学术秩序的维护，体现了一种为达致某种短时效应而采用的利器规制，弱化了惩处的教化功能。任何能够被人们普遍接受的教育原则与规制原则必须承认维护和发展人的生命力、提高人的自主性，这是教育必须承担的两个基本任务，也是教育的道德性基础。而目前的大学学术不端行为问责将规范学术人的学术行为当成了提高学校学术声誉、维护学校形象的一种手段，而非目的。康德曾言：“永远把人当作一种目的来对待，就是永远把他作为具有内在价值的人来对待，而不管他可能碰巧具有的任何外在价值。”[1]学术不端行为问责的目的不是让学术人对学术产生恐惧感、不敢进行学术创作，而是通过教化、感悟的方式唤醒学术人的责任意识。正如学者刘云生所言：“法律对每个人肩负着教育关怀的责任，施行法律的终极目的不是惩处人，而是教育人。”[2]事实上，若想真正实现学术秩序的良性发展，关键在于能否权衡法律体系诸要素之间的关系，人权、自由、平等与和谐是彰显法的价值的核心要素，让学术人从内心中反思学术失范给学术共同体带来的危害。学校拷问学术人出现的学术不端行为的目的应更多从学术人自身发展的价值层面来考虑，尊重学术共同体的利益，让学术规范内化为学生的伦理自觉。倘若只顾及学校自身的发展利益，以此作为问责目标，缺少对学术人内心的教化与疗伤，实施这样的问责又有何意义？[3]

（四）责任追究模糊、方式单一

高校对知名教授、博导的科研成果存在重大抄袭的案件也是通过这种方式不了了之的。存在实名向高校或媒体举报的，高校迫于压力会给出一定的处理结果，这也映射出大学在对学术人的学术不端行为问责中确实存在的一种现象，易陷入“不问不究，问了不深究，究了不知怎么问”的尴尬困境，而且对责任的追究较为笼统、承担方式也较为单一。虽然教育部等相关部门在2002年就制定了学术道德建设、科学研究道德行为准则等规范性文件，要求高校等相关学术单位对产生学术不端行为的学术人给予相应的行政处分。但从实然层面对制度文本内容的考查，我们发现除了一些对学术人进行道德批评教育的条款之外，其余内容主要是对技术

[1][英]A.J.M米尔恩.人的权利与人的多样性——人权哲学[M].夏勇，张志铭，译.北京：中国大百科全书出版社，1995：102.

[2]刘云生.让法律成为良好的教育文本——全民守法战略前移之策[J].教育发展研究，2016，36(11)：7-13.

[3]陈亮，康翠萍.失范与规范：高校学生学术不端行为及纠偏路径——基于惩处制度文本之维[J].大学教育科学，2016(5)：62-69.

层面的学术规范的规定，这些操作层面的规定是从非强制性的角度希望学术人能够遵守学术规范，对学术不端行为如何承担道德责任、法律责任以及承担方式尚不明确，也很难达到唤醒学术人学术规范意识的目的。

道德责任规约更倾向于主观道义层面的约束，仅仅局限于“道义上”对“善、恶、是、非”的判断与处理。道德责任突出的是道德动机与内心善良，不强调行为主体的能力。仅仅以这样的方式对学术不端行为进行追责也难以达至治理的应有效果。因为道德更偏向于良心、意志的自觉，忽视了责任、规范与承担行为的方式。

（五）问责程序尚不健全

1.问责原则尚存盲点

法理学上讲，认定和归结法律责任必须遵循一定的原则。归责原则在不同历史时期、不同国家存在差别。自然法学派学者富勒（Fowler）在强调法律与道德的关系时曾指出，法律具有内在的道德性，不仅仅体现统治阶级的权威意志，更是体现法律条目诸原则的恒定与内在道德。在各种实践场合，原则为充满理解的行为提供了方向和依据，它们通过规定这样的行为必须满足的一定要求来做到这一点。亚里士多德曾言：“凡订有良法而有志于实行善政的城邦就得操心全邦人民生活中的一切善德和恶行。”[1]良法得以实施并有效运转的前提也需要明确对恶行的处置坚守什么样的原则，这是对恶行施以惩罚的前提。开展学术不端行为问责也一样，明晰的问责原则能够提高问责的效率，确保学术自由能够通过秩序的调适得以有序发展，能够让问责真正成为教育、感化学术人端正学术行为的制度范本。

然而，从统计的15所高校问责文本来看，很多高校都没有对问责原则进行规定，只有少数的高校对问责原则进行了规定。体现最多的原则是“尊重客观事实”“教育与惩罚相结合”。是否应该注重保护当事人的合法权益、是否公开公正、民主集中等都未曾考虑。在统计的众多高校的问责文本中，只有一所高校对问责原则的规定较为明确：依法、实事求是、人人平等、从严治学，公正、公开、公平，惩防并重，重在预防、惩前毖后，治病救人以及民主集中制的原则。

某高校一位从事科研与教学工作的青年教师是这样说的：

“现在来讲，国家十分重视科学研究中学术风气建设，重视学术不端行为的治理。今年上半年国家就出台了《关于优化学术环境的指导意见》和《高等学校预防

[1][古希腊]亚里士多德.政治学[M].吴寿彭，译.北京：商务印书馆，2006:38.

与处理学术不端行为办法》两部规范性文件，一定程度上来讲具备一定的法律效力，也为各高校以及各科研管理部门制定本单位的学术不端行为问责制度以及问责处理提供了方向。在这种背景下，高校也纷纷制定了相应的问责制度，来规制学术人的学术不端行为，但至于是基于什么样的原则来问责，我并没有关注过，我们学校前一阶段处理的某几位教师因职称评审公示阶段被举报涉嫌一稿多投、抄袭剽窃等学术不端行为，也就是按照学校根据教育部等部门出台的部门规章等规范性文件制定的问责文件来对学术人进行惩处的，好像也没有遵循什么原则之类的吧，这个是否应该体现在问责程序中，我个人也是弄不清楚。"[1]

另外一位有着丰富基层管理经验的高校学术委员会秘书是这样说的：

"无论是研究生还是教师未能遵循学术规范而产生的学术不端行为，学校都会按照规章制度进行处理，至于遵循什么原则，肯定都是制度文本中规定的'尊重事实'原则，本着不错判、不冤枉一个好人的原则，合理问责。最近我们学校在开展认真落实《全国科学道德和学风建设宣讲教育2016年工作要点》精神，将科学道德与学风建设纳入教师教育培训体系中，注重问责坚守的事实原则，公正公平处理，做到程序正义与实体正义。"

通过这两个访谈可以引发我们产生两方面质疑：第一，作为问责客体的教师不知道学校问责学术不端行为遵循什么原则、出于什么目的问责，很容易导致问责客体对学校的问责结果不闻不问或任凭处理。第二，学术行政人员所说的学校在处理学术不端行为时遵循尊重事实，是否真的能够得以落实值得思考，而且仅仅这一项"尊重事实"是否就包含了整个问责的原则。

2.问责缺少民主参与性与公正性

现代教育治理语境下的学术治理更强调协同参与、和谐共治。治理是各种公共的或私人的个人和机构管理其共同事务的诸多方式的总和。基于前述理论的铺垫，学术协同参与、和谐共治实质上彰显的是一种多元"善治"理论，为社群中的人民谋求幸福，按照人民的标准决定事物发展取向，体现民主治理的价值意蕴，只有适合民主利益诉求的表达才是合理的"善"。但通过访谈与制度文本的调查发现，高校在问责学术不端行为时缺少了多元主体共同参与学术治理的程序，没有规定学者和师生的问责参与权，对结果的质疑也只能持保留态度。

[1]内容源于对高校某教师的访谈，访谈时间是2016年9月28日。

笔者在考察近些年高校处理学术不端行为的案件时发现，大多数案件的处理都由高校学术委员会等问责主体在核定事实后，直接对客体施以惩罚，很少听取同行专家、学者关于案件的看法。北京大学学位委员会在审理于某博士毕业后发表的学术论文涉嫌抄袭案，并给予撤销其博士学位的行政处分时，不顾高校学者的反对与质疑，高校有很多法学教授对此判决结果提出了质疑，认为给予于某的处分过重，她已经受到了《国际新闻界》五年内谢绝来稿的专业处分。但北京大学在处理于某学术不端行为案件时并没有听取高校学者的意见，执意执行撤销于某学位的行政处分。

而且从目前高校对学术人的问责规定来看，高校并没有规定学者以及学生代表应该如何参与学术问责、利益无关者对学术问责的结果产生怀疑如何处理以及问责所有信息是否公开，都没有一定的程序规则。

3.问责程序不透明、简单化

大学学术不端行为问责程序也是学术场域中最为关键的一个环节，程序的不公正、不合理会妨碍对学术共同体产生的学术不端行为的执行效果。目前大学学术场域在问责学术不端行为过程中，问责程序尚存瑕疵、简单化局面，容易滋生问责主体夹杂个人利益取向、情感与个人执行偏好等因素，导致处理信息不公开、缺乏正义的问责程序。

案例3-1中国科学院大学关于撤销××博士学位的公告[1]

中国科学院研究生院渗流流体力学研究所2006年毕业生××博士的论文，严重抄袭大庆石油学院（已更名为东北石油大学）刘振宇2004年的博士论文。“根据对比明显可以发现，文章目录及内容几乎没有任何差别”。××论文题为《油藏中人工裂缝渗流规律的有限元法分析》，刘振宇论文题目为《有限元法在油藏渗流中的理论和应用》。

中国科学院大学网站发布公告表示，查实该校2006届博士毕业生××博士学位论文存在严重抄袭。依规定，撤销其博士学位，吊销学业证书。同时，取消其导师研究生指导教师资格，责令渗流力学研究生培养点限期整改，且在两年的整改期间

[1]中国科学院大学关于撤销××博士学位的公告[EB/OL].(2012-12-06)[2016-10-03].http://www.gucas.ac.cn/site/157?u=60367.

停止招生。

通过中国科学院大学网上公布的案件，我们发现该学校对该博士的学术不端行为处理程序缺乏透明性，调查取证程序是否正当、是否可信，是否在调查取证之前将通知及时送达给当事人，是否举行了听证、听取了当事人的申辩等环节都不清楚。这也反映了现实高校问责学术不端行为的一种通病——信息不透明、不公开，很多案件的处理程序连当事人自己都不清楚。

大学学术不端行为问责信息不公开也会诱发程序的简单化，两者相互影响，此消彼长。从目前大学学术场域对学术人出现的学术不端行为处理程序来看，一般都是学校接到举报人的举报——组成调查小组进行调查——依照国家授权学校制定的学术问责文件进行问责——将问责结果进行公示。对于被举报人是否有辩解的权利，在什么时候辩解、以什么方式辩解，问责机构在接到问责建议之后，需要在多长时间内受理，受理时又是否需要告知问责客体，在受理的过程中，举报者和问责客体又该享有什么样的权利，这些在目前的问责规范中都没有明确地提及。

4.缺乏明确的事后救济评估程序

事后救济是一种必要的补偿正义，就像国家行政机关及其工作人员在执行职务、行使国家管理职权过程中给公民、法人或者组织造成损害，由国家承担赔偿救济一样，问责主体对学术人产生的学术不端行为问责也需要有明确的事后救济与评估程序。

如某知名高校的学术不端行为问责文本中涉及处分决定条款是这样规定的：

第二十六条 处理决定应由相关职能部门正式书面送达被举报人。被举报人对处理决定有不服的，可向相关部门提出申诉。对于被处理人的申诉，相关部门应受理并在5个工作日内给予答复。对答复不服的，可向有管辖权的人民法院起诉。

从这一条款中我们可以发现，高校给予学术人处分决定前并没有举行听证，没有设定征求举报人对事实认定存在异议的具体程序，如告知程序、参与程序、时效程序等，至于提及的申诉程序也是较为简单的，“可向相关部门提起申诉”是向哪个部门申诉？以书面形式还是口头形式提起申诉？相关部门的受理方式是什么？都没有明确规定。事后问责救济评估程序是对整个问责程序的自我总结与事后矫正，万事万物都不可能按照计划不失误，这也是亚里士多德最早提出的“矫正正义”思想。可以说，从学术场域现有的对学术不端行为案件处理的程序来看，事后救济与评估程序如解除错判的处分、恢复名誉等是较为欠缺的。

案例3-2 北京市教委撤销某大学开除学籍处分决定[1]

2006年1月，某大学的11名学生被学校认定存在作弊学术不端行为。1月6日，学校对其做出开除学籍的处分决定，并勒令其在48小时内离校。学生认为该校没有给予学生申诉的权利，程序不当，向北京市教委申诉。北京市教委认为学校对学生的处分过于严重，程序失当，决定撤销其开除学籍的处分决定。事后学校并没有公开发布恢复这11名学生名誉等事后救济措施。

上述的案例也反映了大学在给予学术人问责处分时并没有明确告知其可救济的程序，如行政诉讼、行政复议，而是学生自行向上一级教育行政部门提出了申诉。事后该校也没有向社会发布官方错判的处分撤回以及受教育者名誉恢复公告。而且通过对各高校学术不端行为问责文本的考量，发现很多高校在处理程序中都规定了"申诉期间，不停止执行原处分"，这种先定力的问责方式就意味着问责主体若给予学术人开除学籍（公职）等改变其身份的重要处分时也要立即执行，踢出学校，即便学术人通过申诉、诉讼渠道改变了原判，也需要很长时间的"挣扎"维权，如典型的暨南大学甘露案[2]。高校等学术问责主体若能够在事后对案件进行反思与评估，给当事人充足的时间进行申诉，在申诉过程中发现问题及时停止处分，一定程度上能够避免由于问责主体的过错给当事人带来不必要的侵害。可见，大学学术不端行为问责事后评估与救济在整个问责中的重要性。

[1]北京市教委撤销某大学开除学籍处分决定(2006-09-11)[2016-10-03][EB/OL].http:// edu.people.com.cn/GB/4799651.html.

[2]甘露原系暨南大学华文学院2004级硕士研究生。2005年，因其先后两次将抄袭的论文作为课程考核论文，提交至代课老师。对此，2006年6月暨南大学于对甘露做出开除学籍的处分决定。甘露不服处分，向广州市天河区人民法院提起诉讼，一审法院维持了开除学籍的决定。甘露不服判决提起上诉，广州市中级人民法院维持了原判。随后甘露向广东省高级人民法院申请再审，该院驳回了其再审申请。之后甘露向最高人民法院申请再审后者提审了该案，法院撤销广东省广州市中级人民法院相关判决，并确认暨南大学对于甘露的相关判决违法。

第四章

影响大学学术不端行为问责的因素分析

究竟哪些因素影响着大学学术不端行为的有效问责？我们可以借用归因理论的内容旨要进行分析。归因是人类探究事物变化发展与行为之间关系的一种需要，观察者为了预测和评价被观察者的行为，对环境加以控制、对行为加以激励或控制，而对被观察者的行为过程所进行的因果解释和推论。海德、L.Y.阿布拉姆森(L.Y. Abrams)、H.H.凯利(H.H.Kelley)等心理学家对归因问题进行了分析，伯纳德·韦纳(Bernard Weiner)在此基础上拓展了他们的研究，认为归因主要从控制点、稳定性以及可控性维度分为内部与外部归因、稳定性与不稳定性归因、可控性归因与不可控性归因。[1]基于此，伯纳德·韦纳总结出人的行为成败原因可归纳为能力、努力、任务难度、运气、身心状态或尚有和其他关于人与事的影响因素(如别人帮助或评分不公等)六个方面。归结来，即是内在因素与外在因素制约着事物的变化发展。基于前章对大学学术不端行为问责现状的调查，加之对伯纳德·韦纳等学者对归因理论分析，本章将以“问责要素”为轴心，从制度、社会、文化以及价值等角度共同归因探究影响大学学术不端行为问责的深层因素。

一、制度性因素：学术规章制度供给缺位，导致问责缺乏指导性

“制度供给就是规范人们的行为而提供的法律、伦理或经济的准则、规则。”[2]良好的制度供给能够促使事物朝着“善”的方向发展。谈及大学学术不端行为问责，势必要涉及问责的依据——学术规章供给。学术规章制度供给本身具有激励、规范的作用，供给缺位是影响大学学术不端行为问责的主要制度性因素，从这个角度来审视我国大学学术不端行为问责，其主要受现行的国家学术法律效力等级低、模糊性与不完善的制约。

(一)现行的国家学术法律效力等级过低，约束力差

制度与问责有着必然联系，大学学术不端行为问责若想得到有效实施，必须有层级完善的法律制度来约束，为大学学术治理提供方向性的指导。但从目前大学治理学术不端行为呈现的问题来看，制度依据是较为重要的外在因素。

一定程度上来讲，学术法律制度是各高校惩处学术不端行为的蓝本。但在我

[1]赵骏.基于学术权力规制的高校廉洁文化建设研究[D].重庆：西南大学，2015：77.

[2]江新华.学术何以失范——大学学术道德失范的制度分析[M].北京：社会科学文献出版社，2005：105.

国现行的法律法规体系中，尚无一部专门的国家立法或行政法规，且多以行政色彩的规范性文件为主，很少涉猎基于民事合同和刑事司法审判的学术不端行为规章。在目前出台的法律规范中，只有法律层级较高的《中华人民共和国科学技术进步法》和《中华人民共和国著作权法》两部全国人大制定的法律中分别谈及了5条和2条的学术不端行为行政责任，其他均未涉及，很难给大学学术不端行为治理提供参见。从现有的学术规章来看，只有《国家科技计划实施中科研不端行为处理办法（试行）》和《高等学校预防与处理学术不端行为办法》两个真正意义上的学术规章，规定的内容和适用范围也较为受限，致使问责不力。2005年发生在西安交通大学某教授学术造假案就是一个很好的例证。

西安交通大学六位教授多次向教育部举报教授李某申报的国家科技进步奖的学术成果存在严重的学术剽窃、学术抄袭行为，并给出了证据确凿的举报信息，结果这六位教授却被李某以侵犯名誉权告上法庭。[1]

如果国家有一部法律层级较高的学术法律来统领分布于各个规章、规范性文件中的零散的学术不端行为治理条款，一定程度上能避免问责不力的境况。另外，笔者通过深度访谈也发现高校对大学学术不端行为问责存在困境的原因与学术法律层级较低、约束力差有关。

某高校研究生院领导在接受访谈时是这样说的：

“我们学校在惩处学术不端行为时依据的是学校内部的文件，在高校科研部门这么多年，我们也没有看到国家出台过具有严格法律意义上的法律法规，最多只是类似通知之类的规范性文件，文件出台后学校也会组织我们来学习，但是就我本人来看，这样的文件似乎约束力不是很强，对学术不端行为的分类也是过于宽泛，学校也很难找到相应的问责。”[2]

某高校教师在接受访谈时是这样说的：

“杰克·奈特（Jack Knight）曾说过，‘制度规则的主要特征就是社会公有的，当社会成员参与到相关规则所覆盖的互动时，他们了解这类规则对他们所有人都适用。’就我个人观点而言，整治大学学术不端行为或者说对大学学术不端行为进行问责，关键在于具有足够充足的依据和制度来约束学术人，目前我国并没有出台法律效力等级较高的学术规章来为高校制定学术不端行为惩处提供借鉴，我们学校

[1]西安交大六教授联合举报长江学者造假[EB/OL].（2009-07-24）[2016-11-30]http://news.sina.com.cn/c/sd/2009-07-24/050618286291.shtml.

[2]内容源于对高校研究生院某领导的访谈，访谈时间是2016年10月1日。

制定学术不端行为相关文件时，总则上都会写着根据教育部出台的“×××通知”而制定本办法，各相关单位遵守执行，我们也在想，一个通知的约束力又有多大呢？对高校中屡禁不止的学术不端行为何问责的效率不高，原因出在哪？倘若国家对学术不端行为的监管，像追查酒驾入刑一样严厉，是否就会提高问责的效率？”[1]

通过实地访谈调查，我们发现，在很多学者之间已经达成共识：对学术不端行为进行问责是整治学风与学术职业道德的关键。实施学术不端行为问责的目的是能够引起学术人的重视，应将问责上升到法律层面，建议能有一部规章层面之上的上位法以及明确的法律解释来为高校问责学术不端行为提供详细的指导。现行高校对学术不端行为问责存在的种种弊端与问题由于缺乏法律意义上的制度规范约束，造成了打着学术自由旗号的学术“人治”行为屡屡出现。

（二）现行的国家学术法律相对孱弱、模糊

“规则的重要性，在于其使参与者的选择所产生的结果明确无误。一旦这些选择被一一列出，并且参与者的选择所产生的结果会依照每个参与者的偏好排定，进行博弈所遵循的规则将不再有任何影响。”[2]法律是稳定性的规则系统，哈贝马斯（Jürgen Habermas）也曾指出，法律是一种公平的形式判断过程和形成道德意志的过程。法律的存在是为了让道德更加规范，以道德为基础来约束人们的行为。大学学术不端行为问责中出现的诸多问题主要在于现行的国家学术法律不完善，很难找到相应的治理依据。

我国著作权法虽然规定了，抄袭、剽窃等学术不端行为侵犯了他人的著作权，应受到法律责任追究。但著作权法并没有详细界定什么样的学术行为属于抄袭行为、剽窃行为，存在词义不清、表达含糊的情况。如第五十二条规定：“有下列侵权行为的，应当根据情况，承担停止侵害、消除影响、赔礼道歉、赔偿损失等民事责任：（一）未经著作权人许可，发表其作品的；（二）未经合作作者许可，将与他人合作创作的作品当作自己单独创作的作品发表的；（三）没有参加创作，为谋取个人名利，在他人作品上署名的；（四）歪曲、篡改他人作品的；（五）剽窃他人作品的……”上述条款就存在模糊地带，如何区分学术人合理引用和抄袭他人的学术论文，究竟怎样界定抄袭？是全文抄袭还是段落引用加改装？还是加工别人的学术思想？以及认

[1]内容源于对高校某教师的访谈，访谈时间是2016年10月1日。

[2][美]杰克·奈特．制度与社会冲突[M]．周伟林，译．上海：上海译文出版社，2009：63.

定的程序都未做明确规定。这样,就导致了国家各部门在制定整治学术不端行为处理办法等规范性文件时难以找到明确的上位法依据,造成任意解释的乱象。如教育部从2009年起制定的整治学术不端行为的规范性文件几乎大同小异,均指出学术不端行为的危害性大、玷污良好的学术生态系统、高校应出台适合本校的学术惩戒办法。但对于具体如何划分学术不端行为、如何惩处与问责、问责后的救济程序都未能做出明确规定,这是近些年高校对学术人出现的学术不端行问责不力的因素之一。

以教育部近期出台的部门规章《高等学校预防与处理学术不端行为办法》为例,第二十七条规定的七种学术不端行为"(一)剽窃、抄袭、侵占他人学术成果;(二)篡改他人研究成果;(三)伪造科研数据、资料、文献、注释,或者捏造事实、编造虚假研究成果;(四)未参加研究或创作而在研究成果、学术论文上署名,未经他人许可而不当使用他人署名,虚构合作者共同署名,或者多人共同完成研究而在成果中未注明他人工作、贡献;(五)在申报课题、成果、奖励和职务评审评定、申请学位等过程中提供虚假学术信息;(六)买卖论文、由他人代写或者为他人代写论文;(七)其他根据高等学校或者有关学术组织、相关科研管理机构制定的规则,属于学术不端的行为。"存在规定笼统、模糊的情况,首先,这七种学术不端行为的界定与教育部之前出台的惩治学术不端行为的学术规定别无两样,并未将这些宽泛的学术不端行为进行详细解释。如具体何种行为属于抄袭剽窃、学位论文抄袭如何认定、文字复制比在什么范围是合适的等等,这些都未做出明确规定,一定程度上造成各高校对学术不端行为的界定过于随意,导致各高校对学术不端行为的问责方式各异。如前所述,有的高校将研究生的学位论文文字复制比规定在10%以内,有的则规定在30%以内,超出这个范围就要受到学校的学术处罚。有的教师、研究生也会质疑学校制定的处罚比例的合理性。

某高校教师在接受访谈时是这样说的:

"我们学校要求硕士研究生的文字复制比低于30%,博士研究生的文字复制比低于10%。我个人认为这是不科学的,教育部对这一问题并没有提供值得参考的数据,因此会出现每个学校对研究生学位论文文字复制比要求不同的境况,引发了问责争议:同一篇学位论文在这个学校会因文字复制比过高而被认定为学术不端,而在另一所学校却不属于学术不端。我们学校有一些学术研究能力较强的人文社会科学领域的研究生认为学校拟定的文字复制比偏高,不利于真正学术成果的形成。”[1]

而且第八章附则中第四十条规定“高等学校主管部门对直接受理的学术不端案件,可自行组织调查或者指定、委托高等学校、有关机构组织调查、认定。对学术不端行为责任人的处理,根据本办法及国家有关规定执行。”这里所言的“有关机构”是什么性质的机构?“国家有关规定”又是什么规定?都没有解释清楚,未能给高校整治学术不端行为提供应有的借鉴。

通过上述访谈我们也会发现,目前高校对于教师和研究生出现的学术不端行为尚未提供具体明确的问责依据。我国法律体系中行政规章以下的规范性文件对学术不端行为治理的条目规定处于零散、含糊状态,规章之间存在较大的差异性,对于整治高校教师在从事科学研究中出现的侵吞国家科研经费等较为严重的学术不端行为,规章等规范性文件均没有详细的处理意见。这在一定程度上也会给高校整治学术不端行为带来适用困难的窘境,高校内部有关学术不端行为治理的文件会写“情节较为严重的,涉及违法行为的交由司法机关审理”,法院真正受理情节严重的学术不端行为案件又屈指可数,何种学术不端行为属于情节严重的,法院也无法辨认。这就会出现互相推诿的治理现象,无疑会导致高校对学术人的学术不端行为问责效力不高。

但辩证而言,法律并不能统摄一切,也不能代替道德,法律也需要道德批判,符合公序良俗、正义的法律才值得人们遵守。对于学术不端行为治理而言,广义的法律只能够为其提供一定的方法论指导,并不是说任何学术不端行为都需要法律的规制。但若没有国家层面效力较高的学术法律规章作为原则性指导,高校在对学术不端行为进行治理时就会出现问责无理无据、过度裁量的问责困境,导致问责失去应有的效果。

二、社会性因素:人情关系社会冲淡了学术人对学术正义的追求

大学是社会发展积淀下来的产物,随着社会转型发展,大学场域中的知识生产由原本的塑造精神指向、“为知识而知识”的崇拜形象转向兼具跟上时代诉求的“为社会而知识”与“为知识而知识”的双重形象,[2]不断满足未来社会的“需要”,逐步走

[1]内容源于对高校教师的访谈,访谈时间是2016年10月26日。

[2]李志峰,高慧,张忠家.知识生产模式的现代转型与大学科学研究的模式创新[J].教育研究,2014,35(3):55-63.

出了“象牙塔”模式，走向了社会发展的中心地带。这一变革虽发挥了一定的正向功能，但与此相呼应的是，大学也越来越依附于社会，受其影响较大。社会转型包括社会体制、社会结构以及社会形态的变革。[1]在从自给自足的农业社会向多元开放的工业社会转型之际，计划经济转向市场经济，形成了与市场接轨的社会体制，催生了人们价值观念、行为方式、生活态度等方面的转型。与此相生，社会转型给大学学术不端行为问责带来了诸多影响，学术与社会交织在一起，社会中的人情关系、“得过且过”的面子治理方式夹杂在学术不端行为问责中，侵染了学术场域中学术人对学术正义的追求，一定程度上会影响学术不端行为问责的效果与效率。

爱德华·希尔斯（Edward Shils）从历史视角分析1900年的大学时曾指出，“大学受外部社会的影响，内部存在方式——即追求和获得严肃知识的存在方式——的外部官僚和政治影响逐步扩大……大学或至少是它们的某些成员，想尽量做到八面玲珑，对外部世界更讨好、更随和，更专注改变外部世界存在的条件。而对保持自身作为一个承担着改进有秩序的知识和价值判断的核心的社会机构，则关注得不够。”[2]从希尔斯的这段论述中，我们深知外部社会因素注入大学场域是对大学场域自治发展所带来的阻滞与干预，大学虽不能完全脱离社会而获得绝对的独立自主，但也需要坚守大学场域内自身的惯习运行逻辑，规避来自社会外界的压力。社会因素中的人情社会、关系社会融入大学学术场域，无疑会对学术不端行为问责造成阻力，如下两个案例揭示了其中的原因所在。

案例4-1　西南交通大学某副校长抄袭论文被取消博士学位论文的处理[3]

早在2007年，《成都商报》曾报道了西南交通大学副校长黄某公开发表的学术论文涉嫌严重抄袭他人论文，经研究者举报：黄某发表过的《一种新的综合评价方法——粗糙集灰色聚类评价》第三部分：粗糙灰色聚类法的原理及计算步骤，这是支撑其论文的核心计算方法，结果其核心内容跟别人的一模一样，单单这一点就可确认他是抄袭。举报者还称，很多部分的文字基本上也是照搬人家的段落，只是在行文上有所改动，他们大部分的抄袭属于基本逐字复制，或者故意改写其他作者论文中的部分内容，但学校并未对外公布对他的处理结果。两年之后，由7人组成的

[1]赵骏.基于学术权力规制的高校廉洁文化建设研究[D].重庆：西南大学，2014：82.

[2][美]爱德华·希尔斯.学术的秩序——当代大学论文集[M].李家永，译.北京：商务印书馆，2007：83，88.

[3]西南交大副校长抄袭论文被取消博士学位[EB/OL]（2009-07-16）[2016-09-10]. http://scitech.people.com.cn/GB/9662052.html.

举报组向西南交通大学举报黄某的博士论文第四章涉嫌严重抄袭，之后学校举行了关于黄某博士学位论文审查的通报会，参会的几名教授称，通报会非常简单，只持续了20多分钟。校方在通报中称，学校学术委员会是2007年12月正式接到举报材料的。随后，校方立即展开相关调查工作，严格按照学术问题处理程序，先由学校研究生院组织校外"管理科学与工程"学科专家匿名评审。之后，学校学术委员会又邀请了国内外公认的同行专家，对此再次进行判定。经过一年多细致缜密的工作，专家组对黄某学术不端问题的性质进行了投票表决。最终的处理结果：黄某的博士学位论文第四章抄袭事实成立，撤销其博士学位，撤销导师指导资格，保留副校长职位、仍可留校继续从事教育教学工作。

案例4-2　遵义师范学院某副教授被举报抄袭本科生论文遭解聘[1]

2016年8月5日，安庆师范学院（现安庆师范大学）2008级毕业生金某发现自己本科毕业论文被遵义师范学院副教授赵某完全照搬复制过来发表在2013年第3期的《遵义师范学院学报》上。金某将自己的毕业论文（拟写论文提纲、开题、初稿以及最终定稿）接受老师指导的邮件全过程都截图发在了朋友圈中，举报赵某抄袭、剽窃自己的本科毕业论文《论刘震云官场小说的批判性》，引发大量网友的关注与评论。经中国青年报在线记者对赵某的采访，赵某承认了自己为了评职称花了3000元买了中介机构的论文。校方介入调查，经过核查证实，赵某的论文与网络举报提供的论文资料确实属于同一篇论文，存在侵占他人学术成果的不端学术行为。学校对赵某做出处理决定：解聘其副教授职务；对该论文宣布撤稿，并登报声明注销；终止、撤销其承担的各类科研项目，两年内取消其项目申请资格。目前，赵某已经表示自己做错了，正在积极配合学校调查，而金某表示与赵某达成和解，不再追究赵某侵占自己论文一事。

上述两个典型的高校处理教师的学术不端行为案例，引发我们思考两点：第一，同是学术论文抄袭，但两者得到的处理结果却是有轻有重。作为副校长的黄某，之前举报人占有足够的证据举报黄某涉嫌学术抄袭，西南交大为何没有公布处理结果？在审理黄某的博士论文涉嫌抄袭案件时，为何程序如此简单、仅用了20分钟，而且前来旁听的教师被拒之门外？第二，赵某受到了来自学校给予的解聘副教

[1]副教授抄袭本科生论文引发网友质疑[EB/OL](2016-08-12)[2016-09-10]. http://www.takefoto.cn/viewnews-881117.html.

授等处分后，举报者又与其达成了和解，并不再追究赵某侵占自己论文一事？归根结底，与我国人情关系社会密不可分。人情是传统中国社会强调家族制度的直接体现，往往与社会关联在一起。“中国社会是乡土性的，人们被束缚在土地上，由于地方性的限制所导致的‘熟悉’成为乡土社会的重要特征。”[1]费孝通所言的“熟人社会”即是亲缘、血缘、地缘与关系缘交织在一起的人情大于理性的社会，社会结构定格在“差序”空间范围内，以“关系”和“面子”为原点在私人利益的调和之下汇集成社会关系网络。

（一）人情社会同学术权力争相勾结

在中国，“人情”自古以来之所以盛行，是因为中国社会的构成及其运作、个人的生活改变和社会流动、个人的成长和发迹、家族的兴旺和发达，不仅需要讲理，更注重人情的融入。其运作背景包含了家族和乡里成员长期而共同的生活和相互支持、儒家伦理的强化以及中国传统法律对个人义务的规定。[2]儒家思想的道德体系也融入了伦理人情，此时的权力控制是以道德自律为基础，而道德自律又是以血缘亲情的人情感情色彩为基调，权力控制与人情自然谋和在了一起。因而，此时的道德标准中揉进了权力为人情所用的元素，不证自明地成为人与人之间交往的一种信念，道德自律一定程度上受到了伦理人情的影响。这也使得人情在道德自律中发挥的作用过大，以至于迷失了界限范围，权力控制受到崇尚人情介入后出现尺度失衡的窘态。[3]“天理——国法——人情”社会在古代就已形成，权力控制也存在监督乏力的现实积弊。因而，有如费孝通、翟学伟、陈柏峰等学者关注人情社会的问题研究，认为人情与权力有着密切关系。靠山、求情、求人成了司空见惯、见怪不怪的权力肆意妄为之事。

目前大学学术不端行为问责也夹杂着诸多人情因素，学术权力与行政权力交织在一起，“关系本位”成了大学学术场域问责的制约因素，人情与权力之间在交换中互相传递。学术场域中的人情社会表征之一即是行政权力与学术权力纠缠在一起，关系错位严重，造成本该由学术委员会、教授委员会民主审议的学术事务，其只是象征性地参与，并不能发挥实质性的学术决策作用，遇到行政权威，民主决策就显得苍白无力，人情社会中的“私人关系”以及“熟人关系”中的情面原则侵入学术

[1]宋丽娜．熟人社会是如何可能的——乡土社会的人情与人情秩序[M]．北京：社会科学文献出版社，2014：12.
[2]翟学伟．人情、面子与权力的再生产[M]．北京：北京大学出版社，2005：170.
[3]程蔚青．人情社会下的权力控制[D]．石家庄：河北师范大学，2013：12.

不端行为问责中,使得行政文化作为一种强势的权力统摄着学术事务裁决,致使大学对学术不端行为的问责注入了浓重的行政色彩,进而出现了"该问不问,问了等于没问"的人情问责。过度行政化导致以学术委员会、教授委员会为核心的学术民主商议事务受阻,过多听取于行政权力的"召唤",权力专断现象严重制约了大学学术治理的效果。当然,建设现代大学制度并不是要割除行政权力,而是要将权力关进制度的牢笼,依法依规办事,行政就是执行,执行学术权力的决策事项,而非执行自己的政策。学术权力与行政权力交织在一起,掺杂着人情的权力关系,使得原本纯学术事务的问责兼揉了许多外在的人情色彩,导致目前大学出现的对行政领导的学术不端行为处置过轻、对普通教师和研究生处置过重的尴尬局面。

(二)人情社会导向下的学术治理面子工程

面子观也是人情社会的一个主要特征。"面子"是任何一个在中国生活过的人或接触过中国人的人都能感受到的一种文化心理现象。[1]人情社会下的面子因素会导致人们为了追求表面虚的东西如地位、威望、名誉等,而忽视了基本的社会正义感与文明使命感。马克斯·韦伯在研究中国人情社会时出版过《儒教和道教》,他曾指出,儒家所强调的面子会导致人们缺乏普遍的责任感与信任感。[2]每个人在与人交往的过程中都希望将把自己最好的一面展现给对方,会特意掩饰自己的缺点,不愿意受到别人的指责,注重脸面、声誉等外表的修饰。

帕克(Robert Ezra Park)指出,人是一种面具,并不是历史的偶然,而是在交往中逐步形成的。[3]作为社会场域交往中的人,更注重保护自己脸上的面具不被揭露,当一个人在扮演一个角色时,他必定期待着他的观众们能够认真对待自己在他们面前所建立的表演印象。作为探索高深学问的大学,在众人眼中他是神圣的、高尚的,以传播学术真理为主要目的,大学自身也始终以这个形象为骄傲,每年的新生开学典礼、学校举办的大型学术活动都会有校领导致辞讲话,对该校的历史发展、学术成就等进行介绍,并以最精彩的形象维护大学自身的"面子"。戈夫曼(Goffman)在戏剧理论中所言的"面子"也印证了这一现象,一个人被称为"有面子或维护面子"是指他能有效地表现内外一致的意象,而这种意象能得到其他参与者的支持

[1]翟学伟.人情、面子与权力再生产[M].北京:北京大学出版社,2005:130.

[2]M.Wber.The Religion of China:Confucianism and Taoism[M].New York:Free Press,1951:48.

[3][法]克洛德·列维.种族与历史种族与文化[M].于秀英,译.北京:中国人民大学出版社,2006:249.

与认同。当然,这种面子的呈现方式并非落实在身体上,而是散布在日常交往中。大学学术不端行为问责不力的原因主要也是大学维护其在社会中的学术声誉面子,而采取不告不究的处理方式。通过案例搜集与访谈,我们发现大多数高校对于学术不端行为的治理表示无奈,缺乏学校内部的自查行为,一般都是举报者(原作者或利益无关者)向学校反映相关学术人的学术不端事实,学校出于"面子"考虑,出现了扩大或缩小对学术不端行为治理的面子工程。这两种学术治理面子工程,正是戈夫曼论述的面子功夫的两种基本形式。

1. 回避过程(the avoidance process)

戈夫曼认为回避过程是防止面子产生威胁的最佳方式。在许多社会中,为了避免伤害面子,在回绝对方请托时都应注意使用谨慎词语,故作含糊。大学这样做的目的也是出于明哲保身,以最小的伤害方式保护学校自身的学术声誉,以这种模糊的呈现方式维护其"有脸""有面子"的学术形象。

2. 改正过程(the corrective process)

当参与者在互动中无法防止与社会价值不符的事件发生时,这种事件将很难再加以掩饰,并无奈付诸改正。当大学为了挽回并保住对外的声誉与"面子"时,迫于外界的舆论压力而不得不对这些学术不端行为做出"大刀阔斧"的问责,如上述遵义师范学院对某教师给予的处分、北京大学撤销于某的博士学位案等。从深度访谈的调研来看,大学处理学校内部的学术不端行为都不愿对外大肆宣传,保住学校的声誉,但当举报者借助媒体(澎湃新闻网、网易新闻)首先进行宣传报道,详细介绍高校中的学术人抄袭、剽窃时,学校处于被动地位,在接受媒体采访时会道出"学校将尽快启动对往届硕士、博士学位论文以及教师职称论文的自查、自纠整改工作"的面子治理态度,但从近些年的问责案件来看,高校往往忽视了审查的实体与程序问题。

三、价值性因素:工具主义治理目标的价值偏向

社会学家马克斯·韦伯(Max Weber)首先提出了社会行动的工具理性与价值理性这一概念,工具理性是科层制掌控下一切按照技术手段厘定好的方式进行行动,通过实践的途径确认工具(手段)的有用性,从而追求事物的最大功效,为人的某种

功利的实现服务,是一种以工具崇拜和技术主义为生存目标的价值观。目的性、可计算性以及控制性是工具理性的主要特征。而工具主义是工具理性走向极端的一种外在表现,当今的社会结构正由传统型向现代型转变,工具技术掌控下的霸权式僭越,导致治理"手段"与"目的"的价值错位。目前高校对学术人的学术不端行为问责呈现出问责理念的技术规训、问责程序缺乏救济环节、重问责结果轻问责程序等弊病,这是典型的工具主义价值偏向的问责模式。

(一)技术理性癫狂中的规训占据上风

大学学术不端行为问责是大学精神文化发展的必要武器,是唤醒学术精神生命复归的理性之需,是塑造大学学术文化自觉形象的一种必要方式,是矫正学术行为的合意表达。这必然涉及价值理性的选择,即什么样的学术行为是规范的,以及学术理性、学术精神、学术文化的应然价值样态,而非仅仅将技术性的治理手段作为达到治理学术不端行为的目的。马尔库塞(Herbert Marcuse)指出,技术合理性既向人们显示了它超乎于政治之上的中立性,又向人们显示了其中立性的虚假;但在这两种情况下,技术合理性的中立特征都对统治术有用。[1]这也是发达工业社会呈现的一种舒舒服服、平平稳稳而又民主不自由、无休止顺从的变相集权状态。

现行大学学术场域中的学术不端行为问责之所以收效甚微或"问了等于没问",是因为大学将问责看作了一种技术检查,借助学术权力赋予了问责强烈的塑造心态,呈现出癫狂的技术规制理性主义。这种控制实则是金生鈜所言的一种人性技术塑造的非理性表现,因为这种控制在宏大理由之下更注重通过权力把学术人塑造成在该权力意志下需要的理性工具的学术人。正如约翰·密尔(John Stuart Mill)所言,人性不是一架机器,不能按照一个模型来铸造,又开动它毫厘不爽地去做替它规定好了的工作;它毋宁像一棵树,需要生长并且从各方面发展起来,需要按照那使它成为活东西的内在力量的趋向生长和发展起来。[2]人性的塑造心态仅仅是一种把人们塑造成完全相似的对政治有用的工具,它所确立起来的就是运用各种方法对人们的行为等进行控制,看似达到了规训目标,但在规训权力的体制中,惩罚成了一种艺术,它的目的不是将功补过,而是为了压制。在这种环境影响与熏陶之下,大学学术不端行为问责成了"为着一个'驯顺的身体'和'听话的灵魂'而进

[1][美]赫伯特·马尔库塞.单向度的人——发达工业社会意识形态研究[M].刘继,译.上海:上海译文出版社,2008:65.
[2][英]约翰·密尔.论自由[M].程崇华,译.北京:商务印书馆,1982:63.

行的"[1]工具。

"理性需要启蒙。因为走出蒙昧主义，人才能意识到自身的价值和力量，才能意识到自己是理性的，才能诉诸理性进行反思和决断，才能成为自主的实践主体。"[2]虽然通过注重问责结果的学术不端行为治理方式表面上会显得达到了治理目标，提高对学术不端行为案件处理的效率，但这种问责是建立在泯灭学术人个人理性之上的专横与强制，否定个人的自由，贬抑学术共同体的价值。在泯灭个人理性、注重技术理性的学术场域规训中，开展大学学术不端行为问责只是一种短时的应景治理方式，技术理性在行政权力的温润下，导致学术人个性的"下降"，短时制止了学术人产生的学术不端行为。但并不是因为学术人从内心深处认识到学术不端行为的可耻性与不可为性，而是这种技术理性癫狂的治理方式把学术人看作了一种实现治理目标的工具，整齐划一地将学术人的学术行为用权力框架框起来，技术宰制灌进学术人心中的问责已演化为隐性的学术暴力。学术人出于畏惧惩罚、惧怕惩罚的结果而不得不屈从这种隐性的学术暴力，但接受惩罚后的学术人还会存有侥幸再犯心理。霍克海默(M. Max Horkheimer)在走出启蒙的神话中曾批判道："理性在工具化、技术化的形式主义的世界面前黯然失色，伴随着它的是一个理性被工具化的过程，是一个忘却自我的过程，是一个走向极权统治的过程。人在技术统治的社会中，成了技术的人，他创造了机器，本来是为了使自己摆脱机器的束缚，结果却使自己本身也成了机器。"[3]

(二)为了问责而问责的工具价值过度依赖

当下的大学学术不端行为问责一直处于低效状态，为了问责而问责的现象占据整个问责过程中，工具价值过度依赖的局势遮蔽了学术不端行为问责应有的教化意蕴。为了问责而使用具有工具价值依赖的治理方式，却将对学术人理性的教化抛之脑后，衍生出学术治理的虚无主义。虚无主义润染下的学术不端行为问责没有最高的目的，只有短时的目的，一切都成了达到短时目的的目标，问责为随时变化的工具目标而服务。也即是说，问责的最高价值被置换成工具性的价值依赖，支撑问责的最高价值已然成为一种崩溃的塔峰，价值失去了塑造学术人基本学术价值观念、构成学术共同体基本学术能力的意义。人文关怀导向的、具有教化意义

[1]金生鈜.规训与教化[M].北京:教育科学出版社,2004:70.
[2]金生鈜.规训与教化[M].北京:教育科学出版社,2004:65.
[3]方晶刚.走出启蒙的神话——霍克海默社会批判理论研究[M].上海:复旦大学出版社,2013:110,113.

的问责泯灭在这场虚无主义的战火博弈中。卡尔·雅斯贝斯(Karl Jaspers)曾言:“一种对教化的敌意已经形成,这种敌意将精神活动的价值贬低为一种技术的能力,贬低为对最低限度上的粗陋生活的表达。这种态度是同这个星球上的技术化过程关联的,也同一切民族中的个人生活与历史传统相脱节的过程相关联。由于这种过程,一切事物都被置于新的基础之上。”[1]

现有的大学学术不端行为问责之所以低效,是因为仅仅注重问责的结果处理而忽视了内在教化的诉求与呼唤。在虚无主义的熏染下,问责的动力更倾向于保全自我、获得承认,将问责结果作为回应社会的一种导向性的价值工具来耀武扬威,却忽视了实际问责处理过程中的人文关怀、问责理念、问责程序等教化价值理性,造成了有失公平“为了问责而问责”的工具价值过度依赖的学术不端行为问责。发达的工业文明流行新的技术控制形式,当一个社会按照它自己的组织方式,似乎越来越能满足个人的需要时,独立思考、意志自由和政治反对权的基本的批判功能就会逐渐被剥夺。[2]布鲁姆(Allan Bloom)曾言:“现代人正在失去或者已经失去了价值抉择和权衡的能力,因而也就失去了他自身的根基和人性,由此可见,自我满足,顺应现实的愿望,寻求对问题的安逸解决,一整套福利国家的规划,这些恰恰表现了人在期望达到完美至善和自我超越的理想方面能力不足。”[3]

工具价值过度依赖使学术人失去了基本的价值选择,在问责面前判若温顺的“小猫”,但实则内心是抗拒与抵触的,这样的问责至多会把学术人推至心理疯癫状态,“把视觉和盲目、心象和判断、幻觉和语言、睡眠和清醒、白昼和黑夜结合起来,最后成为一种空洞的虚无,因为它是将它们中的各种否定因素结合起来”[4],被工具价值笼罩着的盲目顺从与盲目问责的状态相结合,生成了看似具有某种理性秩序的问责。这种理性秩序的外表看似很有力度、具有强制性,但由于缺乏教化的润养,“对受教育者的强制规训,把他们纳入社会性的生活轨道中,就是一种霸权意志”[5],未能发挥问责教化向善价值发展的守护者角色,难以释放大学学术不端行为问责应有的教化功能。“为了问责而问责”的工具价值过度依赖,放弃了促进学术人学术精神走向崇高的引导方式,难以达到根治大学学术不端行为的目标,反而使得

[1][德]卡尔·雅斯斯贝.时代的精神状况[M].王德峰,译.上海:上海译文出版社,1997:111.

[2][美]赫伯特·马尔库塞.单向度的人——发达工业社会意识形态研究[M].刘继,译.上海:上海译文出版社,2016:6.

[3][美]艾伦·布鲁姆.走向封闭的美国精神[M].缪青,等译.北京:中国社会科学出版社,1994:210.

[4][法]米歇尔·福柯.疯癫与文明:理性时代的疯癫史[M].第2版.刘北成,杨远婴,译.北京:生活·读书·新知三联书店,2008:97.

[5]金生鈜.规训与教化[M].北京:教育科学出版社,2004:107.

问责流于形式，成为应付教育行政部门检查的一种不得已而为之的面子工具。在现代性社会中，人们更多是追逐工具理性带来的外在形式，未能将价值理论与工具理性统一起来。正如马尔图切利所言："当理性把一切独一无二的和个人的东西置于它的监管之下时，它就使不能被理解的整体——以统治的形式——转向物体，转向人的存在和意识。"[1]现代社会除了监狱、军队这些硬性暴力，更依赖于文化的符号权力这种软性暴力来维护统治和支配的合法性。这种具有文化符号暴力的权力在大学学术治理中具体表现为统治阶级运用符合自身文化意识形态的工具——制度化规定来操控学术人，这种操控也仅仅停留在"器"层面的行为矫治，而不顾制度是否符合程序正义与实质正义，更不会考虑执行中弱势群体权利的伸张与救济、问责理念与目标是否正义、明确等。进而会导致大学学术不端行为责任类型划定不明确、问责程序简单化、缺乏完善的救济方式以及问责理念存有偏差等问题，折射出现代社会中教育惩戒以及问责的现实弊端，这也是布尔迪厄多次强调学校作为制度化工具而远非民主和文化的中立传播者的原因。在这场工具主义主导下的缺乏教化渲染的问责中，虽然短时间内会产生一定的治理效果，但这种效果不会从根源上呼唤学术人心灵精神的觉醒，学术人也不会认为这样的问责是学术自觉治理行为，而仅仅是为了完成任务而设置的一种应景性的工具主义问责。

辩证而言，合目的、合规律的社会实践活动是个人精神价值向社会共在价值转化的过程，取决于工具理性与价值理性的统一，过度强调工具理性必然会引起唯效率化、技术化倾向。然而，这并不是说我们的生活可以离开工具理性，工具理性是不好的，工具理性是实现价值理性的前提与基础，工具理性能够为我们达到实践目的提供基本的物质形态操作性工具。价值理性的实现，必须以工具理性为前提。但要明确的是，这只是达致目的的一种中介手段，而非永久性的目的，因为工具理性剔除了公正、公平、合目的、批判性以及真与善的元素[2]，会造成人们对工具理性的盲目与过度追求，衍生出工具主义导向下的技术操控与功利化追求结果的狭隘思想。"当技术成为社会的基础，所有的生产关系，乃至所有的社会关系都屈从于技术。赫伯特·马尔库塞（Herbert Marcuse）断言，当技术开始在基本制度和关系的层次上运作，倾向于成为唯一的和决定整个社会的发展时，技术就是一种计划。"[3]在这样的社会境况下开展大学学术场域独有的学术不端行为问责，势必会将效率、结

[1][英]达尼洛·马尔图切利.现代性社会学——二十世纪的历程[M].姜志辉，译.南京：译林出版社，2007：205.

[2]王彩云.政治学视域中价值理性的回归[J].政治学研究，2013(6)：94-103.

[3][英]达尼洛·马尔图切利.现代性社会学——二十世纪的历程[M].姜志辉，译.南京：译林出版社，2007：208.

果作为问责目标,忽视实质正义的问责内容,唯技术论、唯工具论占据上风,进而影响学术不端行为问责的实施效果,最终会产生学术不端行为问责的工具主义目的指向的规训方式主导以及“为了问责而问责”两种路径依赖。

四、文化性因素:学术问责生态文化孱弱

大学是培养学术人成为文化人的专业场域,通过文化育人的方式实现知识传播与更新。这个意义而言,大学即文化,一种学术文化。大学学术场域对学术人的学术问责也是一种基于大学学术文化的目标导向、激励凝聚以及文化约束的正向功能来审视学术人的学术行为,实现恢复大学学术问责的文化生态的愿景。然而,正如前面对大学学术不端行为问责出现问题的阐述,问责主体、问责客体、问责依据与目标均出现了不同程度的问责困境,部分原因在于大学学术场域未能形成学术不端行为问责的文化生态系统,功利浮躁环境下的学术问责文化遮蔽、问责文化认同感缺失。

哈贝马斯在论证现代性社会的弊端时曾指出,“十八世纪末以来,现代性话语虽然花样不断翻新,但主题只有一个:社会约束的削弱、私人化和分裂,——一句话片面合理化的日常实践的变形。”[1]现代性话语体系下的学术问责出现了问责主体不明确、问责程序不健全等明显的问责困境,从“学术是一种文化”的角度来看,根植于大学学术场域中的文化认同、文化凝聚出现了分化,每个人心中都形成了自认为合理的问责标准,会出现正如福柯(Michel Foucault)所言“任何一个社会都有其自己的真理秩序,有自己的真理政治学,也就是说,任何一个社会都接受了一种被它当真的话语。”[2]

(一)问责文化认同感缺失

海德格尔(Martin Heidegger)在批判形而上学的西方理性主义时曾指出,一种文化或一个社会的历史命运具有怎样的意义,是基于集体成员对世界上发生的这一切的认同理解上的共识“前理解”来决定的。海德格尔所言的“前理解”是一种预先设定的、集体成员对文化和历史的先在认同。然而,在充满怀疑、焦虑、缺乏责任与信任感的现代性社会中,人们缺少的是一种认同感,基于共同理念而产生的对同一

[1][德]于尔根·哈贝马斯.现代性的哲学话语[M].曹卫东,译.南京:译林出版社,2011:161.
[2][德]于尔根·哈贝马斯.现代性的哲学话语[M].曹卫东,译.南京:译林出版社,2011:318.

事物的责任认同感。生活在这样的大环境之下，人与人之间缺乏对某事物价值观的认同，很难形成统一的看法，五花八门的价值观会油然而生，消极意识形态与观念会侵入社会个体之中，使得社会个体难以分辨是非，这也正是现代性社会人与人之间产生疏离感、缺乏信任，最终走向歧途，甚至犯罪的文化性根源。“文化”从广义来讲是体与魂的统一，“体”是人的现实生活中呈现出来的表面样态；而“魂”是每个现实表面形式样态的个体所负载的精神、信仰、观念等隐性文化体系。但“体”与“魂”是相互关联的，无论其中哪个出了问题都会致使文化出现乱象。可见，现代性社会中人与人之间产生的疏离感与信任危机，根源在于缺乏文化认同感，未能形成对文化中“魂”元素的良好认知，任意而为的现象肆意横行。

大学学术不端行为问责文化能够促使大学学术场域对学术人产生的学术不端行为治理处于理性状态，形成学术文化认同的问责精神，能够在学术人间形成一种互相认同的学术文化问责之道。然而，目前大学学术场域对学术不端行为问责出现的种种困境，或是问责后又滋生了新的学术不端行为，其根源在于大学学术场域中尚未能形成一种良好的学术问责文化氛围，而是出于功利治理的目标单纯解决某一学术不端现象。笔者通过调查与访谈某知名大学社科处负责人了解到：“我们学校在处理教师、研究生出现的学术不端行为时也没有基于什么学术文化，就是依据学校经过校长办公会讨论后颁发的文件来执行。”“学术不端行为问责哪里有什么文化可言？都是基于事实的判断，行为人认同不认同都要执行问责相关规定。”[1]

目前大学治理学术不端行为缺乏基于学术文化的考虑，未能为整个大学营造良好的问责文化氛围、学术人对问责文化的理解也存在错位现象，这是影响大学学术不端行为问责运行的又一制约因素。首先，大学在治理学术不端行为、问责相关客体时，只是针对学术人产生的某一学术不端现象而做出处理，并没有在出现学术不端行为之前对制度文化、舆论文化、环境文化展开建设，如制度制定过程中没有真正意义上逐条征求教师、学生的意见，制度执行之后就会引发学术人对处理结果产生文化认同危机，使学术人造成心理逆反、学术厌恶等负面影响。在整治学术不端行为过程中，大学学术场域未能形成良好的舆论文化导向，让学术人能够明晰学术研究就是一种纯粹追求真理的探索过程，未能让学术人明确问责是在群众舆论的监控下实施的，人人有义务对学术不端行为问责进行监督。学术舆论文化是一种正向的引导，学术人在相互交往、耳濡目染的舆论环境渲染下能够形成“出现了

[1]内容源于对高校某相关领导的访谈，访谈时间是2016年10月15日。

学术不端行为,都会受到学术圈内学术人的谴责与'歧视'”的共念。缺乏这种舆论文化,问责就失去了舆论支持,难以形成问责的认同感,自然也就难以发挥其应有的认同功能。其次,学术人对问责文化的理解存有偏差。很多教师认为,制度规定就是问责的文化,高校对教师和研究生的学术行为进行问责就是依照规定进行,问责也无须利益无关的学术人参与,有人举报学术不端行为,学校对其进行问责也是很正常的事情。学术人生活在自我的世界中,专注于自我的学术研究,认为自我参与对问责的结果不会产生太多的影响,对学术文化、问责文化完全处于排斥与误解的状态,缺乏对学术不端行为问责文化的认同感,忽视了问责的真正价值理念,影响了问责本然功能的释放。

(二)功利浮躁环境下的学术问责文化遮蔽

当前学术界尚存急功近利、急于求成的浮躁学术心态,玷污了学术作为一种文化(精神)的存在意念,弥散在整个大学学术场域之中,大学学术不端行为问责会受到“主流”文化的干扰与影响。在此,学术人出现的学术不端行为已成为一种“惯习”,将求真务实、批判创新的理念抛在千里之外,“什么知识能为我所用”成为学术场域的主流文化,同时也遮蔽了大学学术场域中应有的问责文化。正因学术场域中充斥了诸多“唯我”“利益”等功利化元素,学术人以及问责主体对“小打小闹”的学术不端行为不以为然,未能将问责与责任作为一种使命,出现了学术不端行为也没有羞耻感。既然学术是一种文化,一种精神文化,那么大学学术不端行为问责也是匡正学术人学术行为的一种学术文化规训与学术文化唤醒方法,让学术人复归到学术文化的常态轨道中,在价值观念、思维方式方面对学术人产生影响。然而,功利浮躁环境下学术人的价值观、思维方式与问责文化形成一股逆流,相互排斥。问责文化倡导的是正向、理性与诚信的学术品性回归,而功利浮躁环境下的学术研究充斥着诸多学术不端行为,扰乱了学术场域的和谐秩序,这股毒瘤压制了正义的问责文化,学术人对问责产生了排斥感,出现了逃避、规避的心理动机,在这样浮躁的环境下开展学术不端行为问责势必影响其效果。

朱里安·本达在对知识分子批判中曾指出:“知识分子最近的动态可以说是最能够显示为了今天世俗的热情奉献的他们的决心是什么样的一种表现。他们劝诱同胞们只承认个人的道德,抛弃所有的普遍道德,显示了知识分子在优化煽动大众意识到自己的特殊性的那种技艺。”[1]从本达对知识分子的批判中，我们可以看出，在世俗的社会中，知识分子生活在属于自己的私人环境中，脱离了学术社群的主流文化，煽动人们信任自己是知识的真理，只承认自己、无视他人的所有意见。在这种功利浮躁的学术环境下，这种行为会逐渐扩散开来，遮蔽学术场域的学术是非价值观，侵染至整个学术场域的生态系统。

“作为一名在高校从事二十多年教学与科研工作的教师，我个人觉得，高校现在缺乏潜心学术研究的文化氛围。学术人为评职称发论文、为毕业发论文的现象较多，对学术不端行为问责没有什么概念，或不以为然，大的环境就是这样，学术人出现的学术不端行为都是经举报，学校才会处理，制度充当了一种配角，临时抱佛脚处置学术人违规的现象较多。问责早已被抛到了脑后，遮蔽了学术问责的价值与信念。”[2]

阿诺德·盖伦（Arnold Gehlen）曾用“文化结晶化（cultural crystallization）”这一概念来描述现代性社会文化危机，他认为在缺乏一种普遍主义道德的现代社会中，文化整体性日益破碎，逐渐失去了内在凝聚力与确定性。[3]目前的大学学术不端行为问责也基本处在这样的社会境遇之下，学术人在意的是自己功利化的学术利益得失，将具有共在意义的学术问责文化抛在身后。在充满不确定性与宰制性的现代社会中，缺乏普遍道德的学术问责文化夹杂着功利浮躁以及受支配的奴役元素，遮蔽了大学学术不端行为问责文化的价值与正义理念，使得大学学术不端行为问责文化陷入结晶化的破碎窘境。

在权力与知识双向互动的仪式中，权力通过政治权威形塑着知识生产方式与规划路径，知识话语体系的形成也巩固了政治权力的制度性力量，两者在一定限度内实现了互动共生。然而，在功利浮躁的学术文化氛围中，权力只顾及自身的利益诉求，未能与知识边界划清应有的界限，一味地诉诸学科规训，导致学术沦为一种形式主义。学术人为了迎合权力的规训，表面看似在遵从学科制度的规训，实则产生逆反心理，衍生出诸多种类繁杂的学术抄袭、剽窃、造假等学术不端行为，践踏了学术纯净的场域秩序空间。面对如此复杂的学术不端行为表现，既有显性的学术不端行为，又有隐性的学术不端行为，问责需要精准识别学术不端行为的各类表现，客观来讲，会给学术不端行为问责带来一定的困难。如有些隐性学术不端行为

[1][法]朱里安·本达．知识分子的背叛[M].孙传钊，译．长春：吉林人民出版社，2011：43.

[2]内容源于对高校某教师的访谈，访谈时间是2016年10月1日。

[3][英]杰拉德·德兰蒂．现代性与后现代性——知识、权力与自我[M].李瑞华，译．北京：商务印书馆，2012：107.

涉及学术思想方面的剽窃、造假——仅仅在原作者的观点基础上做了“语言游戏”的改动或是搬用了学者们公开学术演讲的学术思想，很难被大学学术场域中的学术共同体所察觉、难以发现。总之，影响大学学术不端行为问责有效运行的制约因素除了制度性因素、社会性因素、价值性因素以及文化性因素外，学术不端行为本身具有的复杂性、隐蔽性、多样性特征也是制约学术不端行为问责的一大因素。

第五章

大学学术不端行为问责的制度优化

哈贝马斯的政治法律观旨在论证“法律是建立在事实性与有效性的社会媒介”[1]。规范的法律有效性受到两方面因素的制约:一方面,基于交往理性的共识并借助制裁来强制实施对规范的共同遵守,确保行为的合法律性;另一方面,确保秩序规则内容本身的合法性,确保每个人的权利得到其他人的普遍承认,这使任何时候出于对法律的尊重而遵守的规范成为可能。[2]基于此,为了能够真正有效实施大学学术不端行为问责,我们试图在综合理论与实践考量基础上构建正义合理的大学学术不端行为问责制度内容体系,明确问责制功能的发挥,确保问责能够释放正义的学术自治教化能量。制度是法律的特殊表现形式,具有激励功能。“在有效的制度激励之下,社会成员会在日常社会中通过理性学习,调适自己与生活世界的关系。在这个理性学习过程中,社会成员不仅会体悟到生活世界中的基本交往规则,感受到制度供给所要确立的行为规范与应有的交往结构。”[3]因此,本章重点探讨了具有事实有效性与规范有效性的大学学术不端行为问责制度内容体系应该包含哪些内容、各内容间的关系以及运行方式等。

一、健全大学学术不端行为问责主客体体系

大学学术不端行为问责作为一种对学术个体违反学术规范而产生的责任认定与责任追究的学术治理模式,首要任务是明确大学学术不端行为问责主客体体系的各自指向、职责权能范围以及法律关系。

(一)明确大学学术不端行为问责的主体体系

问责源于行政领域,问责主体是指谁有权利来认定和追究行为人的责任。问责主体的选择会直接影响整个问责环节的公正性与民主性。《中华人民共和国人义务教育法》(2006年修正)首次将问责纳入立法体系中,从第九条规定的“任何社会组织或者个人有权对违反本法的行为向有关国家机关提出检举或者控告”中,我们

---

[1][德]哈贝马斯.在事实与规范之间——关于法律与民主法治国的商谈理论[M].童世骏,译.北京:生活·读书·新知 三联书店,2014:1.

哈贝马斯强调,一种公平的形式判断过程和形成意志过程的道德视角怎样才可能在实在法本身之内加以稳定,由此为规范性的法治国理想建立硬性的制度和行动系统。他认为,要充分说明法律有效性,需要同时诉诸两个方面:一方面是社会的或事实的有效性,即得到接受,事实上可以期待公民的接受程度;另一方面是法律的合法性或规范的有效性,即理性的可接受性。

[2]夏勇,胡水君.法理讲义——关于法律的道理与学问[M].北京:北京大学出版社,2010:78.

[3]高兆明.制度伦理研究——种宪政正义的理解[M].北京:商务印书馆,2011:238.

可以看出,问责的主体可以是社会组织和个人。第七章中的法律责任部分也对同体问责做了规定。但同体问责也存在一定问题,容易产生组织内的领导权力集中,造成权力主体因自身利益选择规避某些行为人责任的追究,抑或上级不想将下级出现的有损于自身形象之事向社会泄漏,导致“上问下”的问责执行真空。某种意义上来讲,这也为明确大学学术不端行为问责主体提出了新的要求与期待,能够更好地发挥学术共同体治学、治校的责任愿景并接受监督。

布鲁贝克(John Brubacher)曾强调,“高等教育的管理机构必须是由专家和院外人士两方面组成的,学术自治才会实际有效。没有前者,大学就会信息不准;没有后者,大学就会变得狭隘、僵化,最后就会与公众的目标完全脱节。”[1]这也为设定大学学术不端行为问责主体提供了一定依据,大学学术不端行为问责作为大学学术场域中一项重要的学术自治管理事项,问责主体除了包括学术场域内部同体问责主体外,还应包括社会人士、第三方学术评价机构等异体问责主体,只有这样才能既保证问责的专业性,防止问责僵化、缺乏民主性。

1.大学学术不端行为同体问责主体

首先,从国家机关的顶层设计来看,大学学术不端行为同体问责主体包括教育部、科技部、文化部等国家教育行政部门和教育厅、科技厅、文化厅等地方教育行政部门。这些部门是国家或地方行政机关,是严格意义上的行政主体。其直属或管辖范围的科研管理机关或机构也是大学学术不端行为问责的主体,如国家自然基金委员会、国家哲学社会科学基金委员会、国家艺术基金委员会、全国教育科学规划办、各地方哲学社会科学规划办、各地方教育科学规划办等。

作为不同学科、不同类别的科研管理机关或机构他们有责任对辖属范围内的学术共同体成员的学术行为进行管理、监督,这种监督和管理不同于学术组织的内部监督与约束,这些组织是法律法规授权组织。如科研资助机构有权对被资助者的科研成果申请、立项、发表等情况进行监督与管理。研究者与科研资助机构签订的科研合同虽属于平等的民事法律契约关系,但科研资助方是代表国家出资的科研项目管理方,具备行政主体资格,具有广义范围的行政管理权,对研究者在开展研究过程中是否履行科研合同、是否遵守学术道德规范有监管的义务,双方处于不平等的行政法律关系中。

[1][美]布鲁贝克.高等教育哲学[M].王承绪,郑继伟,张维平,等译.杭州:浙江教育出版社,2001:37.

其次,从法律法规授权组织的基层设计来看,高校是法律法规的授权组织,属于授权性行政主体的事业单位,是大学学术场域内部重要的学术不端行为同体问责主体。大学场域内部的各组织部门有权代表学校对学术人的学术不端行为施以问责。在界定除国家、地方机关及其所属机构之外的大学学术不端行为同体问责主体时,本研究运用了德尔菲法征询专家对问责主体的界定与看法,本次专家德尔菲调查主要分三轮,召集12位专家,在明确一级指标"大学学术不端行为问责主体"的前提下,通过电子邮件、电话访谈以及邮寄纸质问卷的方式向专家展开论证。在第一轮的专家论证中,初拟了包括"学术委员会""学位委员会""学生处""教务处""研究生院""人事处""学会(学术)组织[1]"在内的7个二级问责主体指标。按照设置问卷的要求,专家们针对二级指标筛选出各自认为的必要指标。具体统计结果如下:"学术委员会"在所有统计的二级指标中占必要指标的数量为10个,可参考指标的数量为2个,没有无效指标;"学位委员会"在所有统计的二级指标中占必要指标的数量为8个,可参考指标的数量为3个,没有无效指标;"学生处" 在所有统计的二级指标中占必要指标的数量为2个,可参考指标的数量为2个,无效指标8个;"教务处" 在所有统计的二级指标中占必要指标的数量为1个,可参考指标的数量为3个,无效指标8个;"研究生院" 在所有统计的二级指标中占必要指标的数量为7个,可参考指标的数量为3个,无效指标1个;"人事处" 在所有统计的二级指标中占必要指标的数量为8个,可参考指标的数量为2个,无效指标1个;"学会(学术)组织"在所有统计的二级指标中占必要指标的数量为6个,可参考指标的数量为4个,无效指标1个。通过第一轮的初步统计,二级指标中"教务处"" 学生处"的无效指标数量较多,专家认为,这两个二级指标没有必要纳入问责主体,其他二级指标的必要指标和参考指标的赞同数量较多。在征询论证的过程中专家反复强调,大学学术不端行为问责主体除了包括同体问责外,还应包括异体问责,以彰显公平。这一点在论文中应有所阐释。统计结果如图5-1所示。

[1]本研究所指的"学会(学术)组织"是以高校为依托的学会(学术)组织,学会(学术)组织中的理事长、副理事长、理事成员由高校的部分学术人担任,与高校各学科保持一定的学术互动,以高校为承办方定期开展学术交流会议,促进学科发展、增加学术人间学术思想的表达。

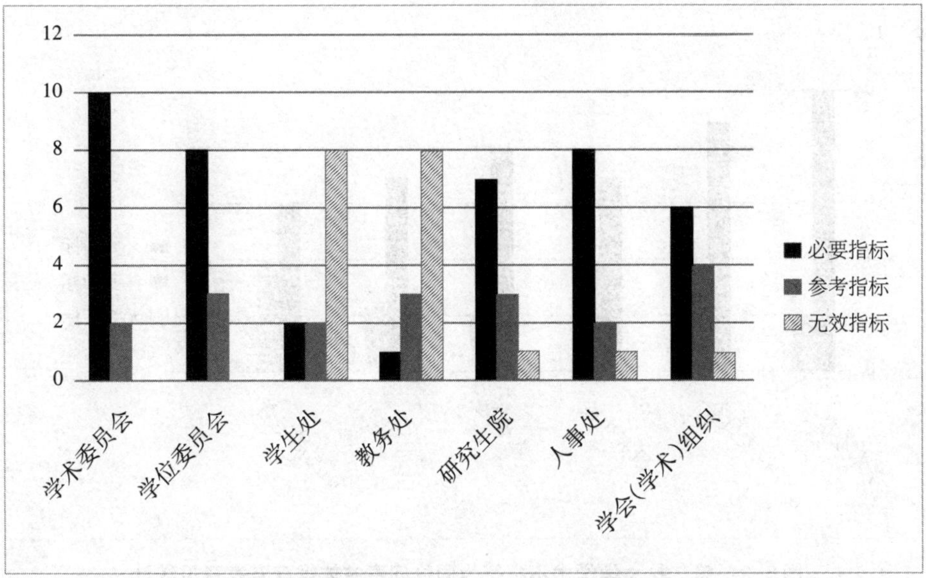

图5-1　第一轮大学学术不端行为同体问责主体维度专家意见统计

在第二轮的专家论证中，剔除第一轮中的二级指标“教务处”“学生处”后，将“学术委员会”“学位委员会”“研究生院”“人事处”“学会(学术)组织”5个定为二级指标。本轮讨论的目的主要是确定这5个二级指标的有效性以及是否还存在遗漏现象。专家们认为这5个二级指标可以作为问责主体。学术制度制定者也是学术问责的重要成员，制度是由他们制定的，学术人如果触犯了其中的某一条款，他们有义务进行追责与解释。此外，在第二轮的讨论中，专家将这6个二级指标“学术委员会”“学位委员会”“研究生院”“人事处”“学会(学术)组织”“制度制定者”作为构成大学学术不端行为的问责主体。“学术委员会”在所有统计的二级指标中占必要指标的数量为10个，可参考指标的数量为2个，没有无效指标；“学位委员会”在所有统计的二级指标中占必要指标的数量为9个，可参考指标的数量为3个，没有无效指标；“研究生院”在所有统计的二级指标中占必要指标的数量为7个，可参考指标的数量为4个，无效指标0个；“人事处”在所有统计的二级指标中占必要指标的数量为8个，可参考指标的数量为2个，无效指标1个；“学会(学术)组织”在所有统计的二级指标中占必要指标的数量为7个，可参考指标的数量为3个，无效指标1个；“制度制定者”在所有统计的二级指标中占必要指标的数量为6个，可参考指标的数量为4个，无效指标2个。统计结果如图5-2所示。

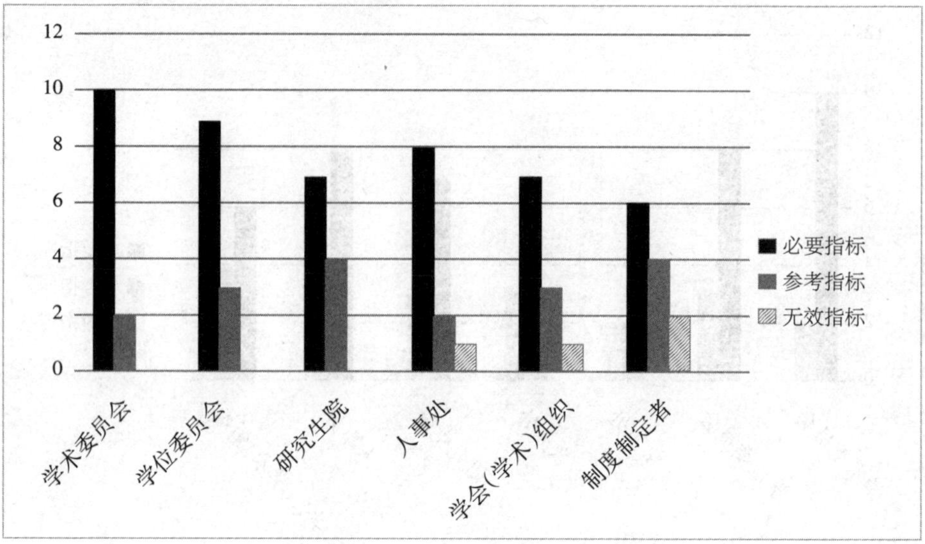

图5-2 第二轮大学学术不端行为同体问责主体维度专家意见统计

通过上两轮的专家论证,我们基本上可以确定大学学术不端行为的同体问责主体。第三轮的专家论证主要是对确定的二级指标进行打分。赋分的要求:要求专家对确定的6个二级指标进行赋值,设定必要指标的分值为4分、参考指标的分值为2分、无效指标不计分。经过对12位专家关于这6个二级指标的匿名打分的统计,我们发现专家对这6个二级指标的赋值均在90分以上,对这些问责主体指标的界定较为满意,基本确立了大学学术不端行为同体问责主体的构成要素,为下文论述大学学术不端行为同体问责主体设置情况提供实践依据。

第一,大学学术场域中的学术委员会是学术不端行为同体问责主体中的主力军。学术委员会在大学中统筹行使学术场域中的各项学术权力,与行政权力形成平衡制约的互动机制,同时又是推进大学场域中学者治学、学术共同体参与学术决策的核心力量。学术委员会是高校党委领导下的学术组织,分为校学术委员会和各二级学院下设的学术委员会。大学在学术事务方面的自主权已上升至国家法律层面,来源于法律法规的授权,按照《中华人民共和国高等教育法》第三十九条规定,"国家举办的高等学校实行中国共产党高等学校基层委员会领导下的校长负责制。中国共产党高等学校基层委员会按照中国共产党章程和有关规定,统一领导学校工作,支持校长独立负责地行使职权。"[1]按照现有国家法律规定的高校决策机

[1]全国人民代表大会.中华人民共和国高等教育法[EB/OL].(1991-01-01)[2016-11-18]http://old.moe.gov.cn/publicfiles/business/htmlfiles/moe/moe_619/200407/1311.html.

制体系，学术委员会置于高校党委领导之下，学术委员会的学术权力来源于高校的二次授权，即将国家授权高校的学术事务自主权力，高校再授权学术委员会负责执行。换而言之，学术委员会的学术权力来源于高校党委的决策。这也是学术委员会学术权力正当性的形式要件，即合法性，符合现行法律的规定。学术委员会权力正当性的实质要件是学术委员会发挥自身价值，充分实现学术委员会设立的目的，能够处理好学校的学术事务，公平、公正、公开地履行职责，能够真正在高校形成以学术为目的的机构中实现学者治学的目标。教育部制定的部门规章《高等学校学术委员会规程》规定，“学校在进行学术评价、争议处理规则、学术道德规范等事务决策时，应当提交学术委员会审议，或者交由学术委员会审议并直接做出决定。”2016年全国人民代表大会审议通过的新《中华人民共和国高等教育法》第四十二条明确规定，高校设立的学术委员会负责调查、处理学术纠纷；调查、认定学术不端行为。这也说明学术委员会作为大学学术不端行为同体问责主体有了最高法律层级《中华人民共和国高等教育法》的依据。学术委员会作为大学学术不端行为问责主体的主力军，分设学校学术总委员会和基层（学院）学术分委员会，学校学术总委员会下设学风建设监督机构和学术评议机构，负责审理基层二级学院学术分委员会调查的师生学术不端行为情况。具体而言，他们主要审查基层（学院）学术分委员会调查学术不端行为的事实是否真实、证据是否确凿、调查的过程是否公正透明，并撰写审议报告提交到校学术委员会成员复审和最终评议，复审和最终评议主要确定两项事宜：第一，审查学术人是否存在学术不端行为；第二，审查基层学术委员会调查学术不端行为的程序是否公正，是否保护当事人的合法权益等，并给出最终的处理意见。最后，校长办公会和校党委常委会依据校学术委员会给出的最终处理意见，对涉嫌学术不端行为的学术行为人做出相应的处分决定。

校学术委员会与基层学术委员会虽存在领导与被领导的隶属关系，但在学术不端行为问责这一学术性事由的裁决时，实行“上下分治”的互动分权任务治理模式，[1]给予基层学术委员会学术治理话语权，避免僭越各自的权力界限，遵循特殊优位原则，下移学术问责重心。基层学术委员会与校学术委员会相比具有更专业的学术判断权，在对本学科场域中的学术不端行为认定、裁量有较专业的民主胜任学术判断力，负责本场域内实质性的学术审查，受校学术委员会的宏观监督，宏观监

[1]姚荣，王思懿.“上下分治”：西方公立大学内部治理结构的变革——基于任务导向型法权配置的视角[J].江苏高教，2016（6）：6-14.

督的目的是促进基层学术委员会行使的学术权力走向规范化。校学术委员会在基层学术委员会对学术不端行为实质性审查基础上负责对学术不端行为问责的程序性事项进行审查,最大限度地确保基层学术问责的专业性。校学术委员会在限定的权限内不得干涉基层学术委员会的问责权限,在尊重基层学术委员会的实质性审查基础上展开宏观监督指导,当基层学术委员会做出的问责结果与学术人基本权利相冲突或抵触时,校学术委员会应在遵循法律保留原则的前提下对基层学术委员会行使的权力进行实质性审查。

第二,学位委员会辅助学术委员会处理学术不端行为,是大学学术场域主要的学术不端行为同体问责主体。全国人大制定的《中华人民共和国学位条例》和国务院制定的《学位条例暂行实施办法》明确规定了四方面内容:其一,国务院设立学位委员会,负责领导全国学位授予工作。其二,学位授予单位设立学位评定委员会,负责组织相关学科的学位论文答辩。其三,学位授予的权力来源于国家授权给具有学位授予能力的高校和科研单位。其四,学位评定委员会有撤销学位的权力。学位授予单位对于已授予的学位,如发现有舞弊作伪等严重违反本条例规定的情况,经学位评定委员会复议,可以撤销。值得一提的是,由于学校学位评定委员会的权力来源于国务院制定的行政法规,其法律层级高于来源于教育部35号令的部门规章《高校学术委员会规程》授予学术委员会的权力,上位法的法律效力高于下位法的法律效力。因此,从权力制衡的角度来讲,学术委员会不能否定学位评定委员会做出的决定,两者各有分工,学术委员会负责制定学位授予标准及细则,学位评定委员会负责具体执行学位的授予,再由学术委员会对后者的执行情况进行监督。在大学学术不端行为问责主体中,(校)学位评定委员会有最终撤销学术人学位的权力,(校)学术委员会在判定学术人学术不端行为过程中,事实清楚、证据确凿,认为确实需要撤销学术人学位的,须形成书面材料提请学位评定委员会最后审议,交由校长办公会和校党委会讨论。

第三,学会(学术)组织是大学学术场域内学术不端行为同体问责的核心成员。专业性的学术组织是以高校为依托,作为增进学术共同体成员相互交流的平台,不仅在学科知识生成、传播与发展的整个过程中发挥重要作用,而且在学术同行认可、专业监督与评价等方面也扮演着“原动力”角色。作为学术共同体的学术人,他们创造的知识需要获得同行认可、经得起同行的评价与监督,这样才能转化为公共知识。默顿认为,“同行承认是科学中其他每一种外部奖励形式的最终源泉。”[1]专业性的学术组织有本学科独特的学术话语、学会章程、分支机构,建立了一系列关于科学研究课题资助、学术期刊出版发行、学术研究评价、学术道德等规范性制度。在学术组织不断发展壮大的过程中,对学术共同体成员“学术行踪”的拷问已成为一种常态。学术组织中各学会应设立专门的学术道德纪律机构,本着“学术价值无涉、学术为本”的理念,发挥其在各基层学术场域内的监督与评价作用,专门负责彻查学术共同体成员在申报学会课题、发表学术论文、提交会议论文中存有的学术不端行为。建立以学术道德纪律监督机构为主的学术(学会)组织问责主体,连同学术(学会)组织中的其他机构共同展开对学术不端行为事实证据的调查与收集,通过层层上报的方式,将最终的处理结果由学术(学会)组织中的各学会学术委员会讨论后提交到学术个体所在单位。由此我们可以看出,学术(学会)组织是学术共同体充分行使学术权力的最佳场域,能够与行政权力保持适度的张力,发挥其在学术共同体内的学术监督、学术组织契约、学术自省自觉的内部规范与调节作用。以教育学科为例,中国教育学会是成立最早、规模最大的以高校为依托的全国性教育学术组织,下设54个专业委员会,是教育领域中学术共同体成员进行学术表达的重要场域,也是学术共同体相互监督、划定学术责任的现代教育体系发展愿景。因此,学术组织作为以高校为依托的专业性学术(学会)组织,应充分发挥其同体问责主体的角色作用。

第四,学术制度制定者也扮演着大学学术不端行为同体问责主体的角色。因为他们参与学术场域中的学术规范、学术评价与奖励、学术惩戒制度的制定,具有学术制度解释与责任追究的权力。学术制度制定者除了包括学术委员会成员、学术(学会)组织成员外,还应包括高校社会科学处、科学技术处、人事处、研究生院中负责研究生和教师学术工作的主要成员,他们均有责任作为大学学术不端行为同体问责主体。高校下设的社会科学处、科学技术处、人事处、研究生院等二级组织本身不具有行政主体资格,是代表具有行政主体资格的高校行使学术管理权,有义务扮演好自身的学术问责主体角色,对学术研究者的学术行为以及承担的科学研究项目、发表的学术科研成果、科研经费的使用等情况进行监督与管理。默顿曾说,“对一个人所取得成就的承认是一种原动力,这种原动力在很大程度上源于制度上的强调。对独创性的承认成了得到社会确认的证明,它证明一个人已经成功

[1][美]P.K.默顿.科学社会学——理论与经验研究[M].鲁旭东,林聚任,译.北京:商务印书馆,2003:xvii.

地实现了对一个科学家最严格的角色要求。”[1]

2.大学学术不端行为异体问责主体

通过采用上述相同方式的专家德尔菲调查法，在反复征询专家意见基础上，本研究确立了社会媒体、用人单位以及第三方学术评价机构作为大学学术不端行为异体问责主体。

第一，社会媒体和用人单位是大学学术不端行为异体问责的“局外慧眼”。首先，对于社会媒体而言，他们是描绘社会真实场景、报道社会不良作风的“新闻人”。近些年，大学学术场域出现的学术不端行为大多是社会媒体通过网络跟踪调查来披露的，而且社会媒体揭露的案件大多是给学术圈造成较为严重影响的抄袭剽窃等学术不端行为。但社会媒体对学术不端行为的问责不应止步于此，揭露学术人的学术不端行为后应着眼于事后高校及其他学术组织对他们的处理进展以及案件发生后对他人的警示与教育作用的宣传。曝光不是目的，揭露学术不端行为的本质、根据不同的学术不端行为认定追究责任的方式以及警示学术人是社会媒体作为大学学术不端行为异体问责主体的主要职责。其次，用人单位也是大学学术不端行为异体问责的主要力量。哪个用人单位也不想录用存在学术不端行为的学术人。有很多刚被高校录用的青年教师被查出发表的学术论文存在抄袭、剽窃行为，诋毁了学术的应有价值与单位的形象。因此，用人单位需成立专门的学术资格审查组调查应聘人的学术科研成果、应聘人在校期间的学术道德情况等，对存在学术不端行为的应聘者，用人单位有义务通知应聘者所在高校及时处理并做出取消聘用的决定。

第二，第三方学术评价机构的参与能让大学学术不端行为问责更具公平性与客观性。第三方学术评价机构与学术组织不同，它是剥离于高校与教育管理部门之间的专门评价大学学术质量、产出科研成果、专业设置等方面的专业性民间学术中介组织。这种第三方学术组织设立的最大益处在于能够规避因维护各自利益而产生的虚假评价信息、学术“寻租”等学术腐败现象。在“共同决策”和“分权制衡”理论观照下，第三方学术评价机构参与大学学术不端行为问责，既是一种基于学术全局发展考虑的责任，又是一种确证学术人履行学术义务的检验方式。第三方学术评价机构享有知情、建议、评价、监督等学术权力，其有权质疑学术人的学术成

[1][美]默顿.科学社会学——理论与经验研究[M].北京：商务印书馆，2003：395.

果、对不履行科研合同的学术人进行问责，有权对大学中的内部学术问责进行监督，是一种多元评议的学术问责方式。第三方学术评价机构介入大学学术不端行为问责也是因为大学场域是社会子场域的分支，必然会与外界社会发生联系，引起社会对它的关注。约翰·布鲁贝克（John Brubeck）曾说，高等教育卷入社会事务，需要用社会政治的综合观点来看待它，需要建立评议会和理事会形式的代议制民主模式。第三方学术评价机构对于高等教育卷入社会事务接受社会的监督是良好的调节剂，能够公正客观地评价大学学术发展水平、对学术不端行为监督与治理起到较好的问责作用。

一个"善态"的学术场域空间，是一个凝结多元学术文化元素基础上的学术权利——义务关系的统一。促使这些多元文化元素走向和谐共生、祛除狭隘的利己主义者，需要利用学术共同体多元主体间的"民主交互"双向理性问责来调节。如何选择大学学术不端行为问责主体才能彰显公正公平与多元和谐的学术生态成为学术治理的核心问题。罗尔斯的基于无知之幕背景下的主体间的理性交往，为我们选择大学学术不端行为问责主体提供了理念上的借鉴。在一个多元民主社会中，只有通过协商、达成共识，才能实现共同体成员各自合理且真实的利益表达，这种社会也是一个理性——经验主义的社会。[1]罗尔斯曾强调，"如果一个制度是正义的或公平的，亦即满足了两个正义原则，那么每当一个人自愿接受了这个制度所给予的好处或利用了它所提供的机会来促进自己的利益时，他就要承担职责来做这个制度的规范所规定的一份工作。"[2]罗尔斯的这番论述也即是指学术场域中的学术共同体成员在享有学术权利带来精神享受的同时也有义务接受问责主体对其产生的学术不端行为所承担责任的追究。这种学术共同体即为安德森言下的具有群体认同感的"想象的共同体"[3]，"想象的共同体"具有共同的学术向心力，为了共同的学术主权而凝聚在一起。如此而言，大学学术不端行为问责主体应是在基于学术理性选择基础上的"想象的共同体"，保持一种多元、平等、协商的和谐对话状态，需要学术共同体成员淡化其具有的"行政优位感"，将同体问责主体与异体问责主体有效结合起来，实现学术委员会、学位委员会、学会组织（学术）、制度制定者及社会新闻媒体、用人单位、第三方学术评价机构等学术问责主体间的多元深层互动。无论是大学校内问责主体还是社会中的第三方学术评价主体，都具有罗尔斯所言

[1]高兆明．制度伦理研究——一种宪政正义的理解[M]．北京：商务印书馆，2011：119.

[2][美]罗尔斯．正义论[M]．何怀宏，何包钢，廖申白，译．北京：中国社会科学出版社，2012：343.

[3][美]本尼迪克特·安德森．想象的共同体：民族主义的起源与分布[M]．吴叡人，译．上海：上海人民出版社，2016：8.

的多元社会理性交往主体。

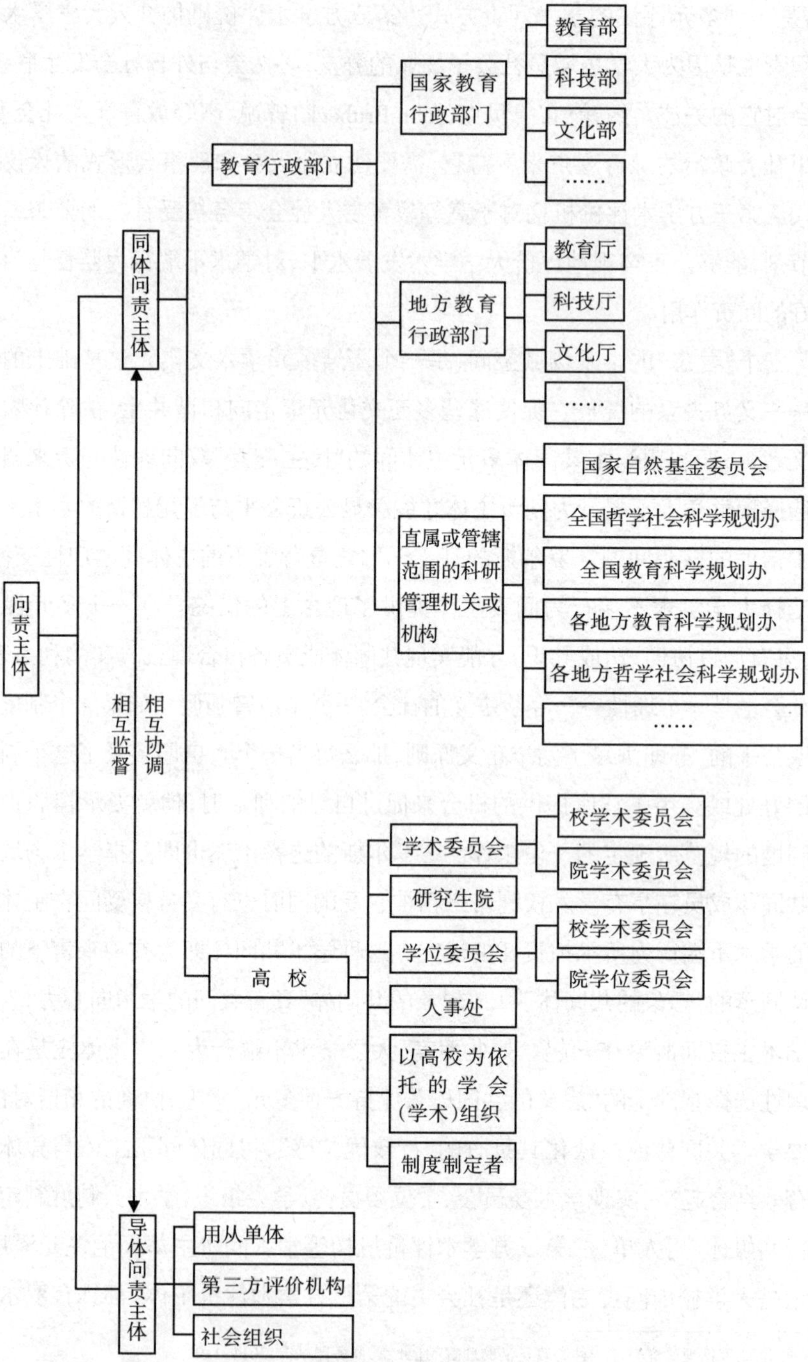

图5-3　大学学术不端行为问责主体间关系示意图

（二）明确大学学术不端行为问责的客体体系

确定大学场域中的学术不端行为问责客体不能泛化、过于笼统，这样会影响对大学学术不端治理问题的解决。顾名思义，大学学术场域中的学术不端行为问责客体即是谁有义务承担学术不端行为责任。从责任追究的角度来看，最为直接的学术不端行为问责客体即是产生这种学术行为的直接学术人——研究生或大学教师。但依照前文对大学学术不端行为的分类，我们还可以界定一种间接的学术不端行为问责客体。如研究生在学术场域中出现的论文抄袭、剽窃、造假等学术不端行为时，作为他的指导教师若没有尽到应有的指导义务就应承担连带责任，也应成为问责客体；大学教师在承担国家级、省部级科研项目以及发表学术成果中出现了学术不端行为，所在单位若没有尽到监督管理的义务就应承担连带责任，也应成为问责客体。另外，以组织单位名义申报的科研项目、科研奖项等出现的学术不端行为，组织单位也应纳入学术不端行为问责客体。作为大学学术不端行为问责的客体——对象，他们在从事科学研究活动的过程中享有学术自由、自主研究权利的同时需要遵守学术场域中的学术道德规范、履行一种学术使命。可见，学术研究活动本身是一个权责关系辩证统一的过程，问责客体出现了学术不端行为就要受到应有的责罚。

（三）明晰大学学术不端行为问责主客体体系间的法律关系

明晰大学学术不端行为问责主客体体系间的法律关系是问责的前提性要素。如前文分析，大学学术不端行为问责涉及的主体较多，在明晰大学学术不端行为问责法律关系内涵、特征的前提下，我们尚需明确问责主体与问责主体、问责主体与问责客体以及问责主体与问责客体间的多维法律关系。

1.大学学术不端行为问责的法律关系内涵

法律关系是法学领域中的核心概念，主要是指法律在调整人们行为的过程中形成的权利与义务关系。具体而言，它是以法律法规为前提而产生的社会关系，以权利和义务关系为内容指涉，在特定的法律主体间建立的清晰明确的范畴体系。大学学术不端行为问责的法律关系是大学学术治理涉及“他律”法律层面的具体体现，牵涉到高校与学术人、国家科研机关与高校、国家科研机关与学术人之间的多重特殊形式的存在关系。我们需要在对法律关系的理解并结合大学学术不端行为责任与问责的特殊关系基础上，考究大学学术不端行为问责法律关系概念而得到相应的解释。大学学术不端行为问责的法律关系是一种较为特殊的法律关系，学术有其自身的特殊性，并非所有的学术不端行为都涉及权利与义务的关系，只有法律法规明确规定与调整的内容才涉及法律关系，区别于一般意义上的法律关系。

明晰大学学术不端行为问责的法律关系内涵的三点核心要义：

第一，大学学术不端行为问责的法律关系是由相关法律调整的一种特殊社会关系，具有合法性。大学学术场域的学术不端行为问责不是随意产生的，是相关法律法规有明确规定，与《中华人民共和国高等教育法》《中华人民共和国著作权法》《高等学校预防与处理学术不端行为办法》等相关法律法规联系密切。在我国现有的学术治理体系中，并非所有的学术不端行为都受到法律的调整，道德教化的学术治理以及由于法律法规完善程度的原因尚未涉及调整的学术不端行为，也不能谈及法律关系。

第二，大学学术不端行为问责的法律关系是以权利和义务为基准的社会关系。它是一种以权利和义务为轴心而形成的双边制约社会关系。这种社会关系是特殊的社会关系，德里克·博克（Derek Curtis Bok）曾指出，大学作为探索与传播高深学问的专业性学术组织，垄断了某些价值的资源，大学接受了政府的资助，其有责任来回报社会，为社会解决问题。[1]大学需要承担社会责任，接受社会的监督与问责，在确定的权利与义务的关系中形成令社会信服的大学。

第三，大学学术不端行为问责法律关系是一种意志性的社会关系。从实质上来看，大学学术不端行为问责法律关系体现为国家意志性的社会关系。因为法律关系是根据法律规范有目的、有意识建立的，法律关系像法律规范一样必然体现国家意识。学术与政治联系密切，学术人持有对本国、本民族的政治理想与理念来从事学术研究，坚守现代政治的民主性，“科学无国界，但科学家有自己的祖国”，大学学术不端行为问责法律关系也是基于维护国家的政治意志，确保学术能够为国家政治服务。

2.大学学术不端行为问责的法律关系特征

在分析大学学术不端行为问责的法律关系特征之前，我们有必要弄清大学学术不端行为问责的法律关系包含的要素。因为大学学术不端行为问责的法律关系

---

[1][美]德里克·博克.走出象牙塔——现代大学的社会责任[M].徐小洲，陈军，译.杭州：浙江教育出版社，2001：132.

要素影响对学术不端行为问责特征的诠释。依照法理学的理解，法律关系需包含主体、客体和内容三大要素，大学学术不端行为问责法律关系作为一种特殊的法律关系，有其自身的要素特点。首先，大学学术不端行为问责的法律关系主体是指参与到大学学术治理法律关系中的当事人，即依法享有权利和承担义务的学术当事人。在大学学术不端行为问责的法律关系中，必然存在权利的享有者和义务的承担者。这里所指的主体具体包括国家或省级教育行政部门、高等学校、高等学校的二级组织机构（如学术委员会、学位委员会等）、高等学校中从事科学研究工作的学术人（教师和研究生）以及社会场域中的第三方评价机构等。高校是大学学术不端行为问责法律关系中的重要主体，而高校下设的学术委员会、学位委员会、学会（学术）组织、制度制定者等组织是确保高校重要主体得以发挥的有力保障。随着教育治理法治化的推进，国家对大学学术不端行为问责力度在逐步加强，问责的法律关系主体也在逐步走向多元化。其次，大学学术不端行为问责的法律关系客体是指法律关系主体之间的权利和义务所指向的对象，包括学术人的学术行为、学术行为产生的精神产品。学术人在学术章程的规定中自由从事学术研究实践活动，产生受知识产权、著作权保护的学术精神产品。最后，大学学术不端行为问责的法律关系内容是指大学学术场域中的学术人在滥用学术权利或消极履行义务而须承担惩罚性义务的内容种类。这种惩罚性义务法律关系主要是一种不平等主体间的监督与被监督、管理与被管理的行政法律关系。基于对大学学术不端行为问责的法律关系要素的考察，本研究认为大学学术不端行为问责的法律关系特征与要素内容密不可分。

（1）主体结构的多样性

大学自产生以来，其功能定位、发展目标也在不断变化。随着社会经济的迅猛发展以及工业革命的推动，大学已逐渐走出“象牙塔”模式，迈向大众化发展样态。同时，随着教育部出台《关于深入推进教育管办评分离促进政府职能转变的若干意见》，政府对大学由原来的“无微不至”的直接管理转变为简政放权式的间接治理，多元主体推进大学治理，实现管办评相分离、清单式管理模式，厘清治理的权责范围。大学学术不端行为问责的法律关系主体在结构样态上呈现多样性。在上文的分析中，我们也可以看出，这些主体呈现多样性的发展趋势，不同主体之间在同一类学术治理问题中呈现出不同的法律关系。如大学与学术人在学术管理中是管理与被管理的行政关系；大学因知识产权问题与学术人产生的法律纠纷属于平等主体间的民事关系。

(2)主体关系的复杂性

大学开展的学术活动具有多样性与丰富性等特点,在主体关系上呈现复杂性的特点。大学学术不端行为问责主体既存在平等主体间的民事法律关系,也存在不平等主体间的行政法律关系。在民事法律关系中,主要是指学术人与高校、国家科研部门签订的科研合同、科研委托协议以及学术人参加的科学研究培训活动等,双方是以平等自愿的身份与对方展开交流,主体之间的地位处于平等状态。在行政法律关系中,一方是行政主体,一方是行政相对人,双方处于不平等的法律关系链条中。如教育行政部门对高校的科研实施情况进行的管理、教育行政部门对学术人科研项目科研经费使用情况、项目执行情况等进行监督管理,双方处于不平等主体间的监督与被监督、管理与被管理关系之中。在调查学术人的学术不端行为过程中,双方也是处于不平等的法律关系中。同时,各主体会因法律关系调整的内容不同而存在交叉的法律关系,加之学术不端行为本身具有复杂性,对其展开的问责过程的法律关系也存在复杂与多变的特征。

(3)客体元素的多元性

大学学术场域中的学术研究活动涉及较多层面的内容,问责的法律关系客体元素也因此表现出多元性,如学术论文、学术著作、学术思想、学术人的教学学术行为、学术人的科学研究行为等。这些多元性的客体元素是非物化的学术精神产品,既有有形的学术精神产品,又有无形的学术精神产品以及产生的行为结果,这些客体元素是当今大学学术不端行为问责的法律关系客体的核心。这里需要说明的是,不仅学术论文、学术著作等有形学术精神产品需要得到保护,学术人在教学或学术讲座过程中传播的学术思想也应得到保护。特别需要强调的是,这里所言的客体是从法律关系角度而言的物的指向,与法律关系中的主体人相对,不同于前文所言的问责客体,问责客体主要是指对学术场域内违反权利与义务关系、对物的指向客体出现破坏而产生学术不端行为的学术人。

(4)内容的全面性

正如上文所言,权利是被修正了的权力,是一种正当性的权力,权利与权力有必然的联系。权力关系通过转移权利关系可以将自身稳定下来,并使自身得到持续发展。但强力并不构成权利,人们只对合法的权力才有服从的义务。虽然法理学中没有明确将权力要素纳入法律关系内容中,学界对此问题也持有争议,但笔者认为这也是基于上述的论述考虑,可以对权利做出的广义的理解,包含权力要素。基于此,大学学术不端行为问责的法律关系内容涉及权利—义务和权利—权力两方面关系。从权利—义务内容方面来看,大学学术场域中的学术人从事科学研究的学术权利与义务是共生并存的,他们享有学术自由权、学术发表权、学术成果传播权等权利的同时遵守学术场域主体间交流对话的各种行为准则,这种法律关系内容是较为常见的。从权利—权力内容方面来看,学术主体之间存在着不平等的法律关系,隐含着一种公法权力,常常与权利并存,这种公法权力是规范性的权力,能够转化为学术人共同践行的权利。如在学术治理中,大学依据国家出台的相关法律法规,制定符合大学自身学术发展的学术规章制度来规范学术人的学术行为,既具有教化意义又具有管理色彩。

3.大学学术不端行为问责主客体间法律关系的多维表征

大学学术不端行为问责主体与客体体系间存在多维的法律关系,如国家科研管理机关与学术人的法律关系、高校与国家科研管理机关的法律关系、学术人与高校的法律关系以及科研项目承担部门之间的法律关系。在此,我们需要明晰这些问责主体与主体、问责主体与客体、问责客体与客体间的法律关系具体指向,为责任的设定与追究提供依据。

(1)国家科研管理机关与学术人的法律关系

国家科研管理机关与学术人间的法律关系是基于两者签订科研合同基础上的法律关系。国家科研管理机关与学术人签订的科研合同,一般情况下属于纵向科研项目,主要是指国家各部委、省市级等上级科技主管部门或机构批准立项的各类计划(规划)、基金项目,包括国家级项目、省部级项目以及市级、厅局级项目,资金由政府部门资助。这种科研合同不同于一般意义上的民事合同,科研管理机关为了繁荣国家的学术事业,服务社会经济发展,增进科学研究的公益性,学术人经公平申报获得立项资助(双方通过申报书中的立项要求,建立在平等自愿原则基础上履行科研合同约定),签订的兼具行政与民事意义上的科研合同。谈及这一科研合同的性质主要包括两个方面,一是双方签订科研立项合同这一要约行为角度,二是科研项目合同管理角度。

其一,从双方签订科研立项合同这一要约行为的角度来看,学术人与国家科研管理机关是以平等民事主体身份签订的科研合同。双方本着诚实信用原则,学术人对科研课题信息、前期研究成果等在申报课题时能够本着诚实守信、不虚假申报,双方能够在彼此约定的科研合同下履行相应的职责。在签订科研合同的整个过程中学术人出现的学术不端行为属于缔约过失责任和违约责任。

其二,从双方签订合同后,行政方对科研合同管理的角度来看,这种合同具有行政合同的性质,双方处于行政法律关系之中。科研管理是国家科研机关对立项后的科研项目实施管理,行政机关为实现维护与增进公共利益、繁荣学术、推动科学研究事业发展的目标,行使具有公益性的公权力。科研管理机关与相对人之间经过协商一致后达成科研契约,对学术人的科研进展、科研经费使用等情况实施监管。双方以平等、自愿原则签订的合同并完成科研约定期间,国家科研管理机关作为行政主体享有单方行政优益权。学术人在申报课题过程中填写的科研课题申报书中的各项约定诸如项目任务、人员安排、科研经费预算等以及在获得立项后签订的项目委托协议都具有公益行政性。科研管理机关若发现学术人在执行科研合同过程中出现了诸如一稿多投、科研经费使用不当、虚假填报结项内容等学术不端行为时可给予撤销科研项目等行政处分。学术人作为行政相对方应认真履行科研合同事先的约定,不能随意解除或消极履行科研合同,确保学术人在限定的研究期间内完成科研任务。若出现了解除或消极履行科研合同则要承担缔约过失责任,由于学术人的单方解约给国家科研项目进展、成果转化、经费投入等方面造成的损失,需接受科研管理机关的单方行政制裁。

(2)高校与国家科研管理机关的法律关系

由上文的论述可以得知,从科研管理的角度来讲,国家科研管理机关与学术人签订的科研合同是行政合同,两者属于行政法律关系。但高校作为两者之间的中间人——即保证人,是授权委托机构,负责对学术人履行科研行政合同的情况进行监督。高校与国家科研管理机关在某些科研事务管理中存在着上下级的领导与被领导、指导与被指导关系,共同致力于大学教师、研究生等学术人的科研管理,高校有责任承担对学术人在国家科研管理机关委托的课题中出现的学术不端行为进行问责,将学术人完成科研管理机关委托课题的情况及时上报,国家科研管理机关根据学校上报的情况对学术人进行问责,对存在学术不端行为的学术人施以责任的追究。

(3)学术人与高校的法律关系

由于本研究所指的学术人包括大学从事科学研究工作的教师和研究生。因此,我们主要从两方面来谈学术人与高校间的法律关系,首先,从教师与高校的法律关系角度而言,高校属于公益二类事业单位,高校与教师是基于平等关系签订的聘任合同,属于人事合同,而非民法意义上的劳动合同。因此,只有具备较高的任职条件,能胜任高等教育科学研究的专业人员才能成为高校教师,我国一直实行的是劳动与人事相分离的双轨管理体制,《中华人民共和国劳动法》中并没有规定专业技术人员因专业实体争议而与事业单位引发纠纷的调整内容,而且《最高人民法院关于事业单位人事争议案件适用法律等问题的答复》明确规定了,人民法院对事业单位争议案件的处理,涉及专业性的实体内容适用于人事管理方面的规定,涉及劳动权利与义务内容适用于《中华人民共和国劳动法》的规定。[1]可见,高校教师与一般意义上的劳动者存在本质上的区别,体现的是《中华人民共和国教育法》第34条规定的"国家实行教师资格、职务、聘任制度"的精神,彰显国家的聘任意志。教师与高校之间的法律关系不能因"聘任"二字而笼统将其关系定位为民事平等主体间的法律关系,高校教师的身份与义务都是法定的。在聘期内,高校教师按照《事业单位人事管理条例》《中华人民共和国教师法》《中华人民共和国高等教育法》等规定按时完成教育教学等科学研究任务,不得随意更改学校分配给教师的教学科研任务,[2]教师有服从高校内部管理的义务,高校根据教师完成教学、科研任务情况进行考核,高校有权对不服从本职工作的教师施以问责,这种权力来源于国家的教育管理权。基于此,高校与教师存在监督与管理的行政法律关系。学术人与国家科研管理机关签订科研合同的同时,高校作为学术人的担保组织扮演着"家长"的角色,对学术人完成科学研究纵向课题的情况进行监督与管理,而且学术人与国家科研管理部门签订科研合同后下拨的科研经费都是以学术人所在高校的名义进行拨款。言外之意,学术人是以所在学校的名义,而非个人的名义进行申报科研课题、完成科研课题,必然会受到学校的管理与监督。其次,从研究生与高校的法律关系角度而言,高校作为法律法规的授权组织,具有行政主体资格,享有招生自主权、颁发学位证毕业证书权、学生管理处分权等,高校在这些方面行使的权力具有单方面的意志性,形成的是行政法律关系。高校因研究生的学术不端行为给予的警告、严重警告、记过、记大过、开除学籍、撤销学位等行政处分,包括管理性关系和基础性关系。管理性关系属于内部行政行为,基础性行为涉及改变学生的身份等

[1]陈玺名,肖凤翔.公立高校教师法律身份的变迁与思考——基于高校教师人事制度市场化改革视角[J].现代教育管理,2010(4):60-63.

[2]王鹏炜,司晓宏.劳动者:高等学校教师法律地位的合理定位[J].陕西师范大学学报(社会科学版),2007,36(6):105-108.

一些基本人权问题，属于“特别行政关系”，适用法律保留原则，纳入司法审查的范围。但无论是内部行政行为还是外部行政行为，高校对学生学术不端行为的处分是基于法律法规的授权，行使的是公法职能。

(4)科研项目承担部门之间的法律关系

科研项目的主管部门如教育部社会科学司、全国教育科学规划办、全国哲学社会科学规划办与高校社会科学处、科学技术处等相关部门存在着业务上的指导与被指导、领导与被领导的行政法律关系。但这些科研管理机构本身不具备行政主体资格，不能独立承担法律责任，是以各自机关(教育部、地方教育行政机关、高校等)的名义行使行政职权，是一种行政委托行为，主要负责对科研项目的管理，在有限的范围内行使行政管理职权。

(5)学术人之间的法律关系

学术人之间都是以平等主体的法律身份在学术场域中从事科学研究。抄袭、剽窃等学术不端行为的学术人与被抄袭、剽窃的学术人之间产生的平等主体之间的民事法律关系，是由民法所调整的平等主体之间的财产关系和人身关系在法律上的具体表现。一方因抄袭、剽窃另一方的学术研究成果而获得科研成果给另一方造成财产、人身等损失，构成学术侵权行为。

二、确证大学学术不端行为问责依据

明晰大学学术不端行为问责依据是有效实施问责的关键。在大学学术场域中，倘若缺乏明确的学术不端行为问责依据，就难以把握与判断大学学术不端行为具体的问责情节，也会陷入对大学学术不端行为责任追究不力的困境，甚至导致同一情节的学术不端行为出现不同的问责结果的窘境。大学学术不端行为问责本身是一项兼具复杂的学术实践性和学术治理行政性的活动，面对复杂的学术实践治理局面，我们很难把握好学术问责的尺度，需要学术场域中的学术人依据具体的问责依据实现对学术不端行为的有效问责。判断与追究学术不端行为责任的依据，是人们在责任伦理的意识支配下，依据学术价值规范标准，通过学术委员会、第三方学术组织等同体和异体问责主体、法律制度等对学术人的学术行为进行责任判定与追究的前提与基础。基于上文的分析加之通过德尔菲法征询专家意见，我们需要从伦理学层面、客观事实层面以及法律层面来寻找大学学术不端行为问责的多元依据。

确立大学学术不端行为问责依据要实现两个目标：一是确保对大学学术不端行为的问责有章可循，做到有理有据，为其提供一个伦理学与法律解释依据，促使学术问责能够在价值与事实间做出合理选择。二是通过明确的大学学术不端行为问责依据为大学学术不端行为责任划定以及问责标准制定提供理论与实践层面的指导，对制定与大学学术不端行为表现相匹配的问责参考标准提供指导。

（一）大学学术不端行为问责的伦理学依据

伦理学，一方面是探索关于伦理行为事实如何与社会的道德性相一致以及伦理行为应该如何的真理，进而制定优良道德；另一方面也是探求如何使人们遵守优良道德的真理，从而实现优良道德。伦理学一直致力于优良道德的实现，优良道德规范绝非可以随意制定，而只能通过社会制定道德的目的，从人的善恶行为事实的客观本性中推导、制定出来。[1]某种意义上讲，大学学术不端行为问责要实现的是学术道德在学术场域的规范运转，而不仅仅将其作为一种静态的学术道德摆设，而是能够促使学术人将学术规范作为一种优良道德去践行，真正发挥学术不端行为问责的伦理学价值。大学学术不端行为问责是一种伦理价值映射，反映的是大学学术场域实践中的学术规范、学术实践活动客体的属性、变化与学术人、学术问责主体之间形成的道德一致程度。德性论、道义论和功利论构成伦理学道德终极价值标准讨论的理论依据。[2]本部分借助德性论、道义论和功利论理论中阐述的行为事实后果、规范遵守以及道德良知作为分析大学学术不端行为问责的伦理学依据。[3]

第一，德性论导向的德能品性价值。早在荷马史诗里德性被看作一种品质，它的表现形式是某人能够完满履行他被明确规定了的社会角色所要求的义务。亚里士多德与早期荷马史诗的观点相反，他认为德性并非依赖人所占据的社会角色而依系于人本身。正是人作为一个种类的目的，决定了什么样的人类品质就是德性。但亚里士多德把德性的获得与践行看作是达到目的的手段，手段与目的的关系是内在而非外在的。继而引发了麦金泰尔（Alasdair Chalmers MacIntyre）对德性观的思考，他认为德性离不开实践，德性是获得实践内在利益的前提，它的践行导向人的目的的实现，而外在利益只是一种获得内在利益的手段。内在利益是实践活动本身具有的，任何外在的物质利益都无法给予，从中获得的利益只能通过参加这种

[1]王海明．伦理学原理（第三版）[M]．北京：北京大学出版社，2013：1-12.

[2]郭金鸿．道德责任论[M]．北京：人民出版社，2008：190.

[3]本观点借鉴参考了学者郭金鸿《道德责任论》中关于“三种道德责任判断的价值根据”，在此表示感谢。

实践活动本身的经验来判断。如，一个吹长笛的人，他的内在利益就是要把长笛吹好，在演奏长笛的过程中获得真正的快乐与成就感，在此过程中实现德性的内生性提升。[1]“德与才并重”历来都是我国高校录取优秀考生、社会选拔人才的始终如一的标准。这里所指的“德”与亚里士多德、麦金太尔所指的“德性”有异曲同工之处，即人的品格或品质。亚里士多德在论述德性时有句经典语句，“每种德性都既使得它是其德性的那事物的状态好，又使得那事物的活动完成得好。”[2]比如，学术人的德性既使得学术人能够端正自身的学术品性、保持好的状态，又能够凭借这样的学术品性出色地完成学术场域中的学术活动。很难想象一个缺乏德性的学术人进入学术场域会给学术共同体带来怎样的恶劣影响。然而，现实的大学学术场域中确实存在很多这样的学术人，他们的学术德性在外部环境的冲击与侵袭下发生“嬗变”，扰乱了学术文化生态秩序。用德性论导向的德能品性价值来衡量学术人的学术责任时，除了考虑学术人具备的专业知识素养外，知识与德性的融合成为重要的依据。亚里士多德将德性与责任结合起来，在德性中找出对行为人称赞或责备的依据。因为德性涉及行为人的情感与行为，我们应该称赞或责备那些自愿性的行为，宽恕甚至要怜悯那些非自愿性的行为……这将有助于国家对立法者进行嘉奖或处罚。[3]他还指出，如果由于行为人的无知对本该知道的事情导致的过错，也应该受到惩罚。这也为大学学术不端行为问责提供了依据。在大学学术实践场域中，学术人的学术良知和学术责任能力是其从事学术研究工作的前提性条件，如果连最基本的学术良知都没有，即使“制造”出了学术成果也是值得质疑的，应受到学术场域内相应的学术责任追究。

第二，道义论导向的行为规范价值。行为规范价值论认为，道义论是判断责任归属的基础。检验社会场域中的行为人产生的某一行为是否具有道德性标准，首先关注的不应是这种行为产生的外在效果，而需要审看这种行为本身是否符合道德规范要求以及在多大程度上是否符合这种道德规范要求。这里说的“行为”是指行为人实际发生的行为，而不考虑行为人即将发生或有发生实际行为的动机。通常情况下，我们评价社群成员的行为最可靠的标准是用我们人类在实践中形成的基本道德原则和道德规范加以衡量。除非这样的道德标准本身在历史的积淀中遭

[1][美]阿拉斯戴尔·麦金泰尔.追寻美德——道德理论研究[M].第2版.宋继杰，译.南京：译林出版社，2011：245-250.

[2][古希腊]亚里士多德.尼各马可伦理学[M].廖申白，译.北京：商务印书馆，2017：47.

[3][古希腊]亚里士多德.尼各马可伦理学[M].廖申白，译.北京：商务印书馆，2017.

到人们的质疑或陷入瘫痪之中。[1]依据道义论行为规范价值的理论阐释，在对大学学术场域中出现的学术不端行为责任判定上，我们是以学术人做出的学术行为是否符合道德规范为基准，如果没有符合规范就应当受到责任的追究，不论行为产生了怎样的结果。道义论在注重行为本身的同时更强调责任精神的坚守与教化规导。康德在论述道德时也曾强调，道德的价值是由于人们的行为是有意识地、能够遵守道德规律（抑或是道德律令），这样才能受到褒扬。人们的这种行为是基于责任的“善、恶、是、非”价值考虑，建立在责任范畴上的道德行为才符合康德的道德律令。康德的道德律令也即是他在《道德形而上学原理》中所言的“绝对命令”，是一种被社群成员都能够加以遵守的具有普遍性的行为准则，隐含着“责任”韵味，对我们的实际行为产生广义的立法作用。而且“绝对命令”完全是一种“即做、即行”无须任何条件的、加以普遍化的道义论标准。责任是一种做人的义务法则，完全不需要取悦、谄媚于任何人，而是根植于人们心中的一种道义法则，要求人们无条件地服从，不考虑行为人的主观意愿。[2]学术场域有其自身的学术运行逻辑，学术人需要遵守学术法则，将学术法则作为一种内在的约束力，主动识别学术道德善恶是非，更需学术人将其作为一种学术道义责任，只要他们未能遵守这些约定俗成的学术规则就要受到学术场域问责主体的问责。从道义论来看，学术人承担学术责任是一种绝对道德律令，学术人的学术行为应符合这一绝对学术道德律令要求。同时，这种责任也是作为学术人在学术场域中从事科学研究活动时无法使自己解脱而只能遵从的学术律令，因为这是作为学术人最基本的、最低限度的学术行为，无须在知道善恶后果后做出学术行为选择，而是要确证学术人做出的学术行为本身的善恶。正是康德道义论“绝对命令”本质意旨。

第三，功利论导向的行为结果价值。功利主义的主要代表人物是边沁（Jeremy Bentham）和穆勒（John Stuart Mil），他们认为，自然把人类置于两个主宰——苦与乐——的统治之下。只有这两个主宰才能向我们指出应当做什么和不应当做什么。应当根据某一行为本身所引起的苦与乐的大小程度来衡量该行为的善与恶。根据这一原则，我们可以将“功利”理解为每一种行为本身是能够增加还是减少与其利益相关的当事人的幸福这样一种趋向，来决定赞成还是反对这种行为。同时，边沁和穆勒也强调，功利主义的“最大多数人的最大幸福原则”是利他的而非完全

[1]郭金鸿．道德责任判断的三重根据[J].伦理学研究，2009(1)：77-83.

[2][德]伊曼努尔·康德．道德形而上学原理[M].苗力田，译．上海：上海人民出版社，2002：43.

的利己，因为它的理想是“所有相关之人的幸福”。即个人利益的增进应以社会共同体的利益为前提。穆勒认为，正义感建立在功利之上，它是对恶进行报复的愿望，正义感包括一切至于人类幸福所必不可少的从而被认为是神圣且具有强制性的道德要求。[1]

依照上述理论内容我们可以看出，功利主义理念主要是尊重人的发展，以人性理念为核心，阐释了以集体主义为核心的为己利他的“最大幸福原则”。凡是能增进社会中每个人快乐的，在道德上均称为“善”，反之亦然。人的本性是求福避祸，生活在社会群体中的人们都会根据“最大幸福原则”来选择行为方式，最终确定是“道德善”还是“道德恶”。功利主义价值论遵循的是行为结果导向的实质价值优先的道德思维方式，更注重行为的结果是否达到了行动者的目的、在何种程度上实现了行动者的目的以及这种目的的实现是否以尽可能对他人有助益而间接对自己有助益为基准。简而言之，功利论导向的行为结果价值是以行动这种结果是否达到社群中的行为人设定的目标为责任判断标准。这种目标具有三种特点：①明显的快乐主义特征；②主张这种幸福是建立在集体主义之上，涉及主体范围达到最大化；③行为人的行为是否具有正确的判断标准建立在后果论基础之上。达到了上述三种目标即是在向伦理学中的优良道德观念靠近，达到的程度越高，距离优良道德的标准就越高。根据功利论的观点，对大学学术不端行为责任追究的判断依据需要考虑学术人做出这一行为产生的实际效果与后果。学术人在大学学术场域中从事的是探索真理的学术研究，责任介入其中为了实现两个目标：一是确保学术人能够在和谐有序的学术秩序中开展科学研究活动，以增进学术共同体集体学术荣誉感为最大幸福感。二是提高学术人的学术责任意识，能够在一种纯净的学术环境中创造出有利于社会经济发展、繁荣社会文化的科研“产品”。倘若学术人的学术行为没有达成这样的目标，将个人的幸福建立在学术共同体的痛苦之上，依照功利论的理论依据即为行为恶。因为这些行为虽然能够在一定程度上使学术人本人得到快乐或幸福，但这种快乐是建立在侵损集体利益基础之上，减损了整个学术场域学术共同体幸福感总量。功利论中的“功利”所指的并非常人理解的功利，只要坚持自由性与受控性的统一，做到适度，不损害社群中他人的权益，不在忽视国家和集体利益的基础上片面地追求个人的利益，就应该肯定其合理性，就应该鼓励和支持。未能达成上述目标的学术行为显然已不是合理的功利，没有处理好权利自

[1][美]博登海默.法理学——法律哲学与法律方法[M].邓正来，译.北京：中国政法大学出版社，2004：114.

由与义务责任、个人与社会(集体)、竞争与合作以及动机与效果这四对关系,自然就应受到责罚并承担应有的责任。依照功利论的思想认定学术人的责任时,虽然须考虑学术人具体的思想动机、内在品质,但由于这些属于行为人的内在心理因素,难以量化和定性,故主要以学术人产生的实际行为效果为判断依据。

上述三个伦理学角度的大学学术不端行为问责理论依据,印证了不同思想对学术问责实施注入的理论营养,每种理论思想都有其自身的特点,但由于时代在发展、理念在更新,每种理论都会存在局限性,这就使得三种理论不能独立支撑问责,需要实现多元理论共生目标、共同发挥作用。功利论导向的行为结果价值为大学学术不端行为责任的划定提供了外在的行为效果依据,道义论导向的行为规范价值为大学学术不端行为责任的划定提供了存在论依据,德性论导向的德能品性价值为大学学术不端行为责任的划定提供了内在德性依据。但单纯依靠德性论无法完整诠释德性形成的行为机制,单纯依靠功利论也无法解释个人利益为何要向社会利益倾斜,以及怎样实现倾斜,而道义论倡导的“绝对命令”如果没有人的内在德性与外在功利性目标,这种命令也无法真正起到约束人实际行为的作用。因此,我们在对学术不端行为责任进行判定时,我们需要在具体的学术环境中具体辨析学术不端行为责任,并厘清责任的评判依据。既要关注学术人内在的学术品格,又要考虑具有约束力的学术道德规范,更需要考虑学术人产生学术行为的实际效果。在具体的学术不端行为问责实践中,会出现相同的学术不端行为情形却做出了轻重不同的责任认定标准,因此还需要我们对大学学术不端行为的责任事实进行考虑。

(二)大学学术不端行为问责的事实依据

大学学术不端行为问责不仅仅是理论层面的探讨,也是事实层面的判断。大学学术不端行为问责的事实依据考虑的是学术人产生学术不端行为的实际影响以及后果。一定意义上来讲,对某种行为产生的结果进行追踪要比分析行为产生的动机以及主体的内在心理要更直接。在对学术人产生的学术不端行为进行责任判定与归类时,一方面我们需要甄别学术人具体做出了什么学术行为,另一方面我们需要审查学术组织机构在学术人出现这一学术行为过程中起着怎样的作用。树立“学术机构监管为基础”与“学术行为为基础”的大学学术不端行为“双基”责任判断依据。学术人出现学术不端行为这一实际学术后果包括两层表现,一层是由于学术人的主观故意而造成的学术不端行为；另一层是学术机构的消极不作为或利益引诱而间接导致学术人出现的学术不端行为。无论这种学术不端行为是由学术人还是由学术机构引发的，只要在学术场域中出现了，就一定会产生影响较坏的结果。坏的行为结果必然是有过错的，相应的行为人就要承担责任。如果是由学术人自身引起的行为，学术人本身是这一学术行为产生的原因时，应由学术人自行承担。如果是学术组织机构的利益驱使，应该由学术人和学术组织机构来共同承担。这种学术行为产生的实际后果主要是指学术实践中导致的实际结果，在判断责任时还需我们考虑这种行为产生的因果关系。

因果关系——行为与损害之间的因果关系，它是“存在于自然界和人类社会中的各种因果关系的特殊形式。”[1]也就是说，一个现象的出现是因为另一现象的存在而引起的，那么两现象之间就具有因果联系。具体而言，因果关系主要是指事物间的存在状态以及外在事物对事物本身的影响有其形成的自然规律，需要用原因来解释其中的内在变迁规律，透视事物发生的机理。不仅仅学术人在学术实践过程中产生的实际后果是判断学术不端行为责任的依据，而且这种学术不端行为与产生的事实后果间的关系也是判断大学学术不端行为的依据。我们应弄清学术人出现学术不端行为的主观意志以及产生的不良后果。

汉斯·尤纳斯(Hans Jonas)指出，因果关系是产生责任的最为基础的条件，社群中的人产生的行为会给社会造成影响。[2]学界对责任理论的论述呈现三种样态：第一种是将责任放在行为者与行为之间；第二种是将责任看作是行为者履行社会职业角色的一种伦理基础；第三种是将责任看作贯穿于自我与他人之间的纽带，存在于社会活动的关系变化中。总之，责任是确证行为者个人与其行为后果的中间变量。[3]再则，事物间的因果关系并非处于单向度的静止状态，而是纵横交错、变化莫测的动态过程。依据因果关系来判定学术人的学术不端行为责任需要融入更多的理性与推测思维。一个具有完全民事行为能力且具有理性辨别能力的学术人应该能预见学术不端行为这种造成的不良后果，但为了实现某种利益而故意抄袭他人成果等明知故犯行为应受到责任的追究。但如果学术人主观上认为自己的行为是合乎学术道德规范的，并没有故意违反学术道德规范，呈现出的行为结果不是抄袭、剽窃、造假等学术不端行为，而是出于外在研究条件等客观原因的限制，学术人

[1]王利明.侵权行为法归责原则研究[M].北京：中国政法大学出版社，1992:372.

[2]郭金鸿.道德责任论[M].北京：人民出版社，2008:155.

[3]郭金鸿.道德责任论[M].北京：人民出版社，2008:184.

做出的对学术成果价值过高评价或是扩大了对该成果的经济价值等判断，与前者学术不端行为有区别，属于"诚实性错误"[1]。因此，学术人的学术行为是不是故意行为也是判断承担学术责任的一个重要因素。学者罗国杰在《伦理学》中强调，行为人有对自己行为结果预知的能力以及产生实际效果的感知能力，对行为产生的间接后果和直接后果负有责任，因为这些行为后果均是行为人自身所为。[2]因此，从上面的论述中我们可以得出，学术人作为一个具有完全民事行为能力的公民，对于自身产生的学术行为后果以及出现这一学术行为的因果关系有辨别与感知的能力，他们做出这种具有法律效力的学术行为结果是基于科研的实用价值以及科研能够给个人带来经济效益的客观意思表示，应对自身的学术行为产生的不良后果负责。而导致学术人出现学术不端行为的因果关系成为追究他们承担学术责任的事实依据。

（三）大学学术不端行为问责的法律依据

大学学术不端行为问责是近年国家重点关注的学术治理话题，我国现行的法律法规并没有明确规定大学出现的学术不端行为应该怎样进行问责，以及实施问责应该参照的依据是什么，但对学术不端行为的责任追究我们尚可从个别的相关法律法规中寻找间接的法律依据，综合考虑并将其作为大学学术不端行为问责的法律依据，为大学学术场域内部制定的问责依据规定性文件提供指导。如《中华人民共和国科学技术进步法》《中华人民共和国著作权法》《国家科学技术奖励条例》《高等学校哲学社会科学研究学术规范（试行）》《国家科技计划实施中科研不端行为处理办法（试行）》《关于严肃处理高等学校学术不端行为的通知》《学位论文作假行为处理办法》等。

尽管上述有关学术规范、学术不端行为的一系列法律法规是针对某一学术场域中的特定群体或是某一单一责任而设定的，但总体来讲，明晰上述条款中惩处学术不端行为的责任规定，能够为国家制定效力等级较高、专门性的学术问责法律以及大学自身制定具有准法律效力的问责学术不端行为规范性文件提供法律层面的参考依据，有利于推进学术治理法治化进程。

由于引起大学学术不端行为的原因是多样的，对其展开的责任追究方式也是

[1]胡林龙.论学术不端行为的责任[J].法律科学，2015，33(4)：62-69.

[2]罗国杰.伦理学[M].北京：人民出版社，1989：105.

不同的。大学学术场域内部在明晰上述诸多法律法规中有关学术不端行为责任追究的条款依据基础上,认定和追究学术人的学术责任应当采用混合依据,即以过错责任原则为主,以过错推定原则和公平原则为补充。只有这样,才能使各种学术违法或学术不端行为公平地受到责任的追究。大学学术场域内部制定学术不端行为问责规范性文件时,应明确两点:一是对学术不端行为的情节判断依据与标准,达到什么样的程度为情节严重,达到什么样的程度为情节轻微等,要制定一个统一的参考指标,并以此为依据做出不同类型学术不端行为性质和危害的判断。二是对问责处分的参考标准,要制定统一的责任追究考量依据,达到什么情节以及危害程度、追究何种形式和程度的责任,都要具体明确。也就是说,问责处分的标准是以情节判断标准为依据,两者应一一对应,相互统一,尽量缩小对大学学术不端行为判断和认定的弹性空间。因此,为了确保大学学术不端行为问责实施的一致性,学术场域内部的规范性文件中必须针对不同的学术不端行为表现形式制定不同的判断和鉴别依据,以及责任承担依据。而且这种依据标准一旦制定出来就要在实践中统一实施,不仅学术研究人员能够对照标准审视自己的学术行为,也为大学场域内的问责主体参照标准实施学术监督与问责提供依据,避免问责的随意性和结果的混乱给问责制带来的负面影响。

三、明晰大学学术不端行为问责目标

目标是主体在认识、改造客观世界的实践过程中所要达到的预期效果。它是一种主体性的内在尺度,主体作用于客体的内容方式与效果映射,即主体依据自己的主体尺度,从观念和物质上接触、影响与改造客体,在客体上呈现自己的本质力量。大学学术不端行为问责实现的是一种对学术本然功能的复归与还原,明晰并注重以人为本、权利优先、正义理性的问责目标,在学术人的互动交往中摆脱技术统治"无家可归"的学术规训机械主义。

(一)人本主义关怀

低度权利是以场域中较为普遍的、最低限度的道德标准作为指导人们行动的指南,根植于社会生活中的现实道德问题,注重人最基本的应然权利享有,以增进人类的合作与交流。[1]学者金生鈜在谈及价值具有教育性时曾强调,价值是一种具

[1]陈亮.低度人权视阈下的合理教育惩戒[J].内蒙古社会科学(汉文版),2015(3):159.

有教化性的规范理想。遵循价值理想的导向是产生符合社会发展行动标准的基础,也是实现行动善的根本方式与路向指向。[1]西塞罗(Marcus Tullius Cicero)和格利乌斯(Aulus Gellius)最早提出了“人本主义”(humanism)这个概念,人文主义视野下的“人”是兼具理性与感性的人,人不仅是知识探索的感性人,也是苏格拉底试图把人引向知识理性、探索人类精神灵魂“善”的理性人。苏格拉底倡导的“善”即是知识美德善,人的行为受意志的支配,人是一个对理性问题能给予理性回答的存在物。人的知识和道德都包含在这种循环的回答活动中。正是依靠这种基本能力——对自己和他人做出回答的能力,人成为一个“有责任的”存在物,成为一个道德主体。[2]

苏格拉底和马可·奥勒留(Aurelinus M.)认为,作为存在意义上的“人”必须摆脱一切外在的偶然性因素,“不能使他成为一个人的那些东西,根本就不能称为人的东西。”[3]人本质上只依赖于自身灵魂的意向与内在态度。作为促进人类灵魂向善转向的学术,能够促进人类在知识的选择、认知体悟实践以及践行学术价值观等方面实现理性价值转型。人类追求学术不仅仅是为了获得短时的行动能力,更是认知学术内涵意蕴的一种价值善态选择。

人是理性的存在,对自己的行动做出的结果是有意识的。阿奎那(Thomas Aquinas)比之前奥古斯丁(Saint Aurelius Augustinus)给予了人的理性以更高的权力。但他也深信,如果得不到上帝赐予的指引和启发,理性也会出现迷失的境况,不可能正确地行使这些权利。此时,希腊哲学所维护的一切价值都显得苍白无力。“那曾经似乎是人的最高特权的东西被说成是对人的严重威胁和使他误入歧途的诱惑物;那曾作为人类骄傲的文明已演变为人类最深的耻辱。斯多葛派的格言——人应当听从和尊重他的内在原则,听从和尊重他自己内部的‘守护神’——现在被看成是危险的偶像崇拜。”[4]学术场域对学术人施以的问责也是出于这种考虑,学术研究也会涉猎价值问题:什么是科学的学术研究,科学学术研究的形式是什么以及不科学的学术研究会带来怎样的危害。这些价值问题都离不开维护学术的原初价值与本性,学术人的越轨、不端行为若得不到合理引导,学术人产出的学术成果也会扭曲为垃圾,灵魂也将成为利益的诱惑物,玷污整个学术生态。学术场

[1]金生鈜.为什么说价值是教育性的[J].湖南师范大学教育科学学报,2015(5):11-15.
[2][德]恩斯特·卡西尔.人论[M].甘阳,译.上海:上海译文出版社,1985:9.
[3][德]恩斯特·卡西尔.人论[M].甘阳,译.上海:上海译文出版社,1985:10.
[4][德]恩斯特·卡西尔.人论[M].甘阳,译.上海:上海译文出版社,1985:14.

域引入的问责更应是强调呼唤学术人学术灵魂的人本价值转向,“灵魂是潜在地含有生命的自然物体之最初实现,有机生命是根据人类生命来认识和解释的”[1],学术灵魂扎根于学术人的内心之中,工具主义包围的强制无理的责罚并不能把学术人当成内在价值的人来对待,也未能从人道主义关怀的角度真正释放学术不端行为问责的正义善能量。大学学术不端行为问责并不是一味地强制惩罚,最终目标是促进学术人学术灵魂的向善转向,引导其实现人文精神引领下的学术人格提升,树立正确的学术是非价值观。

(二)程序公平正义

希尔斯(Edward Shils)曾言:“大学在社会中受到敬重,是因为他们是关于‘严肃’、根本问题的知识得以发现、阐释和教授的场域;它们是与权威和正义、秩序等‘严肃’问题紧密相关的专业和职业的源头。”[2]大学之所以能够得到人们的敬重正是出于其在处理“严肃”事务时,能够坚持“原则”,以正义的价值取向来面对突如其来的事务,确保知识的元真性。正义是给每个属于他自己法律情势的永恒不变的意志,[3]是任何场域得以存在的一种公正基础,也是社会的基本善要求,更是维系大学学术秩序必备的素养。程序正义是正义环境中最为重要的因子,也是大学处理“严肃”事务的首要法宝。任何事务都需要程序的调适,倘若大学学术场域中的学术规章只设定了实体内容,没有程序规定,很难产生令人信服的约束力。

大学学术不端行为问责不仅仅在于制度规范的实体内容,重要的是能够将公平正义的程序贯穿于学术不端行为问责的始终。罗尔斯强调,每一类标准和与之联系的原则都规定着一种正义理念,制度、行为和生活计划只能根据这种观点作出评价。一种正义感是需要运用并按照正义的原则去行动。博登海默在论述秩序与正义的综合体时曾指出,“法律规定具有强制力乃是法律作为社会和平与正义的捍卫者的实质之所在。如果一项有效的法律设定了义务或禁令,那么它就只能要求此义务达及的那些人服从它、依从它。如果它授予私人以权利或权力,那么这些权利和权力就必须得到其他私人的尊重,而且在它们遭到侵损时应当得到司法机关

[1][德]恩斯特·卡西尔.人论[M].甘阳,译.上海:上海译文出版社,1985:25.

[2][美]爱德华·希尔斯.学术的秩序——当代大学论文集[M].李家永,译.北京:商务印书馆,2007:217.

[3]Spsoott See the Civil Law including the Twelve Tables, the Institutes of Gaius, the Rules of Ulpian, the Opinions of Pau-lus, the Enactmants of Justinian, and the Constitutions of Leo[J].the General Trust Company, Cincinati, 1932, Vol. 1,p.235.

的保护。”[1]如果一个国家的司法缺乏有序的常规性规则、标准或一般原则来指导私人行为和官方行为，没有程式化的程序来解决争端，那么这个国家就没有“法律”。[2]可见，一门法律或一项制度若要实现效力与实效两者间的统一，就需要具备规范的程序与正义的品性，这样才能彰显其具有强制性的约束力。正义的内涵要求对相同情形或极为相似的情形予以平等对待。大学学术不端行为问责作为一种软制度，是大学学术管理的核心，公平正义的问责程序体系在实现学术治理过程中具有不可替代的作用。

公正的程序是开展大学学术不端行为问责的首要美德。维护学术问责有效运行的目的是要确保人们能够遵守。[3]能否实现公平正义的大学学术不端行为问责取决于问责的合理性、规范性以及学术共同体成员对其履行情况。大学学术不端行为问责价值实现的关键是要构建正义合理的问责体系与程序。正义的程序是必不可少的要素，问责程序的不公正、不合理会妨碍学术共同体对学术不端行为处分的执行效果。由于大学学术不端行为问责依靠相应的制度，制度是由具有主观意识的人制定的，会牵扯到个人利益、情感、价值观念等主观因素，因此高校有必要在制定学术不端行为问责制度时强化程序意识，注重观照整个处分程序，有必要将学术问责的执行过程引向合理化、规范化、程序化，进而保证学术问责能够在一种公平正义的环境下发挥其应有的学术约束力。正如“实践活动本质上是一种生产活动，各种规范既不是行动的既定前提，也不是行动的最终产品，而是一种具体的形成过程。”[4]如，为了能够规避问责过程中的不公正对待、因人而“问”的现象，制定监督制度、回避制度等问责程序，可以保证问责的公正性、每个接受处分的学术人都能得到同等的对待。罗尔斯在论证正义的社会时指出，社会是一个由公开规范体系构成的大系统，它确定了一种合理的分配方案，“如果某些地位不按照一种对所有人都公平的基础开放，那些被排除在外的人们觉得自己受到了不公正待遇的感觉就是对的[5]”。一定意义上来讲，大学学术不端行为问责程序上的公平正义能够确保问责实质正义的实现，最终推动整个大学学术不端行为问责有序开展。

大学学术不端行为问责的执行需要符合程序正义的特性。程序中的公平正义

[1][美]博登海默.法理学——法律哲学与法律方法[M].邓正来，译.北京：中国政法大学出版社，2004:347.

[2]Lon L.Fuller.The Morality of law, rew. ed.[M].New Haven and London：Yale University press，1969:39.

[3]李龙.良法论[M].武汉：武汉大学出版社，2001:18.

[4]渠敬东.缺席与断裂——有关失范的社会学研究[M].上海：上海人民出版社，1999:209.

[5][美]约翰•罗尔斯.正义论[M].何包钢等，译.北京：中国社会科学出版社，1999:100.

是罗尔斯言及的规则正义、形式正义，行为人需要按照实质正义规范的内容执行，无须考量规范的实质内容是什么，只视法律、制度适用方面的正义。程序正义要求法律和制度以平等的方式适用于被他们规定的有义务履行责任的人们。[1]随着英国法的出台以及美国法“正当程序”思想的形成，逐步将近现代的程序公正引入完善的状态。正当程序旨在监督公权力的运行状态、确立秩序在权利者与权利者之间的界限、彰显正义在实质性程序或形式性程序中的理念，包含实质正当程序与形式正当程序。[2]正当程序实质上是坚守公正的价值取向，要求受指控的行为人主张自己的受侵犯权利，在审判过程中陈述自己对案例的看法，保护行为人的合法权利不受侵犯，在行为人没有对自己受指控的行为进行申辩前，任何权力机关及个人不能惩罚或侵犯他人的权利，保障人的最低限度的权利。[3]《中华人民共和国行政处罚法》也明确规定，行政机关在做出重要规定和决定时，尤其是做出对公民不利的决定时，应当听取公民的意见，赋予公民通知权、参与权、表达权和监督权。[4]由此，我们可以看出，若想实现对大学学术不端行为的有效问责，问责的程序以及问责的结果必须是公正的。大学在对学术人的学术行为展开调查、实施处罚时，应有充足的证据来证明行为人确实存在学术不端行为，通过书面的方式通知被调查的行为人、说明处分事由，能够将调查的证据明确地出示给行为人，举行听证会，给予行为人为自己合法权利辩解的机会。无论是否涉及学术人的基本权利（人身自由权、受教育权等），大学对学术人的问责都应遵循程序正当原则，这样既能保证行为人的合法权利不受侵犯，又能彰显大学学术治理的公正公平的美德。因此，将行政法中的正当程序引入学术不端行为问责符合教育治理法治化的应然治理逻辑指向，有利于在问责主体与问责客体间形成一种相互约束的“善治”学术秩序空间，既可以约束学术不端行为问责主体依章行事，又能伸张学术不端行为问责客体的法益。

（三）和谐共生

“共生”是一个生态学术语，最早由英国生态学家坦斯利（Tansley）提出，他认为

---

[1][波兰]格里戈里•佩雷尔曼.正义的观念和论证的问题[M].皮特纳，译.伦敦：劳特利奇与基根•保罗公司，1963：41.

[2]实质正当程序是实体法的规定，要求立法部门制定的法律内容上应符合公平正义的理念，是一种权利义务的正义分配；形式正当程序是程序法的规定，是一种程序规则的正义，要求一切行政机关在行使行政权力时必须要认真听取当事人合法申辩理由及意见，当事人具有知情权、听证权等合法权利。

[3]马焕灵.高校学生纪律处分纠纷及其处理[M].北京：教育科学出版社，2011：111.

[4]沈立强.规矩与方圆：商业银行经营管理方略[M].上海：上海人民出版社，2014：225.

将生物及其非生物环境看作是相互影响、彼此依存的共生统一整体。[1]德国真菌学家德贝里(Anton de Bary)提出了“共生”是不同种属共同生活在一起的普遍存在的生物现象。而后“共生”突破了原有的词义,辐射到了社会场域中的人与物、人与人的关系链条中。共生既是自然的本质,也是社会场域诸事物存在与联系的本质,正是这种属性决定了自然和社会处在同一共生体之中,各种事物之间的发展都是依照共生的规律演进的,形成互惠的对称性共生信念是最高的境界。[2]大学学术场域关系中的学术共同体成员是在一定的学术共生环境中按照某种共生的学术准则(学术奖励与学术惩罚)在共生理性哲学观和方法论的引导下从事学术实践活动。作为大学学术治理中最为关键的学术不端行为问责应彰显和谐共存、互动共生的问责价值目标,保证对学术共同体的学术问责是在一种和谐平等的环境下展开的。根据学者傅治平对和谐共生理论价值要素的阐释,加之笔者对文献的整理与研读,和谐共生价值孕育于大学学术不端行为问责的内在要素主要包括:协调学术关系、释放学术正能量以及优化学术生态系统。

第一,大学学术不端行为问责应努力实现协调学术关系的和谐共生价值目标。从共生理论的内涵与外延来看,内外部关系是共生生态系统需要协调处理的关键,任何系统都需要在共生环境的观照下生存,共生的本质也是共生单元内的成员共同进步发展的过程,共同适应体制内外的环境变化,通过相互激励与合作实现共赢发展的“协同运行”路径。如果共生单元内的成员都以自身利益为主,方向各异,人人都成为唯利是图的机器,那么共生单元内的成员必然面临解体的风险。大学作为一种特殊意义的共生生态系统依据不同的学科发展组建了不同的共生学术单元,每个单元内的学术成员为了共同的学术目标需要在相互鼓励、互动共生的环境下实现学术理想。然而,现实学术场域中源源不断地出现学术抄袭等以自我利益为主的学术投机行为,严重侵蚀了学术共生的和谐关系,学术不端行为问责的出现是为了修复这种断裂的学术关系。这种问责不仅仅是一种惩罚,而是协调学术共同体成员、共同体间的失协关系。倘若学术共同体成员间都为自己的私益着想,将学术看成是谋生的职业,无人追责,那么大学学术理性的共生环境必将荡然无存。大学学术不端行为问责是协调紧张、失谐学术关系的有效途径,通过对共生单元内存在学术不端行为的学术人施以外力的问责能够促进其学术共生观的形成、在共

[1]冯建军.教育公正——政治哲学的视角[M].福州:福建教育出版社,2008:148.
[2]袁纯清.和谐与共生[M].北京:社会科学文献出版社,2008:30.

生状态下实现学术协同发展,树立学术羞耻观。

第二,大学学术不端行为问责应努力实现释放学术正能量的和谐共生价值目标。和谐共生强调的是共生单元内不同要素之间的协同互济,突出的是“和”。这种“和”的理念不仅仅是共生单元的简单叠加或整齐划一;而是共生单元个体之间的信息、文化交流的正能量传递,将具有多样性的个体价值观通过诠释的理解凝聚成和谐统一的交往目标,释放共生单元个体交往的正能量。哈贝马斯的社会批判理论认为,人类生活世界不仅仅是单一的因果关系,其存在的合理性是基于释放正能量的相互理解,“需要一种通过对交往意义的诠释性理解而进行的受到约束的继承(a controlled appropriation)”[1]。大学学术不端行为问责也应注重学术共生单元主体间的学术正能量释放,只有有效的、规范的符号内容通过意义的理解与问责被揭示与表达出来,动机性的理解才能够将学术人观察到的学术行为看作是那些规范的、主观的、有意义的行动,学术共生单元的个体才能理解自己的学术行为哪些是符合学术交往情景的基本规范,哪些学术行为是不符合学术基本规范的。大学学术不端行为问责是一种学术文化可传达的意义诠释图谱,修复的是学术正能量受损的系统,确定了学术共生单元群体的交往边界,越过这一边界就意味着触碰到了学术底线,就要受到学术规制与惩罚。若想真正体现大学学术不端行为问责传递学术正能量的价值目标,整个学术问责的过程都应彰显公正、平等、参与、公开等理念,让涉嫌学术不端的学术人能真正从内心深处意识到自身的学术行为是存在问题的、阻滞学术共同体学术正能量的有效释放。

第三,大学学术不端行为问责应努力实现优化学术生态系统的和谐共生价值目标。和谐共生还具有优化资源的价值,荀子曾说“和则一,一则多”,共生单元的群体成员若处于和谐、有序的状态,集体力量就会增强。作为共同体的个体破坏了维护共同体运转的道德完整性,惩罚就会降到他的头上。破坏道德基础的罪犯,——“即破坏了无限制的交往的互补性和利益的相互满足”——通过将其自身作为安置于整体性之中,使得命运的因果性(the causality of fate)运转起来。[2]这种命运因果性的运转最终的目的是恢复共生单元群体的原初和谐状态,寻找共生合一的生态结构。面对失去和谐、缺乏“安全感”的学术生态环境,只有当相互竞争的各方“将他们之前各自的利益与矛盾,认作是从他们所在的学术生态系统中分离和

[1][德]托马斯·麦卡锡.哈贝马斯的批判理论[M].王江涛,译.上海:华东师范大学出版社,2010:183.

[2][德]托马斯·麦卡锡.哈贝马斯的批判理论[M].王江涛,译.上海:华东师范大学出版社,2010:39.

抽象出来的，并且当他们在他人中间认可自身的学术对话关系中体验他们存在的共同学术基础时，”[1]命运的因果性才能得到缓解，学术失伦关系才能得以修复。由于私利心加之利益的驱使，学术人并不能靠自身学术意识的觉醒来改变这种命运的因果性，需要启动学术不端行为问责来协助学术共同体成员形成“和则一，一则多”向善发展的符号互动共生学术生态。和谐共生观照下的大学学术不端行为问责是对学术生态环境的一种优化，增强学术共同体对学术责任、学术规范的重新认识，重建一种学术信仰，从整体全局观念出发，透过学术人产生的每个学术不端行为来修复学术场域中断裂的学术生命肌体、重拾学术理性在学术生态系统中的精神。实现这一目标，我们需要做两方面的努力：一是确保大学学术不端行为问责能够有效开展，相关配套制度的建立与保障尤为重要，如学术评价制度、学术奖励制度等制度的完善与修订，为优化学术生态系统提供多重保障。二是大学学术不端行为问责主体应知晓这种问责是在和谐共生环境下运行的，学术权力的行使也应受到约束，防止以权谋私、权力滥用，人人参与，以优化学术生态系统环境为出发点。只有这样才能实现优化学术生态的和谐共生价值目标。

四、厘清大学学术不端行为问责程序

亚里士多德指出，正义是在一个已经建构起来的共同体内进行赏罚并补救赏罚中出现过错的美德。[2]大学学术不端行为问责也应具有公平正义的美德，只有当它与程序正义联结在一起才能彰显问责的效力。基于上述理论的论证与适切性分析，为了能够全面、精准地设计大学学术不端行为问责程序，本部分也通过德尔菲法来征询专家关于大学学术不端行为问责程序维度的看法。与上面的学术不端行为问责主体的征询相同，本次专家征询也是分为三轮论证。在对专家进行访谈征询问责程序过程中，有专家建议启动学术救济程序，这样才能有利于伸张学术不端行为者的合法权益。经过反复讨论与修正，在这12位专家中，有80%的专家认为，学术救济程序属于对存有学术不端行为的学术人实施问责的一个子程序，属于补偿正义，在设计大学学术不端行为问责程序时应注重保护弱势群体合法权益。因此，在结合12位专家对大学学术不端行为问责程序提出的基本看法基础上，本研究本着“教育与惩罚相结合、尊重人性、强化学术自治”的理念，将大学学术不端行为

[1][德]托马斯·麦卡锡.哈贝马斯的批判理论[M].王江涛，译.上海：华东师范大学出版社，2010:40.

[2][英]阿拉斯戴尔·麦金太尔.追寻美德——道德理论研究[M].第2版.宋继杰，译.南京：译林出版社，2011:197.

问责程序分为“事前调查程序”“事中审理程序”“事后处理程序”三类。在访谈专家过程中，专家也一直在强调，大学学术不端行为问责程序是否公正将直接影响到问责执行的效果。问责的目的不只在于惩罚，重要的是通过完善的学术问责程序发挥学术自律与学术他律的作用，能够让学术行动者树立麦金太尔(MacIntyre)呼喊的“学术共同体美德”。[1]具体的学术不端行为问责程序设计如下。

(一)学术不端行为问责事前准备程序

第一，事前通知。学术不端行为的彻查不仅需要学术场域中的学术个体举报，也需要学术机构的自查。在正式实施大学学术不端行为问责前，应将已制定的完善的学术规范行为准则公示在学校网站上，便于学术人知晓该学术制度的具体内容。事前通知并不是针对某个特殊群体，而是要让学术场域中的所有人知晓。[2]目前，高校每年都会给新进教师和学生发放学校的各项规章制度手册，其中也包括学规范和学术不端行为的处理文件。如果学校未能依据已经制定好的文件或依据未向学术人公布的文件来实施处分，则可以认定学校违反了问责正当程序。为了最大限度地确保大学对学术人的学术处分具有客观公正性，维护学术人的合法权益，我们可以参照美国俄克拉荷马州立大学的《学生权利和义务手册》，将学术不端行为问责的程序事先告知学生、明确规定学术规范和学术不端行为的表现、处分程序中的原告和被告的权利和义务以及责任追究方式等程序。

第二，初步调查程序。在接到学术场域中的个人[3]或组织举报、指控，抑或是学校自查发现学术人存在学术不端行为时，应按照上述界定的学术不端行为问责主体中的由3~5名专家组成学风建设委员会对存有学术不端行为的学术人展开专案专查，与涉及的调查者之间存在师生关系、领导与被领导关系以及家属关系的委员应回避。但若有特殊需要，专家委员会还应包括对被指控的学术不端行为进行鉴定的专业性技术人员。专家组对嫌疑人、指控人、相关部门的负责人进行访谈调查取证，必须确保取证的材料是客观存在的、真实的、与案件事实存在因果联系且具有合法性，并能够采取行动确保取证材料的安全性，不得被他人篡改。随后，专家

[1]该段话参鉴了：罗生全，刘志慧. 论教师伦理发展的共同体逻辑[J]. 教育研究，2015(7)：81-88.

[2]侯书栋，吴克禄. 高校学生管理中的正当程序[J]. 高等教育研究，2004，25(5)：90-94.

[3]这里要做出说明的是："个人举报"既可以是学术受害者(被抄袭者)对发现有抄袭自己学术成果的学术人进行举报，也可以是利益无关人在从事科学研究过程中发现有学术人抄袭他人的学术成果。两者情形都属于"个人举报"的范围，而且都可以向存在学术不端行为的学术人所在单位进行举报。

组在一定时间内根据调查收集的证据对学术人的学术行为做出初步判断，给出书面处理建议后上交至学术委员会或学术组织等相关部门，由他们决定是否进行调查；若进行调查，应本着“证据确凿、材料齐全”的原则，写明学术人存在的具体学术不端行为表现并给出专家的初步处理意见等。

第三，告知程序。德沃金（Ronald M.Dworkin）在论证权利时曾强调，“一个负责的政府必须准备证明他所做的任何事情的正当性，特别是当它限制公民自由的时候。另外，当我们说某人有权做某件事的时候，别人进行干预是错误的。如果进行了干预，就必须有充足的理由证明其干预的合理性。”[1]大学学术不端行为问责的告知程序印证了德沃金对权利与正当性的表达意涵。告知程序是高校在完成上述调查、正式开始实施对学术人问责决定前，通过书面说明、面对面告知等形式，将调查结果和如何启动救济程序告知学术人，也即是告知学术人为什么会被给予处分。我国在对学术人的学术不端行为处分时，并没有给予学生、甚至是任何受到处分的学术人参与机会，告知的内容都发生在处分结果公布之后。启动告知程序是发挥受审学术主体参与学术问责互动的开始，有利于维护学术当事人自身合法权益。

（二）学术不端行为问责事中处置程序

第一，正式调查及事由说明。在完成事前调查与告知程序后，开展对学术人学术不端行为的正式调查以及事由说明是大学学术不端行为问责的核心程序。在确定学术人的学术不端行为后，上级专家组从合理性与合法性角度对初审专家组提出的处理意见、指控人提供的证据信息以及学校自查的初步调查证据进行审查，确定学术人是否存在学术不端行为。如果有，触犯了哪一条学术规范、具体的表现是什么、谁应该承担责任等，都应做出明确的事由说明。事由说明是大学做出侵益性公法行为的构成要件。大学在对学生、教师等相关主体实施惩处时，应向其说明做出这种最不利于当事人的决定的详细事由、说明这种决定所依据的规范、事实与规范之间的关系以及进行自由裁量所应考虑的诸多因素等。学术不端行为正式调查事由说明能够向学术人证明调查的证据和裁量的依据是合理与合法的。另外，正式调查和事由说明必须在一定的期限内完成，并给予学术人明确的处理结果。如需延长审理时间，需提交书面材料证明其延期的合理性并告知学术人。最终形成对学术人关于学术不端行为的终审报告，涉嫌学术侵权等情节严重学术不端行为

[1][美]罗纳德·德沃金.认真对待权利[M].信春鹰，吴玉章，译.北京：北京大百科全书出版社，2002：249，252.

的，专家组需形成书面材料并移交司法机关，学术人（当事人）享有对书面材料的知情权。

第二，听取学术人的陈述与申辩。在学校对学术人做出最后判决之前，允许当事人在涉及自己权利的行政判决中发表意见、对处分事项进行陈述、申辩以及质疑。这是彰显学术治理法治化、有序化的应然旨义。倘若没有当事人对涉及学术判决的发言权，这种行政审判程序必定是缺乏公正性的、缺少民意的。[1]听取学术人对学校相关部门给予的调查处分报告看法，注重多元主体参与学术治理，能够使得学校做出的学术处分决定更具说服力、民意性，也能够促使学校审视对学术人做出的学术处分决定的合理性、事实充分性。这一程序也是米尔恩言及的最低限度正当程序中的获得公正对待权利。大学学术不端行为问责是对学术人获得知识合法性、合理性的质问。知识与权力存在着天然联系，马克斯·韦伯（Max Wwber）认为权力主要包含传统的、人格的和法理的三种形式。人格权力即是学术人的学术人格，当它没有扎根于学术人的内心，产生学术价值观错乱，就需要法理权力介入。[2]福柯强调，权力和知识是直接相互连带的，不相应地制造一种知识领域就不能有权力关系，不同时预设和建构权力关系也不会有任何知识。[3]在知识教化感悟人的精神意义上，虽然知识权力是福柯所言的一种权力，但它并非一种支配性的霸权，只有知识在一种片面的结构中成为统治阶级的一种权力符号，僭越学术个体发表言论、表达观点等合法权利，知识权力将成为一种霸权。[4]权利是一种正当性的权力，受规范性和强制性的制约，也即是只有正当性的权力才能被人们所服从。高校在运用学术权力治理学术不端行为时，也应充分考虑学术人学术权利的合法伸张与合理诉求的表达。

第三，举行学术听证。听证起源于西方，是指在法律规定的条件下，由非本案调查人作为主持人，采用准司法的方式听取利害关系人的申辩。当涉及相对人有关宪法上确立的基本权利受到侵犯或限制时，必须启动听证程序。如大学因学生的学术不端行为将其开除学籍、取消学位、勒令退学等涉及改变学生身份的处分决定；因教师的学术不端行为而将其开除公职、取消职称等涉及改变教师身份的处分

[1]刘苹．正当程序在美国[J].宪法学、行政法学，1999(4)：7-8.

[2]罗志敏.从信仰到公共理性：学术伦理的权力逻辑[J].现代大学教育，2014，4(4)：87.

[3][法]米歇尔·福柯．规训与惩罚[M].刘北成，杨远缨，译.北京：生活·读书·新知 三联书店，2010：29.

[4]金生鈜.规训与教化[M].北京：教育科学出版社，2004：350.

决定都应纳入听证范围。涉及对学术人的警告、严重警告、留校察看、记过等学校内部管理行为时,为了彰显人性,也需要举行听证。公平正义的听证程序应具备如下四个品性:第一,主持听证的学术问责主体应该由与本案无关的、独立的第三方机构或个人组成;第二,学术人有权知晓影响其自身权益的处分决定,并有权为自己的合法权益辩护;第三,学术人有权寻求相关的法律援助;第四,听证程序应公开,必须全程做好案件审理记录,只能依据记录中的事实进行处理。学术听证是为了能够让学术处分达到解决问题的实质性效果,而非"走马观花"式的形式主义。美国法院在判例中得出审判经验:陪审团型的听证是平衡学生个人利益与学校公共利益之间关系的重要纽带。[1]但值得说明的是,如果学术人的学术不端行为严重扰乱了学校正常的学术秩序、给国家学术事业发展造成了严重后果,如科研项目成果转化造假、科研经费严重使用不当,可以免去事先通知环节而直接对其进行处分。

第四,做出最后的处分决定。针对上述学术不端行为的调查程序,学校对存有学术不端行为的学术人给予最终的问责处分决定。值得注意的是,做出学术处分决定的组织或个人与事前调查的组织或个人应保持相互独立、互不干涉,与案件调查、审判结果有直接利害关系的问责主体应该注意回避。对学术人做出的处分决定应是在学术委员会等学术问责主体的审定基础上呈报校长办公会,最终以学校的名义做出终结性的问责处分决定,而以学校某一部门做出的最终处分决定均属无效行为。因为只有高校是具有行政主体资格的被告,能够以自己名义行使国家法律法规授予的学术管理权并独立承担法律责任。学术委员会、学位委员会等学术问责主体做出的处理决议具有强制的约束力,校长办公会的行政人员根据学术机构的处理决议负责执行处分,情节严重的学术不端行为提请司法机关进行最终裁决。再则,做出的处分决定必须是以记录在案的事实为实质性依据,不得将传闻、谣传作为处分依据,附有事实、依据和当事人的意见,并且也要将初步认定和最终认定学术人学术不端行为的全部事实材料一并附上。英国法学家丹宁勋爵(Alfred Thompson Denning)教授认为,如果行政机关做出一项影响当事人的人身权、自由权等重要权利的决定时,行政机关需要证明其作出决定的合理性。

[1]张树义.冲突与选择:行政诉讼的理论与实践[M].北京:时事出版社,1992:16.

(三)学术不端行为问责事后完善程序

第一,送达处分通知。学术不端行为处分通知应及时送达给学术人,并且要求其签字确认。如俄克拉荷马州立大学的学生手册中明确规定,学校在判决学生存在学术不端行为并对其进行惩处之前,必须要将处分决定以书面的形式送达给学生本人,需要举行听证会的,在听证之后送达给学生。将处分及时送达给学术人也是学术治理彰显民意、注重程序公平的具体体现。“于某诉北京大学案”就是因为北京大学在调查和处理过程中未向于某及时公开处分,处分决定也在未告知于某本人前就已经通过新闻媒体对处理结果予以报道,严重违反了正当性程序。这一案例说明我国高校学术惩处的送达程序不健全,未能考虑当事人对案件的知情权。因此,在国家倡导依法治学,建立保障学术自由的法治基础的新时期,我们应做到问责学术不端行为有理有据,不冤枉、不姑息,尊重当事人应有的合法权利,及时将学术处分通知送达本人,营造和谐的学术治理空间。

第二,学术不端行为问责事后评估与救济。万事都不可能做到万无一失、不出差错,学术不端行为问责也不例外。学术场域中的学术不端行为问责过程会受到诸多因素的制约与影响,调查取证、裁决过程以及最终审判过程难免有失公正。因此,加强对大学学术不端行为问责决定做出后的评估以及事后救济是十分必要的。大学学术不端行为问责的事后评估是整个问责过程的反思与总结过程,有利于发挥大学学术不端行为问责主体对整个问责过程的自省、自查、自纠功能。在此阶段,问责主体应充分听取学术场域内不同组织与个人的意见,对问责内容的真实准确性、程序正当性进行审查,尽快发现问责过程中出现的错误与问题,并及时采取补救措施。[1]对大学学术不端行为问责进行评估也即是问责事后的救济与补救。这种救济与补救方式是亚里士多德所言的“矫正正义”“补偿正义”。亚里士多德将正义分成“分配正义”和“矫正正义”两种自然正义。矫正正义是权衡得与失之间的中介,是过多与过少之间的适度。[2]矫正正义是对伤害者受到不公正对待的一种补偿,这种补偿是基于行为人对当事人做出的伤害行为;分配正义是按照比例原则公正分配福利份额的一种道德善。矫正正义嵌入大学学术不端行为问责是罗尔斯所言的教育公正自由主义权利优先思想的现实观照,是一种以社会合作为出发点,给予每个人尤其是弱势群体表达自己合理利益诉求的公平机会。罗尔斯的自由主义正

[1]司林波,金裕景.对高校学术问责运行机制构建的探讨[J].西北工业大学学报(社会科学版),2014,34(1):98-104.
[2][古希腊]亚里士多德.尼各马伦理学[M].廖申白,译.北京:商务印书馆,2015:136.

义强调理性在自由选择中的作用，通过设想一种理想化的“原初状态”和“无知之幕”情景，寻找适合人类社会普遍永恒的正义法则。在这种理念引导下，大学学术不端行为问责的救济主要包括三个层面：一是问责结果的救济，学术人对学校给予的处分结果存在实体和程序上的质疑，可以在规定的期限内向学校学术申诉委员会申诉或向上级教育行政机关提起复议或诉讼。《中华人民共和国行政诉讼法》第十二条规定行政相对人认为行政机关侵犯其他人身权、财产权等合法权益的，可以依法提起行政诉讼。二是对于进入问责程序的、事后查出被诬告或虚假举报的学术人应给予其精神、物质等方面的补偿，恢复个人名誉，尽最大可能消除学术人工作和学习等方面的不良影响，并追究诬告者、虚假举报者的道德责任、行政责任。三是对学术不端行为问责客体的事后处分救济。大学学术不端行为问责也要考虑学术人的违规情节严重程度，对于情节较轻且学术人在之后的学术实践中有改过之心、充分进行了自我反省与自我反思、对学术界有一定的学术贡献的，可以考虑恢复他们后续的学术名誉和个人名誉。如教师学术职称晋升，教师待遇，撤销来稿拒审，酌情撤销对学生警告、严重警告、记过等未改变学生身份的处分决定。总之，大学学术不端行为问责的事后评估与救济是一种普遍的、最低限度的基于人权的考虑，将人看作是康德所言的一种目的——内在价值的人，自主者来对待，而不是一种手段来对待，更是彰显现代教育治理语境下以人为本、注重关怀、民主生态、多元共治的人性观。[1]

第三，将处分记录材料存档备案。大学学术不端行为问责属于学术纪律处分的一部分，处分结束后应将处分记录存档备案。美国高校在这方面做的尤为突出，俄克拉荷马州立大学以及北卡罗来纳州立大学会将受处分的学生与教师的处分记录存档备案，而且有严格的执行程序，哪些记录可以最终销毁、哪些记录需要保存都有明确规定。我们可以做如下参鉴：第一，大学学术不端行为问责的处分决定是以学术人本人（学生或教师）的姓名保存在档案中。倘若通过上述基本程序发现学校对学术人的学术问责失当，或案件通过行政复议、行政诉讼被裁定无效，那么这些记录的材料应立即销毁，不做存档处理。第二，学校对学术人的处分没有涉及身份改变的如开除公职、开除学籍，处分材料涉及学生的应保留在学生处中的学生日常行为管理中心，处分材料涉及教师的应保留在人事处教师日常管理中心。值得说明的是，这些材料应记录在学术处分档案中，与学术诚信档案分开，材料保存的

[1]陈亮．法治思维引领下的国家教育治理体系创新[J]．河北师范大学学报（教育科学版），2016，18（1）：109-114.

期限是自学术人接到通知算起,一年之后解除。之所以规定一年,《普通高校学生管理规定》中第五十七条规定:“除开除学籍处分以外,给予学生处分一般应当设置6到12个月期限,到期按学校规定程序予以解除。解除处分后,学生获得表彰、奖励及其他权益,不再受原处分的影响。”[1]但涉及改变学术人身份的处分就不能销毁,终身保留。涉及违法犯罪的学术不端行为处分材料由司法机关负责解释。第三,当对学术人最终审判尚未形成时,对他们的审查材料尚处于冻结状态,在此期间,学术人不能进行申请毕业论文答辩、申请学位、获得职称晋升、获得课题评审资格、薪酬增加等。也即是行政法领域中的“不停止执行原则”。在完成了上述处分材料环节之后,还需要上级教育主管部门(教育部、教育厅)备案,同时应按照教育部颁布的《依法治教实施纲要(2016—2020年)》精神来履行大学学术不端行为问责的法定程序。

上述的大学学术不端行为问责事前、事中、事后程序是以公平正义的程序为导向,尊重学术人的基本权利,倡导主体间交往对话的学术治理精神。哈贝马斯在交往理论中曾指出,“以法律、制度约束所确立的规范不仅仅是一种形式上的规范,而应是以共同体为交往理性目的,将积极目的加入到共同的利益中,而不是通过不平等的暴力方式解决行动冲突。”[2]某种程度来讲,上述的大学学术不端行为问责程序是从比较理想的角度来论述的,最终是想通过这种公平正义的程序彰显处分的合理性与合法性,减少学术人触犯的可能性。

五、划清大学学术不端行为问责责任类型

责任类型是一种形式的内在结构,用来描述社会行为活动中具有相同罪过类别形式的事物属性归属。大学学术不端行为责任类型的划分需要根据学术要素、学术不端行为表现形式,扎根于学术场域之中来划定大学学术不端行为的责任承担类型,这是大学学术不端行为问责的最后一道关。责任类型的设定最终是想通过对学术人实施教化意义上的惩罚,让学术人能够对自己的学术行为可能带来的后果有所预期,树立一种学术责任意识。根据前文对现行大学学术场域中出现的学术不端行为的界定与概括,以及大学学术不端行为问责性质,我们把大学学术不端行为的责任类型划分为道德责任和法律责任两种宏观形式。

---

[1]普通高等学校学生管理规定[EB/OL].(2017-02-16)[2017-02-17]. http://www.moe.gov.cn/srcsite/A02/s5911/moe_621/201702/t20170216_296385.html

[2][美]托马斯·麦卡锡.哈贝马斯的批判理论[M].王江涛,译.上海:华东师范大学出版社,2010:413.

(一)道德责任

黎尔(Alois Riehl)曾说过,“人尽责并不是因为他生来就有道德,人变得有道德则是因为他尽责。”[1]道德责任是做人的先导,人的尊严也体现在人能够为他们所做的事负起道德上的伦理责任。学术个体是社会场域中具有学术身份的群体,同时也是构成学术场域存在的生命实体,学术场域是所有学术个体以群体方式存在的抽象实体。学术个体履行学术道德责任是一种基本的学术生存方式,是完善自我学术人格的一种社会规定和价值诉求。本研究所指的道德责任与广义上的道德责任有所区别,本研究所指的道德责任是指学术个体应积极主动将个人的学术“德”与学术共同体承载的伦理“善”、社会文化担负的“理”结合起来,树立学术责任自觉意识。一定意义上来讲,道德责任本身具有内在主观性、自律性、自塑性,靠的是学术人自身的德性来约束。“行为之发生不仅合乎职责,而且出于职责,这必须是一切道德教育的真正目的”,这是学术个体符合“学术人”这一称谓的最基本要求,也是一种内在的科学自律、自省、自觉学术精神。大学学术场域对学术人出现的学术不端行为,首先追究的是行为人的道德责任。因为道德伦理是一种内在的人格品性,出了问题最先拷问的就是行为人的道德良知,拷问行为人明辨“善恶是非”的能力。在现实的学术场域实践中,学术个体呈现出的学术不端行为最明显的特征就是对自己没有学术规范的要求、没有道德责任感。那么,承担道德责任就成为学术治理追责的第一道关。

学术人(教师和研究生)在从事科学研究过程中出现了诸如前文所指的抄袭、剽窃、造假等学术不端行为,首先需要学校学术道德委员会对其进行批评教育、自我道德良知的反省与深思,个人践行学术道德规范的一个自我反观,从内心深处拷问学术人对“学术”的理解,以及出现这种学术不端行为的真实动机。其次,在此基础上,视学术人抄袭、剽窃、造假的轻重来定夺是否追究其他责任,若只是由于行为人的引用不规范、照搬了他人的观点、学术论文署名未能按照贡献大小而出现的学术不端行为,对行为人进行道德层面的批评教育以此召唤他们学术灵魂的回归;倘若行为人出现的严重抄袭、剽窃、造假以及课题虚假申报等学术不端行为除了需要对其进行道德说教之外,还要追究其学术责任、法律责任等相关责任。麦金太尔呼吁“人的内在德性是成人之本,共同体需要富有正义感的成员与共同体一起呼

[1]常青.公民社会责任价值论析[J].理论月刊,2011(5):82-84.

吸。”[1]最后,道德责任是大学学术不端行为最基本的责任类型,也是考证学术人是否具有学术规范意识的关键。除了对学术人本人出现的学术不端行为进行道德追责外,连带客体也应承担相应的道德责任。如经过导师指导并署了导师通讯作者的学术论文存在学术不端行为,那么除了追究第一作者学生的道德责任外,还应追究导师指导学生不力的连带道德责任。因为导师在整个论文的写作过程中提供的是论文的思路和研究框架,虽不是论文的第一责任人,但论文是合作发表,应承担批评教育的道德责任。再比如,由于学术人(教师和研究生)是以所在单位名义在学术场域中从事学术研究活动,公开发表的学术论文、承担的科研课题都署名所在单位,所在单位的科研部门有对学术人的科研学术行为进行监督管理的义务,学术人出现的学术不端行为,其所在单位也应连带受到上级科研管理机构的道德批评与通报。

罗纳德·巴尼特(Ronald Barnett)在高等教育理念进行阐述时也指出,学生拥有学术自由同样意味着承担学术责任——实质性责任与程序性责任。实质性责任与道德紧密相连,包括真挚、正直(不剽窃或欺骗)、诚实、避免自相矛盾、统筹考虑、发展并坚持自身观点的理智勇气、乐意遵循推理和证据要求、对他人观点或行事方式秉持开放立场。程序性责任与学生角色常规相关,包括按时完成任务、信守学术约定、承担课程研究任务。[2]

(二)法律责任

凯尔森(Hans Kelsen)认为,行为人出现的不法行为与制裁之间存在一定的内在关系。行为人对他所做出的行为承担法律责任,即行为人做出的不法行为就应接受制裁与惩罚。法律责任的形成是基于一系列不法行为的产生而引起制裁效果的考量。哈特将责任归结为义务,“说某人应在法律上对某人负责,常常只是指,按照法律规定,他在一定的事件中,或者应承担被迫受惩罚的义务,或者承担被迫支付赔偿金的义务。”从法理学意义上讲,法律责任的核心点即是“义务”“处罚”“责任能力”。即由于侵犯法定权利或违反法定义务而引起的、由专门国家机关或法律法规授权组织机构来认定并归结于法律关系的有责主体的、带有直接强制性的义务。简而言之,即由于行为人违反第一性的法定义务而招致的第二性义务。

[1][美]阿拉斯戴尔·麦金泰尔.追寻美德——道德理论研究[M].第2版.宋继杰,译.南京:译林出版社,2011:101.
[2][英]罗纳德·巴尼特.高等教育理念[M].蓝劲松,译.北京:北京大学出版社,2012:180.

如前文所言,大学学术不端行为事实意义上也是一种法律行为,它具备了法律行为的构成要件——法律规范的确认、外在行为表现以及内在的意志动机。《中华人民共和国高等教育法》《中华人民共和国专利法》《中华人民共和国著作权法》《中华人民共和国科学技术进步法》《国家科技计划实施中科研不端行为处理办法(试行)》《国家科学技术奖励条例》和《中华人民共和国侵权责任法》等法律规范在不同程度上对学术不端行为的认定、追查均有所确认。这种行为也是具有完全民事行为能力的学术人的一种有意行为。在法律实践过程中,法律责任的基本形式主要包括民事法律责任、行政法律责任、刑事法律责任和违宪法律责任四种。学术不端行为法律责任是法律责任的下位概念,是对学术人在从事科学研究活动中违反法律、法规以及规章,对其依法做出的承担补偿、赔偿、惩罚等义务的追究方式。既包括民事责任、行政责任,也包括较为严重的刑事责任。因为学术活动一般不涉及违宪责任,加之宪法也没有明确对学术不端行为进行规范,因此,违宪责任不在本文讨论范围内。

1.民事责任

博登海默指出,“法律通常所关注的是一个行动应受法律规范裁判的人的心智倾向。”大学学术不端行为民事责任主要是指学术人中的教师在科学研究项目申请、签订科学研究合同以及从事科学研究过程中出现的民事违法行为,主要包括侵权责任、缔约过失责任和违约责任。

(1)侵权责任

前文所指的教师利用剽窃或模仿他人研究成果骗取了科研项目、学术人(研究生、教师)胡乱署名等学术不端行为,实则构成了民事责任中的侵权责任,侵犯了他人的著作权。《中华人民共和国著作权法》明确“歪曲、篡改、剽窃他人作品;没有参加创作,为谋取个人名利,在他人作品上署名”等行为构成了侵犯他人著作权行为,应当承担民事责任。公开发表的学术论文等学术科研成果受到著作权法的保护,学术人出现的上述剽窃、篡改等学术不端行为已经侵犯了著作人的合法权益。学术剽窃等学术不端行为无怪乎就是想借助他人的研究成果而冒充自己的研究成果,跟盗窃毫无区别。学术人(教师和研究生)承担侵权责任方式可以依据《中华人民共和国侵权责任法》中第十五条的规定,停止学术人进行侵犯他人的著作权、向被抄袭者进行道歉并提供道歉说明、赔偿被抄袭者经济损失、补偿被抄袭者精神损失等。值得注意的是，只要学术人在申报课题过程中出现了上述学术不端行为，不管最后项目是否获批，都构成民法意义上的侵权责任。

(2)缔约过失责任

学术人在申报课题等学术活动中为了能够成功申报采取学术投机、弄虚作假的行为，提供个人虚假信息或前期虚假学术成果，违背了合同法中的诚实信用原则。除了科研部门对科研项目的经费、进度等进行管理外，单从签订科研合同的角度而言，学术人作为申请科研课题的主体与签订合同的另一科研管理行政方之间属于一种平等的法律关系。在这一课题申报的过程中学术人能够在课题选题指南范围中自由表达自己的想法，不会受到任何管理者的行政干预而进行自主申报，双方处于一种平等的法律关系之中。那么，学术人出现的这一行为就会受到《中华人民共和国合同法》《中华人民共和国侵权责任法》等私法的调整。诚实信用是"民法"中较为常见的一个从事民事活动的原则，《中华人民共和国合同法》也规定当事人双方签订的合同应坚持诚实信用原则，故意隐瞒订立合同中的信息或杜撰虚假信息，应承担赔偿责任。而学术人在学术场域中出现的这些虚假申报等学术不端行为严重违反了这些法律规定，造成国家科研经费的流失，扰乱学术生态。从这个责任认定来讲，学术人需要退还非法所得的科研经费，并赔偿因其违法申报行为带来的经济损失。笔者从全国教育科学规划网了解到，每年全国教科规划办都有通报一些申请人填报虚假信息或已有往年在研项目仍在申报课题的案例。

(3)违约责任

违约责任是民法意义上的概念，是指合同当事人的一方不履行合同规定义务或履行的义务不符合合同条款中的约定行为，造成客观意义上的违约行为而承担的民事责任。大学学术不端行为的违约责任主要在于学术人签订科研合同后未能按照合同约定履行义务而承担的民事责任。如学术人未能在规定期限内完成科研合同约定的任务(科研合同规定的发表文章、出版专著等学术任务)、未能坚持科研合同中的诚信原则而中途终止课题研究等学术不端行为。对于学术行为人的违约行为，"民法通则"和"合同法"对违约责任都有所规定。如《中华人民共和国民法通则》第一百一十一条规定当事人一方不履行合同义务或者履行合同义务不符合约定条件的，另一方有权要求履行或者采取补救措施，并有权要求赔偿损失。《中华人民共和国合同法》第一百零七条规定当事人一方不履行合同义务或者履行合同义务不符合约定的，应当承担继续履行、采取补救措施或者赔偿损失等违约责任。本研究认为,对于学术人出现的学术违约责任,我们可以参照上述法律规定对其进行追责,如果学术人只是未能认真履行科研合同,可以责令其认真履行义务;如果学术人的违约情节较为恶劣,科研立项部门应通知学术人,并撤销其主持科研课题的资格,追缴已使用的课题经费并承担相应的赔偿责任。全国哲学社会科学网每年也会通报一些学术人的课题研究成果存在重复发表等违反科研合同规定的学术不端行为。

2.行政责任

行政责任是法律责任中最为常见的责任类型。既包括行政机关及其工作人员、授权或委托的社会组织及其工作人员在行政管理中因违法失职、滥用职权或行政不当而产生的行政法律责任,也包括公民、社会组织等行政相对人违反行政法律而产生的行政法律责任。高校、国家自然基金委员会等法律、法规授权的学术组织有权对大学学术场域中的学术不端行为进行查处。《国家自然科学基金条例》中的法律责任明确指出,"申请人、参与者伪造或者变造申请材料的,由基金管理机构给予警告;其申请项目已决定资助的,撤销原资助决定,追回已拨付的基金资助经费;情节严重的,3至5年不得申请或者参与申请国家自然科学基金资助,不得晋升专业技术职务(职称)。"《中华人民共和国高等教育法》第四十二条规定:"高校设立学术委员会负责调查、处理学术纠纷、认定学术不端行为。"《高等学校预防与处理学术不端行为办法(征求意见稿)》第二十九条规定:"高等学校应当根据学术委员会的认定结论和处理建议,结合学术不端行为性质和情节轻重,依职权和规定程序对学术不端行为责任人作出如下处理或提出处理建议。"这也足以证明高校等其他法律授权组织在对学术人施以的学术不端行为问责是依照上位法的授权。做出的行政处分应是高校等授权性学术组织机构在遵循法律保留原则与法律优先原则下,秉承学术自治与最低限度的行政法治间的契约精神,对所管辖内的学术人基于学术性判断事由产生的学术问责,我们可以将这种处分理解为一种"学术行政责任"。

"一项权力权使权利人对要求他人按其意向做某事这一利益享有资格。"[1]也即是说,学术人有义务在学术规章、学术规范约束下开展学术研究活动。高校作为法律法规的授权组织有权力要求学术人遵守学术纪律,按照学术场域中的"游戏规则"进行求真务实的探索科学真理、传播科学知识与独立思考,并以合作的方式开

[1][英]A·J·M·米尔恩.人的权利与人的多样性——人权哲学[M].夏勇,张志铭,译.北京:中国大百科全书出版社,1995:123.

展科学研究。十八世纪末以来,人们就已将希望寄托在知识的理性反思力上,强调知识是大学存在的合法性构件。大学中的学术知识是学术人在秉持学术精神基础上创造出来的,这种学术知识是一种凝集社会责任、职业责任、道德责任、政治责任于一体的公共资源,更需要学术人静心建造。从古至今,学术就被冠以了神圣的字眼,而学术人由于浮躁的心性,产生的学术不端行为除了需要拷问他们的道德良知,更需要追究他们的学术纪律责任。“社会应该信任学术机构及其成员,但如果学者们不能以一种令人尊重的方式对待他人的成果,不能留意学生职业发展的需要,他们就辜负了公众对其学术职责的期待。”[1]

如果教师不能尽到应有的学术职责,用自己的知识和科研经验去帮助学生,而是采取学术投机行为,向他们兜售自己的政治见解,这是应该受到责任追究的。[2]这种责任属于学术行政责任。学术行政责任主要是学术人(大学教师和研究生)在从事科研项目申请、职称申报、学术论文发表、学术奖项评定、学术著作出版等学术活动过程中,出现的违反学术规范而承担的责任。承担行政责任的方式主要是通过追究学术人的学术行为来实现。在对教师和研究生的学术行为进行追责时主要包括:撤销资格责任、取消行为责任、恢复名誉责任以及聘用责任。

具体而言,其一,承担撤销资格的责任主要包括:视学术人的学术不端行为严重程度来撤销涉嫌学术不端研究生申请硕士学位或博士学位资格、撤销(暂停当年)导师指导研究生的(招生)资格、撤销学术荣誉称号资格、撤销主持的科学研究项目。其二,承担取消行为的责任主要包括:视学术人的学术不端行为严重程度来延缓或取消学位申请、取消教师的专业技术职称、延缓或取消教师专业技术职称评审、科学研究课题评审、取消研究生在校期间因抄袭成果取得的学术荣誉称号、取消教师和研究生涉嫌学术不端的学术研究成果。其三,承担恢复名誉责任主要包括:视学术人的学术不端行为严重程度来停止抄袭等学术不端行为、主动承担道歉责任、恢复受害人的学术名誉、消除受害人的不良学术影响。承担聘用责任的方式主要包括:对教师出现的学术不端行为,视学术不端行为情节的严重性给予原职低聘、考核期结束不再续聘、缓聘、停聘等聘用处分。

同时,我们还应参照《事业单位工作人员处分暂行规定》第二十条规定:给予存在抄袭、剽窃、侵吞他人学术成果,伪造、篡改数据文献,或者捏造事实等学术不端

[1][美]唐纳德·肯尼迪.学术责任[M].阎凤桥,译.北京:新华出版社,2002:255.

[2][德]马克斯·韦伯.学术与政治——韦伯的两篇演说[M].冯克利,译.北京:生活·读书·新知 三联书店,1998:38.

行为的工作人员警告或者记过处分；情节较重的，给予降低岗位等级或者撤职处分；情节严重的，给予开除处分。[1]对教师和研究生出现的学术不端行为，高校应视其情节的严重程度，给予警告、严重警告、记过、记大过、留校察看、开除学籍(公职)等行政处分。高校对学术人给予的学术处分是按照法律法规的授权，通过制定校规校纪而做出的具体行政行为，既包括不改变学术人身份的内部行政行为，又包括具有可诉性的外部行政行为，双方处于不平等主体间的行政法律关系之中。高校等学术授权组织对学术人的学术不端行为做出的学术行政处分具有法律效力，当高校对其做出诸如开除学籍(公职)、取消学位等改变学术人身份的处分决定时，学生对其处理不服，可以提起行政诉讼。

3.刑事责任

刑事责任是最为严厉的法律惩戒方式，也是学术不端行为治理的最后一道迫不得已而为之的责任追究方式，只能针对情节特别严重的学术不端行为。如学术人在学术研究过程中以不法手段骗取数额较大的科研经费、在学术研究过程中未能履行科研管理规定，未能按时完成科研项目，肆意挪用科研经费，造成科研经费严重流失等构成犯罪的严重学术不端行为。教育部已通报并查处了包括浙江大学陈英旭、北京邮电大学宋茂强、山东大学刘兆平、北京师范大学张立新等科研经费严重使用不当，构成犯罪行为的学术不端行为，涉案人员均已被司法部门追究刑事责任。这种行为属于严重的学术不端行为，一定程度上来讲，构成了学术诈骗罪。刑事责任是对学术行为人做出的最严厉审判，刑法介入学术应保持相对的谦抑性，刑法只能规制性质最严重、最恶劣的学术不端行为，依据刑法中的罪刑法定原则，依照贪污罪、挪用公款罪来裁量定刑。学术本身需要的是自由、开放、兼容并包，首先需要的是学术自律，法律尤其是刑罚的介入是极为有限的他律约束，应保持最低限度的谦抑性。

在明确了大学学术不端行为问责的责任类型之后，如何对责任进行分配也是大学开展学术不端行为问责的关键问题。根据刑法中“尊重生命、慎用死刑”的审判原则，学术场域在对大学学术不端行为责任进行分配时应当遵循比例原则，保护

---

[1]事业单位工作人员处分暂行规定[EB/OL].(2012-08-22)[2016-12-04].http://www.mohrss.gov.cn/gkml/xxgk/201305/t20130529_104084.htm.

学术人最低限度的权利，以最小的责任分配侵害形式，[1]本着不错判、不包庇的理念合理分配大学学术场域中的学术不端行为责任。比例原则强调法益之间的权利与义务的均衡，维护公共利益与公民发展权，是控制行政自由裁量权的一种手段和目的的比例指向，学界将其比例原则划分为合目的性原则、必要性原则和狭义比例原则。[2]大学学术不端行为问责中的责任分配也应在比例原则的规导下实施学术自由裁量权。具体而言：第一，合目的性原则要求大学学术不端行为问责的责任分配是正确的并且有利于实现问责的目标。责任的分配应秉持以公平公正、实事求是的态度，规避滥用行政权力的现象，以事实为准绳，切忌采用联想、设想等违背合目的性原则的手段对学术人进行无目的的调查。如前文提及的北京大学对于某取得博士学位后发表的学术论文存在学术不端行为而将其博士学位撤销一案，责任的认定与《中华人民共和国学位条例》《学位条例暂行实施办法》之间存在冲突，出现了不当联结的法律审判现象，违反了合目的性原则的初衷。同时涉及学术不端行为连带责任的设定时，应遵循“直接相关学术人负主要责任、间接相关学术人负次要责任”的原则，不能将责任一概而论或包庇次要责任人应承担的责任。若出现多个学术不端行为直接责任人或群体违反学术规范，应遵循比例原则将学术不端行为责任按照涉事学术人产生的学术不端行为严重程度划分出主要责任人、次要责任人，依据学术不端行为责任类型的适用情形，将责任结果分配给涉事学术人。如果在调查整个学术不端行为过程中，发现间接相关学术责任人在整个学术不端行为中是幕后谋划者，在学术不端行为案件中起到主要作用，那么间接相关学术人责任人也应当承担主要责任。第二，必要性原则要求大学学术不端行为问责的手段是必须且必要的。必要性原则即是最小侵害原则。在如前合目的性原则确立之后，在所有的大学学术不端行为问责的责任设定中，应针对每个学术不端行为选择最恰当的、不得替代的惩处责任设定方式，保护弱者的最低限度权利，行使对学术人影响最小的学术裁量责任认定权，将责任追究方式带来的不利影响降到最低，规避以往高校对学生所犯学术不端行为惩处过重的弊端。从处分的责任分配来讲，能给予警告处分的，不考虑记过处分。如果能用简单的责任认定方式，消耗较少的人力物力就能达到优化学术秩序的效果，那理性学术不端行为问责就无须启用复杂、严厉且对相关人侵害较大的责任认定方式来达到目的。第三，狭义比例原则要求

[1]引自作者发表的文章：陈亮，康翠萍.失范与规范：高校学生学术不端行为及纠偏路径——基于惩处制度文本之维[J].大学教育科学，2016(5)：62-69.

[2]姜昕.比例原则研究——一个宪政的视角[M].北京：法律出版社，2008：17.

大学学术不端行为问责所实施的处分权与责任设定之间是成比例关系的。这一原则主要是指学术不端行为问责中的责任分配虽然是达成目的“必要善”，但不可给予学术人（相对人）造成过度的负担。“过度的负担”是指学术问责主体在行使公权力整治学术不端行为时采用的问责方式，在造成学术人“权利”损失方面是不成比例的，出现了“杀鸡取卵”的怪相[1]。因此，对学术人学术不端行为的问责应遵循狭义比例原则，具体问题具体分析，统一责任认定比例，避免出现因人而异的差异问责，慎用改变学术人身份的惩处方式，对于初犯且有改过之心的学术人应从轻处理，设置问责处分与处分解除期限，本着教育为主的理念，行使具体行政行为，促进学术秩序的向善发展。

（三）道德责任与法律责任间的责任聚合

在此本文要说明一点，上文虽然对学术不端行为责任的类型进行了划分，这种划分是应然理论层面的平面划分，各类责任有其各自的适用情形与程序，互不干扰。但在实际的责任认定过程中，由于大学学术场域中的学术不端行为表现形式复杂多样，往往一个学术不端行为的产生会牵扯到不同种类的责任，如道德责任、行政责任、民事责任与刑事责任。正如学者张旭所言，由于社会场域中的复杂关系以及法律对权力与权利的限制与保护，导致同一法律行为同时适用多个部门的法律规定，进而出现了交叉、重叠适用的聚合现象，造成某一法律行为主体承担多重法律责任的情形，使得民事、行政与刑事责任纠缠在一起。[2]结合我国现有的学术不端行为惩处的规范性文件规定以及实践中的判例，依据上文论证学术不端行为责任分配遵循的比例原则旨要，本研究将大学学术不端行为责任聚合情形厘定在道德责任与法律责任、民事责任与行政责任、行政责任与刑事责任以及民事责任与刑事责任之间。

第一，大学学术不端行为道德责任与法律责任聚合。学术人在学术场域中出现了学术不端行为首先应承担问责主体给予的批评教育与自我道德良心忏悔，即承担道德责任。之后根据学术不端行为人与问责主体之间的法律关系，在适用私法与公法之间选择具体承担法律责任的类型与方式。高校、其他科研机构作为法律法规的授权组织，依照法律法规的授权来处理学术场域的学术纠纷，这一责任类

[1]白贵秀.社会应急管理机制研究——以7.23动车追尾事故为例[J].当代法学论坛，2011（3）：194-203.

[2]张旭.民事责任、行政责任和刑事责任——三者关系的梳理与探究[J].吉林大学社会科学学报，2012（2）：54-60.

型属于特殊的行政责任——学术行政责任。此类责任聚合在执行过程中较容易操作,遵循“先道德后法律”的责任适用原则,再视法律具体的适用情况完成追责,两类责任可以同时适用。

第二,大学学术不端行为民事责任与行政责任的聚合。这一聚合情形是大学学术场域学术不端行为问责中较为常见的现象。这种责任,我们不可能仅仅依赖于学术人的良心发现或自觉意识承担道德责任来实现,还需要通过不同的法律调整关系来实现责任的追究。如前文所言,学术人与国家科研管理机关签订的合同既具有民事性质又具有行政性质,产生的学术不端行为既属于民事侵权、违约等责任,又属于行政管理范畴的行政责任。在追责过程中,两类责任不分先后顺序,在适用过程中,应本着最小侵害原则,保护学术人的最低限度权利,物质赔偿、精神赔偿与行政处分并罚,在具体情节适用时,应将学术人所在单位作为监管方连带责任一并考虑,对民事责任与行政责任按照比例原则进行学术裁量,两类责任不可相互抵消。

第三,大学学术不端行为刑事责任与民事责任、行政责任聚合。刑事责任是所有责任类型中最为严酷的一种学术不端行为责任。学术不端行为刑事责任是最为严酷的一种责任追究方式,也是一种万不得已而为之的刑罚手段,这种责任适用情形有着严格的法定程序与条件,涉事的学术人不能随意放弃执行刑罚,而且司法机关也应按照法定程序公正执法。遵照前文论述的比例原则与最小侵害原则的要求,司法机关的量刑比例设定与学术自治需要进行必要沟通、听证,给予学术自治自由的空间。刑事责任与民事责任、行政责任在同一学术不端行为中可以同时适用,不存在先后顺序。但学术不端行为问责属于公权力观照下的学术自治,应体现学术治理本身教化向善、和谐共生的价值导向,若学术人出现的学术不端行为情节特别严重,已经触犯了刑法,追究刑事责任后应考虑学术人改过自新、保护学术人最低限度的权利(如生命权、受教育权、公正对待权、豁免权等)、以教育为主等因素,适当减轻对其行政责任与民事责任的追究。

第六章

大学学术不端行为问责的保障机制构建

保障机制是促使事物发生质变的推动力量，在优化大学学术不端行为问责有效运行的过程中，离不开外部保障力量的推进。通过文献的查阅，国外在推进大学学术不端行为治理过程中的保障措施——以美国和荷兰为典型的政府干预和高校主导两类方式，值得我国借鉴。首先，美国高校实施的学术不端行为问责主要是以联邦政府2000年制定的《关于学术不端行为的联邦政府政策》上位法为依据，以政府主导的学术不端行为立法为关切点，辅助高校处理教师和学生出现的学术不端行为。美国联邦政府对于大学学术不端行为的治理方式日趋完善，制度体系的设计以及制度的运行也日臻健全，促使高校能够有条不紊地应对学术人出现的学术不端行为。高校对学术不端行为治理由注重结果的问责转向全程、全方位的监控与防治——集独立的管理机构、完善的法律法规制度以及可操作的运行程序于一体，在判例中逐步形成了学术不端行为的综合防治与干预机制。其次，荷兰大学自治联盟的学术章程建设为荷兰大学治理学术不端行为提供了基层治理经验，这种制度源自荷兰大学学术共同体成员的协同约定。荷兰大学联盟自治的学术章程——荷兰学术行为准则（The Netherlands Code of Conduct for Academic Practice），由荷兰大学联盟（VSNU）于2004年制定，并分别于2012年和2014年进行了修订。该准则对良好的教学科研行为（Principles of Good Academic Teaching and Research）做了详细定义，用于规范荷兰大学和科研机构人员的学术行为。荷兰大学学术行为准则应用于教学和研究的学术实践中，所有的大学已宣布支持这个学术准则。该准则声明，只要作为从事研究和教学工作的高效专业人员都应遵守联盟制定的这一学术实践准则，包括在校学生。在制定原则方面，荷兰大学学术行为准则源于一个共同的信念——大学教员扮演了一定的社会角色，需要履行相应职责。为了约束他们能够正确地履行职责，需要制定一些成文的规则。同时该准则也为荷兰各大学建立学术诚信制度提供参考标准，并在必要时，可作为学术人之间相互监督与问责的基础。

联邦政府主管下的科学研究诚信办公室为美国监管学术不端行为提供了固定的专门性机构，荷兰大学联盟自治的学术章程为荷兰大学治理学术不端行为提供了基层治理经验，这种制度源自荷兰大学学术共同体成员的协同约定。两种模式各有特点，“自上而下”和“平等协商”的学术不端行为治理模式能为保障我国大学学术不端行为问责运行提供如下启示。

一、健全大学学术不端行为问责法律制度供给机制

健全大学学术不端行为问责法律供给是确保问责能够有效开展的最有力的保障机制。法律虽然不能统摄一切，但一个旨在实现正义的法律制度会试图在自由、平等和安全方面创设一种切实可行的综合体与谐和体。[1]完善的教育法律制度不仅可以为教育治理的实践探索提供合法性基础，也可以为调动治理主体积极性提供制度性保障，同时也是教育治理现代化的基础。[2]结合我国大学学术不端行为问责面临的困境以及影响因素，我们认为健全大学学术不端行为问责法律制度供给机制应从完善学术法律体系、加强宣传与普及、强化与学校规范性文件间的衔接三个方面来关注。

（一）臻善学术问责法律，着力医治立法低效顽疾

由上文对学术不端行为问责的影响因素分析可知，从我国现行的学术法律规范体系来看，并没有一部专门国家立法的行政法规，而且多以行政色彩的规范性文件为主，很少涉猎基于民事合同和刑事司法审判的学术不端行为规章。在目前国家出台的法律规范中，只有法律层级较高的《中华人民共和国科学技术进步法》和《中华人民共和国著作权法》两部全国人大制定的法律中分别谈及了5条和2条的行政法律责任，其他均未涉及，很难给大学学术不端行为治理提供参见。教育部最近出台的《高等学校预防与处理学术不端行为办法》学术规章规定的内容和适用范围也较为受限，很难给大学治理学术不端行为提供依据和指导。因此，只有建立完善的学术法律保障体系，着力解决立法效力低的问题，才能为提高大学学术不端行为问责效率奠定方向性基础。

1.明晰学术问责法律的基本理念

法律不仅具有事实性的强制作用，同时也具有规范性的引导作用。法律不仅强调人们“可以做什么”“必须做什么”和“禁止做什么”，还可以倡导性地引导人们“最好做什么”。法律是最低限度的道德，它不仅是一种符号系统，而且是一种行动系统。[3]哈贝马斯用交往行为理论的生活世界概念来诠释法律，法律作为一个具有

[1][美]博登海默.法理学——法律哲学与法律方法[M].邓正来，译.北京：中国政法大学出版社，2004：322.

[2]陈亮，李惠.论教育治理法治化[J].高校教育管理，2016，10(4)：51-56，65.

[3]夏勇，胡水君.法理讲义——关于法律的道理与学问(上)[M].北京：北京大学出版社，2010：73.

反思性的合法秩序，内嵌于生活世界的行动结构中，兼具规范性与事实性。[1]基于此，学术问责法律应体现秩序与正义两方面理念。其一，秩序即为事实性，得到接受。国家立法机关通过良法与行政调控将自律性的学术不端行为问责规范上升为效力等级较高的法律、增强其约束力的普遍有效的法律已是大势所趋。借助具有强制性的学术问责法律期待学术人能够接受并遵守。保持谦抑性的法律介入可以为学术不端行为的治理指明方向，维系学术治理的合法性。其二，正义即规范性，理性的可接受性。学术问责法律除了具有强制规范性的秩序理念外，学术问责法律旨在维护公共学术利益的一种正义价值，在交往行动理性的引导下，将学术问责法律构成学术人学术生活世界的行动网络共识图谱，人人都出于尊重而自愿去接受、遵守具有正义指向的学术问责法律。在国家倡导良法善治、加快推进教育治理法治化的诉求下，国家立法机关通过的学术立法应遵循学术最基本的秩序与正义价值取向，符合学术人的普遍学术信念价值。这种立法理念也是盛行西方的"父爱主义"[2]，即该理论主张在尊重公民人格与主体性基础上，为相对人自身的利益而对其自由进行较为温和的限制，在爱民与限民之间有个界限。[3]

2.确证学术问责立法的起草程序

建立一门等级较高的专门性学术问责法律是一项系统庞大的工程，需要具备前期的立法条件。从已有的学术规章制度来看，我国教育部、科技部等行政机关已出台了诸多有关学术道德规范及惩处的部门规章、规范性文件，加之借鉴美国、荷兰等发达国家学术立法的先进经验并在充分调研基础上，联合教育部、科技部、司法部等国家行政机关对建立全国性的学术问责法律展开论证，提请全国人民代表大会审批。这在今后建立学术问责立法是有一定前提性基础的。

其一，确认学术问责立法权的来源。我国现行的立法体制分为：国家最高权力机关立法、国家最高行政机关立法、国家最高行政机关所属具有行政管理职能机关立法、省级权力机关与行政机关立法、民族自治地方权力机关立法以及授权立法。

---

[1][德]哈贝马斯.在事实与规范之间——关于法律和民主法治国的商谈理论(修订译本)[M].童世骏，译.北京：生活•读书•新知 三联书店，2011:89.

[2]"父爱主义"意指家长那样的行为，最早由密尔提出，分为软父爱主义和硬父爱主义。软父爱主义的核心是：尊重那些在认知上和意志上没有欠缺的真实决定，不对任何真实的决定进行干预，只对受到削弱的决定进行限制和干预。硬父爱主义是指干涉人出于增加当事人利益或使其免于伤害的考虑，不顾当事人的主观意志来限制其自由的行为。无论是软父爱主义还是硬父爱主义其目的都是为了增进公民的福利、需要和利益，阻止他自我伤害、不同程度地限制相对人的自由。

[3]孙笑侠，郭春镇.法律父爱主义在中国的适用[J].中国社会科学，2006(1)：47-58.

学术本身具有较强的专业性，会涉及很多学术自由裁量事项、学术专业术语等。如果依靠权力机关和行政机关来直接行使立法权会出现这样的问题：一是全国人民代表大会及其常务委员会、国家行政机关每天的公务繁忙，需要处理的立法案件繁重，而且缺乏对学术专业性的细致问题深入研究与探讨，由他们立法势必会影响立法质量与进程。因此，关于学术立法权我们采用广义上的立法，全国人大通过法定程序授权给教育部或某个部委，再通过二次授权给某个专业性的学术组织，学术组织再聘请学术领域中各专业的专家对学术专业知识问题进行精确把握。由此可以看出，一门法律等级较高的专业性学术问责法律的立法权来自立法机关的委托授权立法。

其二，明晰学术问责立法的基本程序。制定一门专门的学术问责法律程序很繁杂，其中最重要的程序就是起草环节。因为学术问责法是一部全国性的且效力等级较高的法律，关系到今后通过全国人大审议后运行实施的效果，谁来起草、依据怎样的程序是尤为重要的。立法本身是一种善治协商的解释行为，扎根于以沟通为取向的学术立法行为语境之中，[1]彰显程序正义与实质正义的复合价值。从这一角度来讲，学术问责立法的起草主体应能体现公正、正义的价值。从上级问责机关来看，大学学术不端行为问责涉及多个科研管理部门，国家各部委有制定部门规章的权限，考虑到公平、公正等因素，建议教育部、科技部、司法部等部门共同起草学术问责法，共同参与、协商、共同调研，只有这样才能尽快拿出草案并提请人大审议。起草主体虽是由国家各部委联合发起，但由于学术法律不仅仅涉及教育部等高层治理主体的利益诉求，也涉及高校教师、研究生、高校学者以及社会公众等多方主体的利益诉求，他们是学术实践活动中的一线人员，倾听他们对学术不端行为、问责的看法与诉求是立法起草的关键。就学术秩序与学术善治的角度而言，学术立法起草整个过程应体现还原学术本真价值、还原学术应有的良好秩序之意，立法不仅仅是一种手段，更是一种保障学术人提出学术立法诉求、维护应有权利的目的。因此，起草主体应在制定草案时定期组织大学中各学科领域专家、学者对学术不端行为问责立法规划的方案进行讨论，广泛征求他们对此事的看法，并以专题的形式汇报。广泛征求专家在实质性学术事由方面的意见，是为了确保大学学术应有的自由，学术自由作为基本的权利，在国家提供保障学术发展的同时，也需要国

[1][德]哈贝马斯.交往行为理论——行为合理性与社会合理化[M].曹卫东，译.上海：上海人民出版社，2004：115.

家禁止对学术领域的不当干预,[1]保持法律介入学术的谦抑性,充分论证学术问责法律与其他学术规范性文件、学术规章之间的异同,并广泛征询社会公众意见。在广泛听证、确保各方主体参与基础上,起草机关应反复推敲草案,形成最终文本,报由全国人大审议后的结果也应及时公开,审议应实行逐条审议通过制,突出审议重点,提高审议效率。通过审议后的学术问责法律草案才能上升为具有普遍约束力的学术问责法律。[2]

其三,做好立法审议后的实施检验工作。通过审议后的学术问责法律就要付诸实施,成熟的学术规范性文件在长时间酝酿、试行过程中发现了还有很多尚需解决的问题,加之面临社会治理的转型发展,法治观念已深入学术治理场域。学术问责法律需要从“试行”开始,在“试行”“暂行”的实践过程中不断反思立法者在法案起草中理性思维的局限。“司法机关的主要职能是根据某一先已存在的法律解决争议;由于这种先已存在的法律具有必然的不完善性和频繁出现的模棱两可性,所以司法机关根本就不可能将自己只局限于其基本职能之中,而且总是发现有必要对现行法律进行扩充和补充。”[3]法律出台后也是有缺陷与不足的,需要在实践中不断完善与改进。具体而言,实施检验工作应做如下三方面努力:第一,审看实践过程中的措施条款是否能够体现学术自身的发展与运行规律,是否僭越了学术自由裁量权。对于不符合的条款,应组织专家学者进行整改,并附上整改说明与补充事项。第二,审看并反思实践过程中问责主体执行“试行”的学术问责法律时遇到的困难,针对特殊情况给予特殊指导,在现实案例实践中总结学术问责法律的不足。第三,审看学术问责法律规范的具体实施情况、保障措施是否完善,各相关主体是否协调好了权力、权利与职责之间的关系,真正落实了学术法律规范中的内容条款。实践是检验真理的唯一标准,通过反思实践过程中学术问责法律规范的实施情况,能够为我们提供指导实践行动的指南。

(二)加强学术问责法律的宣传与普及工作

博登海默曾言,“秩序的维续在某种程度上是以存在着一个健全完善的法律制度为条件的,而正义则需要秩序的帮助来发挥它的一些基本作用。法律能创设一

[1]董保城.教育法与学术自由[M].台北:月旦出版社,1997:118-120.

[2]白勤.高校教师学术不端行为治理研究[D].重庆:西南大学,2011:110.

[3][美]博登海默.法理学——法律哲学与法律方法[M].邓正来,译.北京:中国政法大学出版社,2004:431.

种正义的秩序。"[1]法律的创设不是让人们因惧怕法律而产生服从的义务,也不是统治阶级无理无据的强制性统摄。法律规范的生活关系并不只是消极地待在那里接受法律对它的规范[2],而是能够将法律看作是一种自生自发的秩序规范律令,让行为人能够将法律看成是由内而生的行动自觉,提供每个人以同等的自由,这就需要在日常实践中强化人们对法律的认知与了解,加大法律的宣传与普及力度。

哈耶克在谈及法律秩序时曾指出,"制度中的人……似乎在想象,他能够像在棋盘上随意摆布不同的棋子一样,轻而易举地安排一个大社会中的不同成员。他没有考虑到,棋盘上的棋子,除了手指强加给它们的移动原则以外,没有任何其他原则;但是,在人类社会这个巨大的棋盘上,每一个人都有着他自己的运动原则,而且这些原则还与立法机构可能强加给他的运动原则完全不同。如果这两种原则恰好相吻合并趋于同一个方向,那么人类社会中的人与人之间的竞技或生活(game)就会顺利且和谐地进行下去,而且极有可能是幸福的和成功的。如果这两种原则相反或对立,那么人类社会中的人与人之间的生活就会以悲惨的方式持续下去,而且这种社会也肯定会始终处于失序的状态之中。"[3]因此,学术问责法律若想保障学术不端行为问责的有效运行,有必要将内部学术规范与外部学术法律保持一致,确保大学学术不端行为问责能够内化于整个学术场域的学术人心中,形成自生自发的问责秩序。

其一,将学术问责法律融入高校课程教学内容体系与高校领导干部管理课程培训体系之中。课程是高校实现育人、达成教化目标的重要媒介。一方面,借助课程媒介可以从内源上启发高校转变对大学学术不端行为问责的"训斥"看法。建议高校增设学术道德课程或在已有的思想政治课程中增加学术道德环节,适用对象为高校研究生和新进教师培训课程,注意将学术问责法律的条目和案例注入其中,让学术人能够意识到学术问责法律的重要性与迫切性。从课程内容的角度,引导学术人从内心深处意识到学术问责法律是一种必要的学术他律控制,实现的是学术善治目标,不仅仅是一种规制手段,能够让学术人心服口服地接受学术不端行为问责这一方式。另一方面,借助课程媒介让高校领导干部转变对学术不端行为问责的态度,将后知后觉的被动态度转变为先知先觉的启发态度,问责不仅仅是惩罚、规训,需要生成一种自生自发的学术秩序,需要强化问责主体规范问责意识、理

[1][美]博登海默.法理学——法律哲学与法律方法[M].邓正来,译.北京:中国政法大学出版社,2004:330.

[2]杜强强.宪法上的艺术自由及其限制:以"敏感地带"行为艺术案为切入点[J].法商研究,2013,30(6):26-33.

[3][英]哈耶克.法律、立法与自由(第一卷)[M].邓正来,张守东,李静冰,译.北京:中国大百科全书出版社,2000:52.

念。通过对高校领导干部的培训,唤醒他们要依靠规范的问责方式与问责理念来实行学术场域的专业性问责,而且强化他们对大学学术不端行为问责性质的认知,让他们能够明晰学术问责法律的基本内容规范,应按照学术问责法律的上位法规定来修订本校的学术规章,确保学术问责法律与学术规范性文件之间更好地衔接。高校领导干部是参与学校学术规范性文件制定的主力军,行使的权力、问责方式、问责目标等都需要在学术问责法律的授权范围内调整,努力践行一种自生自发的学术问责秩序,而并非刻意去实现某种目的、达到某种目标。

其二,发挥舆论媒体对学术问责法律的传播作用。舆论媒体是传播正能量的重要媒介,通过媒体对社会广泛关注事件的报道可以增进公众对学术问责法律的认同感。首先,通过中国教育电视台、新闻联播等人们日常较为关注的频道报道,普及学术问责法律,聘请专家以开展讲座的方式对相关的法条进行解释,广泛宣传学术问责法律的适用性,增进人们对学术问责法律的认同感。其次,学术期刊也应结合自身刊物的发文需要,组织特定的专栏对学术问责法律进行探讨,刊发一些高水平的关于学术问责法律的相关文章。借此专家能够从学理角度为学术人以及问责主体提供启示,提高问责的责任感与使命感。同时,学术刊物也应在醒目的位置上标出,对违反学术道德的行为将采取怎样具体的追责措施,由哪些机构进行追责,追什么样的责任等。

(三)强化与高校学术规范性文件的衔接

学术问责法律的制定不是纸上谈兵,而是需要指导大学学术场域实践。学术问责立法作为效力等级最高的、最具约束力与统领性的学术性法律,需要这种专门性的学术法律兼顾学术自治性与规范性。首先,从学术自治性的角度来讲,学术问责法律是一种统领性的学术法律,不可能穷尽所有的学术问责事项,某种意义上来讲,它是德沃金所言的法律原则,是一种纲领性的概括式的框架内容立法,确保大学能够在限度自治的范围内行使学术问责的法定裁量权。学术自治与学术自由应该受到学术问责法律的保护与尊让,只有涉及行为人基本的权利与义务的关系问题才需要特别遵守法律保留原则。但学术问责法律需要划清责任界限与权力清单,究竟大学可以在哪些范围内实现自治问责,哪些范围不能自治。其次,既然已经确定了学术问责法律兼顾大学的学术自治性,那么也应该从规范性的角度对自治行为加以规范。如前所言,学术问责法律是一项统领的原则性法律,应对不能穷尽的学术问责具体条目在问责法律中做出明确的授权裁量说明。而授权高校裁量行为具体实施的依据就是高校的学术规范性文件，问责法律应做好与高校学术规范性文件的衔接与指导工作，应对高校学术规范性文件的必要记载事项、相对必要记载事项以及任意记载事项做出明确的框架性规定。必要记载事项即是“规定性动作”，按照学术问责法律规定的“红线”来执行，这是最低限度的问责标准，规范性文件要依照这一精神来进行调整。而相对必要记载事项与任意记载事项即是学术自由裁量，在怎样的范围内（如给予学术人警告、记过、记大过）实行自由裁量，需要学术问责法律对规范性文件做出明确的授权规定，进而指导高校实施学术不端行为问责。这也确证了德沃金在《认真对待权利》中言及的“原则”与“规则”之分，“规则是实现原则的具体目标指向，原则是概括性的要求指向。规则是具体的，规则在适用时，是以完全有效或者完全无效的方式。如果一条规则所规定的事实是既定的，那么这条规则是有效的。而原则在实践中出现冲突时则需要衡量原则分量的强弱，而且一项原则可以证明违反一项规则为正当。”[1]基于此，我们将学术问责法律看作是法律原则，高校学术规范性文件看作是法律规则，高校学术规范性文件需要在学术问责法律原则的裁量授权范围内规定具体的法律规则事项，两者在推进大学学术治理中共同发挥作用，需要协调好两者之间的关系，给高校行使“法无授权即禁止”的学术自由裁量权提供制度性保障。

二、规范大学学术不端行为问责监督机制

大学学术不端行为问责监督的目标是保障对学术人的问责结果与程序能够在公平正义的环境下进行，能够以教育法律法规等规范性文件为坚守，做到依法治学、依法问责。学术场域中的问责不仅仅需要依靠完善的教育法律、法规制度来保障，也要对大学学术不端行为问责的执行程序进行监督，需要建立一套完善的学术不端行为问责监督审查机制确保问责能够有效运行，以便及时发现学术不端行为问责过程中依据的规范性文件存有的瑕疵而导致的程序性与实体性错误。

（一）建立大学学术不端行为问责监督共同体

建立大学学术不端行为问责监督共同体对于提升问责效率、确保问责公正性有着举足轻重的作用。我们都清楚，大学学术不端行为问责不仅仅依靠制度内容

[1][美]罗纳德·德沃金.认真对待权利[M].信春鹰，吴玉章，译.北京：中国大百科全书出版社，1998:43.

本身，问责主体不执行——“不告不究、告了不深究”，也很难产生正义的问责结果。问责效果执行得好不好、公不公正、能否让人信服，需要发挥问责监督主体的作用。单一的监督主体，由于个人理性的偏好很难对学术不端行为问责结果起到有效的监督作用，会出现非合作或利益偏向的弊端，而需要建立多元利益制衡的问责监督共同体，从多个角度来监督问责实施程序与效果。“共同体”一词最早由德国古典社会学家滕尼斯在其《共同体与社会》一书中引入，滕尼斯将共同体分为：血缘共同体、地缘共同体、精神共同体。简而言之，共同体是一个具有共同信念、共同价值、共同规范的社会群体。正如阎光才教授所言，人类社会是通过一种集体性想象共同体建构起来的，这种想象的共同体有其内在秩序。[1]大学学术不端行为问责监督共同体是一种特殊的想象共同体，兼具学术属性与外部监督属性，具有不同学科身份的学术人必须遵守学术场域的学术规则，通过一致的想象的学术信念，在保留各自的学科话语权基础上形成常态化的联合力量。从多元性与专业性的角度来看，将大学学术不端行为问责监督共同体看作一个大圆，圆心是大学学术场域的学术不端行为问责监督机构、次圆心依次是学术场域中的学术人、社会媒体、司法机关（法院），构成一个问责监督共同体，相互合作、相互制约。这样可以避免问责主体既是“运动员”又是“裁判员”的乱象，从圆心到圆周的由内而外“洋葱”式的层层过滤监督，多元问责监督共同体对学术问责的真问题进行“想象”，在共同交往价值行动的导向之下，上下齐心协力，共同参与，整合监督共同体的学术信念。唯有构建想象意义中的学术问责监督共同体，才能达成理性协作的学术治理共识，减少由于在问责过程中出现的种种问题得不到及时纠正的困境，避免问责过程中出现的“倦政”“乱政”行为[2]，实现善治问责的“想象”治理目标。

（二）明确问责监督共同体间的各自职责

明确大学学术不端行为问责监督机构各自的职责能够确保问责在整个监督主体的视线下完成。各问责监督主体履行各自的职责，不推诿、不抱怨，确保学术问责整个程序坚持实事求是、教育为主的原则，提高问责监督主体的个人专业素质与品性，形成内在监督与外在监督的互动共生职责监督体系，层层把关，尽可能纠正问责过程中出现的瑕疵。职责是任职者履行一定的组织职能或完成的工作使命，

[1]阎光才．人类社会的想象建构与当代社会科学的困境[J].探索与争鸣，2017（1）：12-17.

[2]陈亮．法治思维引领下的国家教育治理体系创新[J].河北师范大学学报（教育科学版），2016（1）：113.

对所负责的工作范围承担一系列责任的内在约束。作为大学学术不端行为问责的监督主体,在限定的职责范围内行使其应有的监督职权,也是现代大学制度理念下学术治理的应有之义。

学术问责监督机构是大学学术不端行为问责的实体性核心运行监督机构,主要负责大学学术不端行为问责结果的监督、监察工作,维护学术场域问责的正义、公正秩序。成员由已退休的专家和有较高学术声望的知名学者担任,负责全面监督学术问责的程序、结果等。其一,问责主体在对学术人进行学术不端行为问责的整个过程中难免会出现失当行为,问责监督主体在事前、事中、事后的程序和结果审判过程中给予监督和指导。这种监督和指导旨在构建学术问责"结果与过程"一体化的和谐、公正、公平的学术治理空间,释放学术问责的公益性价值功能。学术不仅仅是学术人个人追求的一种事业,更是学术共同体孜孜不倦探索真理的一种志业。因此对学术人进行学术不端行为问责不仅仅要注重结果责任的追究,更应注重内在程序的设计与诊断,这就需要发挥学术问责监督机构的作用,来监督问责主体的问责行为。其二,从专业性与程序性角度对学校中的学术问责制度进行合法性与合理性审查。合法性审查主要是在大学学术不端行为问责实施前,问责监督主体应定期对学校制定的有关学术问责、惩处等相关规范性文件从实质性与程序性方面进行合法性审查。从实质性方面,问责监督主体主要审查内部文件内容是否符合法律规范、是否与上位法的规定相冲突、是否体现了对问责客体合法性权利的保护、是否彰显出学术治理"求真""求善"的本质,对于不符合规范的文件,问责监督主体责令相关部门进行整改,以免影响问责结果。从合理性方面,主要审查内部文件的学术性规定内容是否合理、具体条文规定是否合乎逻辑、是否有前后矛盾的规定、用语是否清楚,表述是否得当。

学术人与社会媒体也是大学学术不端行为问责监督的次生力量。他们扮演着第三方监督机构的角色,对学术不端行为问责监督机构的监督事项给予二次监督,学术人对问责结果以及监督机构处理的结果有异议,可以向监督机构提出复议申请,要求问责监督机构重新对案件的诸多程序进行复审,并做出明确的处理说明。若监督机构出现不作为、包庇等行为,学术人可以联合社会媒体对此事进行公开曝光,引发舆论争议,揭发事实真相。社会媒体作为传播社会主流文化价值观的大众平台,更能彰显民意,表达民众的合理诉求,学术人与其联合,可以形成双重基层监督力量,实现共同监督、共同制约的监督发展愿景。

司法机关(法院)是大学学术不端行为问责的特殊监督主体。在推进国家治理能力现代化、依法治国的理念下,依法治校、依法治学、依法行政已成为现代法治框架中的核心要义。司法机关(法院)是行使司法权的国家机关,是国家机构的基本组成部分,是依法成立的行使相关国家职权的司法组织。法院作为大学学术不端行为问责的特殊监督主体,其职责主要包括:监督学术问责主体在问责过程中是否遵循上位法以及规章制度中的程序规定、是否给予相对人足够的申辩陈述机会、在受理学术纠纷诉讼时附带审查大学内外部制定的规章制度的合法性。近些年,学术人与高校因学术不端行为问责处理结果产生纠纷并提起诉讼的案件较多,如北京大学于艳茹、暨南大学甘露等行政诉讼案以及诸多民事侵权案,折射出大学在进行学术不端行为问责中存在程序与实体上的瑕疵以及法院作为监督机关的重要性。具体而言,法院作为特殊的外部问责监督主体在被动诉讼过程中行使其限定职能,如审查行政诉讼案件中对学术不端行为做出处分这一行为及其依据的规范性文件,审查高校做出处分行为与规范性文件的合法性。法院只能审查行政主体做出处分的程序合法性,是否听证、是否提前将处分送达给当事人等,法院无权审查实体性的学术内容规定。对于规范性文件内容的审查,主要审查其规定是否与上位法相抵触,有无违法现象,法院对规范性文件只能以附带审查的形式进行。[1]在依法治国的国度中,教育纠纷、学术纠纷的解决一定程度上需要诉诸司法途径来保障公民的最后一道合法权益,但司法作为监督主体介入学术事务也应保持适当的谦抑性,尊重学术自由,纠正大学处理学术不端行为的程序以及实体规范,还原大学处理学术不端行为的自主权。

(三)建立问责监督共同体的"激励—共赢"模式

"激励—共赢"是一种合作互动、共同进步、共同发展的互助模式,旨在促进场域内学术共同体成员间的发展与交流,为实现共同的发展目标而营造的共生发展模式。目前而言,学术场域中缺乏学术问责监督机构或监督不力,很大一部分原因不在于制度本身的问题,而在于尚未形成有效的可持续发展的监督反馈共赢模式,单打独斗、敷衍了事的问责现象较为严重。问责监督共同体成员在明晰各自职责,履行监督义务后,需要通过建立合作共赢平台,及时反馈各自的监督信息。问责监督机构、学术人、社会媒体以及法院四方联动问责监督主体在此模式平台上对学术

[1]梁剑,陈恩伦.论大学章程的合法性审查[J].中国地质大学学报(社会科学版),2016,16(5):147-155.

不端行为执行监督情况通过相互沟通、相互合作、相互激励的方式展开协商。在这四方问责监督主体中，强化团体合作、责任共担、激励共赏、协同发展意识，实行多元主体协商问责、互通交流激励机制，避免某一类问责监督主体因私人利益的“搅拌”而放弃监督或不作为监督，导致沟通日渐疏远，脱离问责监督共同体的大环境。具体而言，高校内部问责监督机构与作为特殊问责监督机构法院之间应展开深度合作，建立规范性文件、学术不端行为案件处理的合法性共同审查机制，双方通过互动沟通与协商的方式及时发现高校在学术不端行为问责制度建设、执行方面存在的问题。同时，学术人与社会媒体的参与能够为整个问责监督共同体协商问责监督事宜提供智囊，彰显合作精神、激励精神与共享精神。总之，四方问责监督主体在“激励—共赢”模式的观照下实现联动、协商、互动的监督责任愿景，提高问责主体对学术不端行为问责的效力。

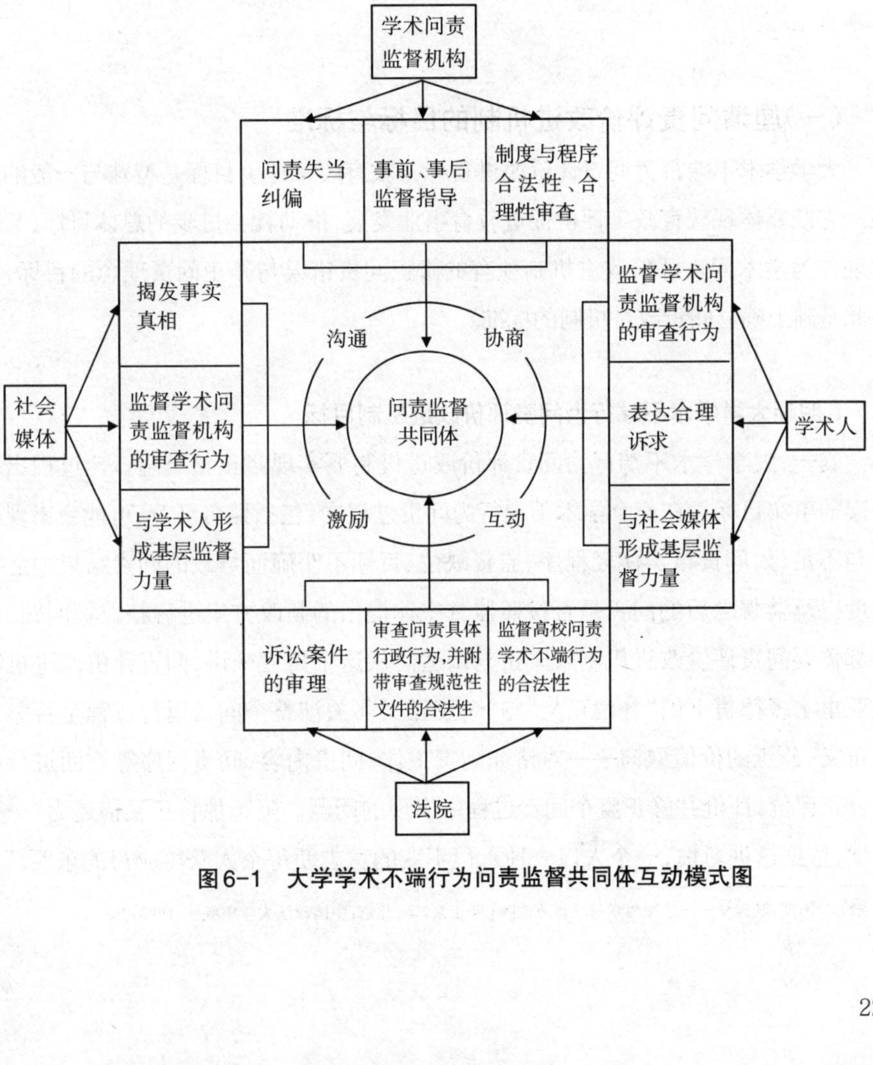

图6-1　大学学术不端行为问责监督共同体互动模式图

三、增设大学学术不端行为问责评价改进机制

问责评价改进机制是对大学学术不端行为问责实施后的一种客观性评价，是提升大学学术不端行为问责效力必不可少的外部保障路径。只有大学学术不端行为问责的实施、监督，而缺乏评价的问责等于无效问责，问责实施虽然得到了监督，但问责实施能否按照监督反馈后的信息进行整改却不得而知。引入问责评价改进机制，能够有效保证学术不端行为问责执行效果，有效规避问责夭折、不作为等不良现象。大学学术不端行为问责评价改进机制实则属于教育政策评价范畴，遵循的是基于事实判断基础之上的价值判断，侧重于价值研究。价值判断也是认识事物本质、揭示事物发展规律的基础性问题，大学学术不端行为问责评价改进机制也是针对学术场域中的问责事实而做出的一个价值层面的探讨：什么样的问责是有意义的、正当的以及经过监督后的问责是否能够发挥应有的效能、是否能够还原学术本真生态。

（一）厘清问责评价改进机制的目标与标准

大学学术不端行为问责评价改进目标与教育政策评价目标是特殊与一般的关系。它既要体现教育政策评价促进教育事业发展，推动社会进步的总体目标，又应体现作为学术问责评价改进机制独有的修正问责错误与斧正问责理念的目标，并在此基础上确立问责改进机制的标准。

1.明晰大学学术不端行为问责评价改进机制目标

其一，大学学术不端行为问责评价改进机制要实现修正整个问责全过程出现错误的事实目标。在整个学术不端行为问责过程中，包括监督环节，可能会出现疏漏与不足，如问责重实体轻程序、监督缺位、目标不明确而导致的问责结果缺乏可信度以及监督之后的问责是否按照监督主体提出的整改方案进行整改等问题，这些都需要问责评价改进机制来匡正与调适。从这个角度来讲，问责评价改进机制是亚里士多德言下的“补偿正义”与“矫正正义”，关涉整个问责运行过程是否彰显了正义、公正的价值取向——对诸如问责主体、问责内容、问责程序等方面进行客观公正评价，评价并修正整个问责过程中出现的问题。阿奎那将正义描述为“一种习惯，依据这种习惯，一个人以一种永恒不变的意志使每个人获得应得的东西。”[1]

[1][美]博登海默.法理学——法律哲学与法律方法[M].邓正来，译.北京：中国政法大学出版社，1998：265.

问责评价改进机制也应将正义作为问责的一种核心事实目标贯穿于整个问责评价中,达致以评促改、以评守正的问责事实目标。

其二,大学学术不端行为问责评价改进机制应着眼于学术场域向善发展的价值目标。亚里士多德定义的理想城邦是一个最有可能提升市民美德的城邦,将美德变成公共的善。[1]依据这种观点,理想的学术问责场域应该是由学术“善”所促进并包围的,通过学术“善”理念的传播召唤学术人学术精神的回归。评价改进机制正是基于这一点来考证大学学术不端行为问责实施的整体效果是否达成了“向善”发展的目标,是否能够真正把学术人作为实现“向善”发展的一种目的。人本质上只依赖于自身灵魂的意向、灵魂的内在态度。作为促进人类灵魂向善转向的学术问责评价改进机制,一定意义上来讲,应能够促进人类在知识选择、认知体悟实践以及践行学术价值观等方面实现理性价值转型,并及时纠正问责过程出现的目标偏移问题。

2.落实大学学术不端行为问责评价改进机制标准

落实大学学术不端行为问责评价改进机制标准是进行评价与改进的前提性工作。问责评价改进机制属于政策学标准中的一部分,要想落实学术不端行为问责评价改进机制标准,尚需明晰一般意义上的政策评价标准。最具代表性的标准是政策学家那格尔(S.S.Nagel)在对公共政策后果评价标准时提出的,他曾将“有用、有效、效率、效益和平等”作为政策评价的标准。[2]受那格尔的启发,学者祁型雨、孙绵涛等人将教育政策评价标准分成了质、量和尺度的标准。[3]从教育政策质的评价标准来看,它主要是指教育政策合乎规律性程度的检验标准。如政策目标的制定是否明确、政策方案的制定是否可行、政策执行是否具有实效性。从教育政策量的评价标准来看,它主要是指一个教育政策有多大的价值,是对教育政策合乎目的性程度的检验标准。这个量是可以度量的标准,如政策是否表达了所有主体人的利益和需求、政策是否体现了公共性与普遍性。从教育政策尺度的评价标准来看,它是质与量的统一,合规律与合目的“善”的统一,如政策实施效果是否明显、政策是否产生良好的影响、政策效率是否最高等。[4]

[1][韩]金钟燮.公共行政的社会建构:解释与批判[M].孙柏瑛,张钢,黎洁等,译.北京:北京大学出版社,2008:153.

[2]Stuart S. Nagel. Policy Studies: Integration and Evaluation[M]. New York,Greenwood Press,1988,Chapter2.

[3]祁型雨.论教育政策的价值及其评价标准[J].教育科学,2003,19(2):7-10.

[4]祁型雨.利益表达与整合——教育政策的决策模式研究[M].北京:人民出版社,2006:124.

基于上述对教育政策评价标准的质、量和尺度的宏观标准分析，大学学术不端行为问责评价改进机制标准也应在此标准的基础上加以细化。大学学术不端行为问责评价改进机制标准的落实应当遵循清晰、明确、具体化的原则，落实的具体问责评价改进标准如下：

①学术不端行为问责是否在公平正义的环境下运行；

②学术不端行为问责在监督后的实施效果如何；

③学术不端行为问责实施效果在监督前、后是否有差异性改观；

④学术不端行为问责实施是否能够彰显公共性与善；

⑤学术不端行为问责实施是否产生了良好的学术生态影响；

⑥学术不端行为问责实施是否有可持续性；

⑦学术不端行为问责实施是否具有合理性与合法性；

⑧学术不端行为问责实施是否能够内化为一种问责文化自觉。

以上是针对大学学术不端行为问责实施后的事后评价标准，以“善”为终极发展目标来评价大学学术不端行为问责实施的效果以及持久性，以评促改，确保学术不端行为问责能够真正彰显以学术人的发展为关切点的价值目标。

（二）建立学术不端行为问责第三方评价改进机构

“第三方评价”起源于西方，与政府绩效管理、政府绩效评估紧密联系在一起，是西方政府政绩考核与评估较为重要的方式，该机构是独立于政府之外的社会组织或机构对政府的绩效做出评价。之所以称之为“第三方”，是因为它是独立于政府之外的专业性评价机构，能够从起点上保证评价结果的公正性。目前国内的第三方评价模式主要包括：高校专家评价模式、专业公司评价模式、社会代表评价模式以及民众参与评估模式。随着教育治理能力与水平现代化的不断提升，教育领域也引入了第三方评价对教育质量进行客观公正评价。学术问责场域也需要建立客观、公正的问责第三方评价改进机构来评价问责实施的效果。建立大学学术不端行为问责第三方评价改进机构有三方面的核心要点。

一是确立大学学术不端行为问责第三方评价机构的合法地位。大学学术不端行为问责第三方评价改进机构一旦建立起来，就必须具有合法的身份，需要国家法律法规的授权，能够独立承担责任，具有独立的法人资格，能够以独立身份行使大学学术场域问责实施的法定评价权。第三方问责评价机构可以派专人依据确定好的评价标准为大学学术不端行为问责提供指导意见与改进方案，他们的言论权、参与权、指导权受学术体制内的保护。大学学术场域内的问责主体不得以任何理由拒绝审查与评价，应认真听取第三方评价机构提出的整改意见与修正方案，对评价机构提出的整改方案有异议也可以通过诉讼途径寻求法律援助。

二是塑造大学学术不端行为问责第三方评价机构的权威形象。大学学术不端行为问责第三方评价机构权威形象的塑造在于维护其“垄断”地位。这种垄断，从横向维度来讲，第三方评价机构要扩大代表学术共同体公共学术利益的范围，广泛征询学术场域内外学术个体对问责的态度，维护学术共同体以及每个学术共同体成员的应有权利；从纵向维度来讲，将学术不端行为问责第三方评价机构限定在一家最具专业且独立的机构中，保证数量的唯一性，确保相对集中的问责第三方评价机构权威性的生成，规避行业间的恶性竞争，以便评价机构能够有更充沛的精力投入学术场域的问责评价中。

三是强化大学学术不端行为问责第三方评价机构的自主性与专业性。获得了合法地位与权威地位的学术不端行为问责第三方评价机构，需要提升自我管制能力与专业性，这是最为关键的核心点。学术问责第三方评价机构需要在授权的权力范围内对学术不端行为问责实施情况尽职尽责地进行评价，强化自身专业水平建设，自我管制、自我提升。与其他第三方评价机构不同，大学学术不端行为问责第三方评价机构是主动介入学术问责场域中，行使政府委托学术问责评价的权力，与政府、高校划清界限，通过自我管制与自我提升确保其真正发挥第三方评价机构的组织作用，与国家倡导的教育利益保持一致。另外，通过自我管制、自我提升的方式可以强化机构内人员的专业水平、提升集中议事的效率。为了能够更好地提升评价的专业性水平，学术不端行为问责第三方评价机构应从学术问责理论研究、学术评价研究、法理学理论研究三个维度切入，通过加强与理论研究者的沟通与互动，关切问责的具体评价标准，探寻影响问责执行效果与有效评价之间的关系。

（三）强化学术不端行为问责第三方评价机构与高校的多元联动

评价不是单一的静态元素，而是动态联动的过程。评价是为了更好地改进与执行，评价、执行、监督三者是相辅相成、相互促进的关系。学术不端行为问责第三方评价机构不是单向的评价，而是需要为大学学术场域中的学术问责提供指导。这就需要高校与第三方评价机构保持多元联动的关系，高校应将问责结果及时公开，避免发生“左顾右盼、遮遮掩掩”的信息不透明现象，[1]这样第三方问责评价机构才能掌握较全面的信息，提升问责评价的品质。熊庆年教授指出，作为公共机构的高校若想提升治理水平，需要公开透明高校信息，透明程度越高，也反映内外部治理程度就越高。[2]学术不端行为问责作为高校学术治理的一种有效方式，应及时公开透明问责信息，接受社会各方的监督以及第三方问责评价机构的评价，三方需要在合作对话过程中实现问责“共治”愿景。

第三方问责评价是提升学术不端行为问责效能的有效途径，能否实现“善”的评价目标，需要发挥“评价—监督—实施”三者间的联动。高校应充分发挥其主体地位，积极参与第三方学术问责评价，主动公开问责处理信息，接受问责监督共同体的监督、消除第三方问责评价机构知晓信息不对称的弊病，能够将行政性评价真正转变为专业性的学术评价。[3]第三方问责评价不是简单的依据评价指标、收集信息、分析问责评价结论，需要多元互动的过程。第三方问责评价机构需要在高校积极参与配合的前提下，将问责评价结果反馈给问责监督机构，问责监督机构再反馈给问责主体，这是一个多向互动、动态循环的改进过程，需要各方积极联动，而非单向、无目的的形式主义评价。评价是为了更好地监督、更好地执行学术不端行为问责，以评促改、以评促善，通过评价促进问责结果的有效转化，及时将问责监督与评价结果反馈给问责主体，形成多方联动，转变各方主体被动作为的态度。

四、构建良好的大学学术不端行为问责文化机制

“问责的良性运转归根到底是一种文化积累与释放的过程。”[4]大学学术不端行为问责的良性运转是以文化为内生性根源的一种自生自发式的学术自觉，这种自生自发式的学术自觉是“人之行动而非人之设计的结果”。大学之所以称之为“大学”，是因为其凝聚了学术文化的要素，[5]是一种传播学术思想的文化组织载体。大学作为一个专业性的学术组织经历了从古至今的蜕变发展，已从原初状态的学者间面对面的非正式交流演化为文化传承、探索高深学问、传播普遍学问的场所。[6]无

[1]查自力，熊庆年，李威．我国高校信息公开第三方评估机制研究[J]．现代大学教育，2016(2)：99-105.

[2]熊庆年．高校信息透明度折射高等教育治理成熟度[N]．社会科学报，2015-04-25(2).

[3]薛二勇．中国高校科研经费管理制度改革的政策分析[J]．北京社会科学，2014(3)：20-26.

[4]陈大兴．高等教育中责任与问责的界定——基于学理与法理的研究[D]．上海：华东师范大学，2014：235.

[5]胡弼成，孙燕．文化精神：大学内部治理之魂[J]．清华大学教育研究，2016，37(3)：24-29.

[6]刘宝存．何谓大学——西方大学概念透视[J]．比较教育研究，2003(4)：7-13.

论是原初状态的大学组织还是现今的专业性的大学组织,都离不开文化理性这一重要元素的参与。大学学术不端行为问责文化是以一种潜在的、隐性的方式注入学术治理中,影响着大学学术发展与治理的整个过程。大学学术不端行为问责文化为大学学术问责的发展提供理论支撑。一方面,大学学术不端行为问责文化应是塑造大学学术文化的路径指向,使学术人能够客观地认知学术问责与学术文化之间的内在关系;另一方面,大学学术不端行为问责文化应在价值目标、理念目标等层面为大学学术不端行为问责提供全方位的关切指导,为大学学术治理指明一条文化规约道路。基于此,在大学学术场域中,培育并营造一种与大学学术不端行为问责相适应,并且能指导具体实践层面的理论问责文化是当下推进学术治理走向规范化的必要方式。

(一)明晰问责文化的价值导向功能

问责文化的建设是大学学术不端行为问责实施的关键,能够在理念与价值层面对整个大学学术场域中的学术不端行为问责起到提纲挈领的作用,明晰大学学术不端行为问责文化建设的价值导向是营造浓郁的大学学术不端行为问责文化氛围的前提性条件。

其一,唤醒学术人学术精神生命理性问责复归。问责文化注入大学学术不端行为问责,强调的是复原学术人学术精神生命。它不仅仅是一种规训,更是塑造学术个体的学术人格,帮助其完成学术生命视野中"真善美"的统一。学术与学术不端行为问责看似对立否定,实则是相互统一、互为共生的学术生命生长的理性过程。文化的注入,会转变人们对学术不端行为问责的传统观念,它不是控制或征服,它是催人奋进、踏实为学,用心去感受的一种温和的学术治理方式。印度哲学家吉杜·克里希那穆提(Jiddu Krishnamurti)曾指出,"'纪律'不是反抗,不是遵守,而是一种学习的态度。没有人喜欢规则,特别是在一个今天的自由社会中,但是当你和成年教师理解到,纪律不只是在口头和理智上的肤浅,而是用你们的心理解到——某些纪律是必需的,规则才会变得完全没有必要。"[1]学术不端行为问责文化体现了一种学术生命灵魂的召唤与学术精神的价值回归,也正是通过这一唤醒传输到问责责任主体中。在文化舆论的导向下促成责任与问责在学术人学术精神回归以及学术生命延续中发挥正向引领作用。

[1][印度]克里希那穆提.教育就是解放心灵[M].张春城,唐超权,译.北京:九州出版社,2010:117.

其二,塑造大学学术文化形象自觉。尼采曾言,“凡能吸入我著作中气息的人,他就知道,这是高岗上的空气,是使人精神焕发的空气。一个人必须加以培养以适应这种空气,否则他就会有受寒的危险。”[1]学术文化就像天空中的空气,始终处在万里高空的最上层,润养着空气中的学术生命个体,在这种充满学术气息的大环境下,可以确保他们能够以一种精神焕发的姿态迎接迎面而来的挑战,也需要借助问责文化帮助学术生命个体去适应这种空气环境,塑造一种洁净无污染的学术文化场域。大学自产生以来,学术文化就一直贯穿于大学发展的始终,无论是人文精神、还是学术自由,都离不开学术文化的润养。眭依凡先生也言,一所大学倘若缺少了深刻的文化内涵,不可能成为卓越、一流的大学,也必将走向文化的衰落。布雷特(Brett)指出,大学学术承载的是一种如何发展我们内心最具人性素质的文化,通过这种学术文化的传播,人们运用学术场域中的符号探寻学术文化的奥秘。[2]因此,我们可以得出这样的结论,大学作为社会文化组织,贵在“文化自觉”,没有“文化自觉”浸润的大学,既不可能培育出具有民族道德精神使命的文化人,也不可能与急功近利的学术浮躁环境相隔离。问责文化作为一种柔性机制,作用于大学学术不端行为问责中,能够还原问责的文化品性,是塑造大学学术文化自觉形象的关键。

其三,提高整个学术场域的责任与问责观念。大学学术不端行为问责文化是一种内在机制,脱离了学术场域中行政权力独大的压榨,突破了身份、等级、阶级等外在因素的限制,[3]能够促进学术场域内外每个人以平等的身份参与到问责中,有了这种权利平等意识并在其推动下,使问责主体在面对学术不端行为时才能够勇于问责、主动问责。问责文化的注入能促使整个学术场域形成良好的责任与问责意识,问责主体应在学术不端行为责任认定、追究等环节主动接受社会媒体、公众以及用人单位等异体问责主体的监督,对问责程序、结果等信息能够及时公开、接受监督。由此可以看出,一个良性的大学学术不端行为问责的发展需要围绕着“问责文化——责任”来展开,两者相互促进,责任意识观念的形成离不开问责文化的涉入,问责文化的发展又能够推动这个问责健康发展。

[1][德]尼采.尼采生存哲学[M].杨恒达等,译.北京:九州出版社,2003:呈献页.

[2][美]华勒斯坦.学科·知识·权力[M].刘健芝等,译.北京:生活·读书·新知三联书店,1999:162.

[3]陈大兴.高等教育中责任与问责的界定——基于学理与法理的研究[D].上海:华东师范大学,2014:236.

（二）释放大学学术场域问责文化的权责能量

帕森斯将“文化”解释为一个特殊的符号体系，能够成为集体成员共同信守的价值体系，是集体成员共同认同的目标。[1]大学学术不端行为问责文化“权责”认同感是构建良好的大学学术不端行为问责文化的核心环节。具有认同感的问责文化能够促使场域内各个主体对学术不端行为的治理处于理性状态，形成学术文化认同的问责精神，在明晰权—责关系的环境下，形成一种相互认同的学术问责文化之道。

其一，强化大学学术场域的问责文化宣传力度。一定意义上来讲，大学学术不端行为问责是一种文化问责，是以大学文化自觉为基质，灌入大学文化内涵建设之中，着力解决大学学术不端行为问责在文化内涵建设中出现的功利化、拜金主义倾向的学术浮躁风气。大学学术不端行为问责是为了能够彰显大学学术文化在大学发展中的作用，以清醒的头脑认识学术文化传播、创新、继承、批判的路径指向。然而，大学学术场域对学术不端行为问责效果欠佳的一部分原因在于尚未形成问责文化，问责主体以及学术人将问责仅仅理解成了规制、驯服，为了问责而问责的现象较为严重。因此，需要通过在大学学术场域中强化对问责文化的宣传力度，让学术场域中的整个学术个体清晰了解到问责文化是贯穿于问责始终的一种学术自觉行为，是唤醒学术精神回归的一种内生与外推相结合的必要文化治理方式，最终目的是：生长与超越。所谓“生长”即是学术人在本性与心灵互动基础上提升自身的学术修养，指向智慧人格的学术发展目标，在不断思考中实现知识的自我完善、自我认知发展愿景。教育家苏格拉底曾说，知识必须自我认识，自我认识只能被唤醒，而不像交易或转让货物那么直接与容易，需要在潜移默化的思考中理解学术知识的发展脉络。思考的真实性在于，作为生命生长的学术个体能够在坚持真、善与理性的信念中辨别是非，自主地将唯利是图的学术不端行为抛在脑后。所谓“超越”即是唤醒学术生命个体不安于现状，从大局出发，以一颗平静的心实事求是地面对问责、接受问责，出现错误并不可怕，可怕的是选择一种逃避的方式规避错误。作为哲学意义上的学术生命体，他们在理性中呼唤着对学术自由的向往，不断超越、不断进步，在蜕变中完成对学术真理的探知以及通过交流发现自身的不足。生命个体对他自身的行为负有完全的责任，一旦在某个场域中确定了主体，责任也具

[1][美]克利福德·格尔茨.文化的解释[M].韩莉，译.南京：译林出版社，2014：299.

有了普遍性。[1]只有在学术场域不断宣传问责文化的唤醒“生长与超越”精神，学术人才能在心中形成问责认同感，日积月累地形成一种惯习，敢于面对问责、敢于承担责任。

其二，培育问责文化的权责认同感。权与责是一对矛盾统一体，权力的行使必须在履行职责的基础上才能形成认同感。“权利——权力——责任”是一组相互制衡的矛盾统一体链条。在这个链条中，有什么样的权利样态就会产生什么样的义务形式，同时，行使什么样的权力就应承担何种责任。权力、权利与责任都是密不可分的，脱离了责任，权利将成为一种无人约束、肆意泛滥的附庸品；脱离了责任，权力也失去了其应有的威力、效力。责任能为权力的行使划定正当的界限，进而保证权力的运行能够规范化、合法化。权力与权利是权益的两个分支概念，可以看作是对行为人的一种“赠予”，责任就是一种“付出”，责任也是连接权力与权利的纽带与桥梁，两者之间相互依存、共同存在。大学学术不端行为问责不仅仅在于对学术人的学术不端行为进行责任的追究层面，更重要的是问责主客体间能够明晰学术是一项公益事业，彰显的是一种公共价值理性，双方能够在各自的权力与权利边界范围内行事。

首先，问责主体作为学术权力的行使者，需要将其占有的权力通过合法化、合理化的方式转化为规范性的权力，摒弃“官本位”的问责文化理念，克服学术管理者高高在上的架势，树立公平正义的权责问责文化价值观，勇于承担学术不端行为问责过程中产生的权力失当相应责任。同时，这种规范性权力的形成需要在学术问责文化场域中得到人们普遍的监督与引导，以便问责主体能够对问责文化中的权责关系产生认同感，这样对学术人施以的问责才能得到普遍认同，才能最大限度地降低学术不端行为再次发生的概率。问责主体对问责文化权责关系形成了认同感，做出的具体问责行为才具有说服力与可信度。这也印证了卢梭的经典论断“强力不构成权利，人们只对合法的权威才有义务服从。”[2]

其次，学术人作为学术场域的研究者应当将“权利—责任”奉行为从事科学研究的一种行规。学术人的学术权利即是限度的学术自由——学术人根据自己的学术倾向和学术标准从事教学、研究的自由，通过言论和写作、出版著作等形式在学术活动中支持他们基于研究证明是真实的观点的自由。[3]这种自由并非完全意义上

[1][美]弗莱德·R. 多迈尔. 主体性的黄昏[M]. 万俊人，译. 桂林：广西师范大学出版社，2013：19.
[2][法]卢梭. 社会契约论[M]. 李平沤，译. 北京：商务印书馆，2007：9.
[3][美]爱德华·希尔斯. 学术的秩序——当代大学论文集[M]李家永，译. 北京：商务印书馆，2007：279.

的自由，对学术上的不称职或故意不履行职责，甚至为了达到某种目的而出现学术不端行为的学术人，就要进行干涉与阻止。学术人应该明晰权与责相统一的关系，踏实从事科学研究，充分理解默顿所言“科学精神气质”的精髓，凝聚学术场域问责权责的文化认同感，敢于承担、勇于担当，将问责作为一种学术自觉、文化自觉的呼唤。

大学学术不端行为问责文化权责认同感的培育能够让问责主体与客体明晰自己行使权力与权利的边界范围，超出这个边界就要受到学术共同体凝结的问责文化排斥，学术自由不是学术人随心所欲的自由、问责也不是无边界的自由问责，需要在学术自由与学术问责之间形成一道权责文化认同桥梁，调适两者之间的正确关系。人权大师米尔恩曾言，每种权利必然与某种义务交相呼应，当你承担某项义务时，你就必须履行它，除非有一个更紧迫的义务意外发生，以致你必须履行后者。义务与责任虽然在法律上排除了选择，但不能在实际上排除选择。如学术人进入了学术场域，就应遵守学术场域内的“游戏规则”，根据学术场域自身的运行逻辑，塑造良好的学术惯习来培养其参与“游戏的感觉”。对学术人来说，出现学术抄袭、剽窃等不端行为实际上是可能的，但这是不正当的，需要在形成问责文化的渲染下促使问责主体与学术人在内心中生成“权责”意识，将学术作为一种文化自觉，将问责作为一种唤醒文化自觉的内在手段，逐步形成问责文化认同感。正如费孝通所言，生活在一定文化中的人对其文化应有“自知之明”的态度。[1]从本质上来讲，这种“自知之明”的态度即是学术文化自觉的一种价值认同过程，是学术场域中文化理念、信仰、规范、准则等作为学术共有的存在的一种根本认同，这种认同根源于在学术交往过程中，学术场域中问责主体与学术人对各自享有权力(利)、承担责任的双向互动认同过程。

(三)增添问责文化的人文元素

良好的大学学术不端行为问责文化机制最终实现的是一种内生式的自律文化问责状态。大学是具有其自身特定和自治传统的高深学问机构，传播正义、理性、无功利性的学术知识，通过学术自治的方式实现学术向善发展的责任愿景。如前文所述，大学学术不端行为问责具有学术自治公共权力的性质，基于公权力观照下的学术契约自治，借助民主合意、平等自由、学术包容的契约精神呼唤问责文化的

[1]费孝通.乡土中国[M].北京：人民出版社，2008.

人文自律“共在”生成。

其一，观照以人为本的问责生态。教育是培养人之所以能够成为“人”的一种价值活动，促成人的至善、至美、快乐、自知的幸福人生实现。学术是教育的价值得以实现的最高表现形式。人们对学术的追求最终是要实现人在学术场域中的灵魂价值、尊严和自由以及人的全面发展。学术场域引入的学术不端行为问责应体现人权大师的低度人权的核心思想——注重人的最低限度权利的达成。人本价值观照下的大学学术不端行为问责注重的是人的主体间性的学术发展，作为学术场域中的学术人，他们是学术研究的主体，他们的学术行为学术发展的方向，对他们进行问责是建立在理解与对话的基础上的一种以人为本的引导。无论是研究生还是教师，整个问责过程都应一视同仁，规避以往大学出现对教师的学术不端行为处理过轻、对学生的学术不端行为处理过重的缺乏人本主义观照的问责方式。“一个次高的层级是主体间同一物，即一个较高层次的构成性统一体。它的构成作用与一个开放的，处于“相互理解”的关系中的诸主体的多元体相关联。”[1]这种多元体相关联也即是将学术场域中的学术人看作是具有内在价值的个体来对待，学术人在学术交往过程中遵从基本的学术共同道德原则，同时学术场域也赋予了学术人享有从事学术研究的最低限度的学术权利。倘若学术人未能遵守应有的学术义务，对其进行的问责也应在低度道德、低度权利的前提下进行，确保学术人基本权利得到享有，本着不排斥学术人主体间的文化、地位差异，尊重学术个体的表达权利基础上矫正其有损于学术共同体成员学术利益的行为。人权大师米尔恩的低度道德、低度权利是对人本价值的理论证成，“学术人主体间性的合作、理解、对话是学术权利得以释放的基石，主体间性强调的不是单一原子个体，而是主体与主体间的交互共在，主体既是以主体间的方式存在，其本质又是个体性的，主体间性就是个性间的集合共在。这也映射了哈贝马斯关于交往世界的论述思想。”[2]学术个体也是一样，他们虽然在学术场域以个体的身份从事科学研究，但他们代表的是整个学术共同体的文化价值观，需要他们秉持共同的学术信仰并践行到学术实践活动中。启动学术不端行为问责是为了更好地实现大学内在学术发展的价值诉求，确保学术人能够端正学术态度，发挥应有的低度学术权利与学术道德，注重人的发展及人本关怀，矫正其不规范、不符合学术道德且不利于学术主体间学术发展的学术行为。

---

[1][德]胡塞尔.纯粹现象学通论——纯粹现象学和现象学哲学的观念(第一卷)[M].李幼蒸，译.北京：商务印书馆，1992：364.

[2]陈亮，陈恩伦.我国教育法学研究的困惑与展望——基于文献之思[J].内蒙古社会科学，2016，37(3)：165-172.

其二，注入人本主义关怀下的问责教化元素。学术不端行为问责是一种行动向善导向的教化。哈特曼(Hartmann)曾言，问责是集自身结构、法则与秩序于一体的范式。问责本身不是工具导向的规训，而是坚持以人为本，注重提升学术人、学术自觉的一种理念引导，是对学术人格纠偏的一种灵魂召唤。问责除了注重学术人的认知理性外，学术责任感、学术使命、学术人格的塑造也尤为重要。这种塑造实则是通过教化的方式来实现的。教育权力实则应是教育引导性的力量，是为了激发受教育者本真性地进行自我创造和自我引导，同时也意味着这种权力赋予教育本身和教育者一种行动规导能力。[1]基于此，学术场域中的学术不端行为问责应注重教化引导力量的注入。

2016年6月16日教育部出台的《高等学校预防与处理学术不端行为办法》明确强调："高等学校预防与处理学术不端行为应坚持预防为主、教育与惩戒结合的原则。"[2]学术场域中治理学术不端行为的问责主体，如高校、教育行政部门等问责主体都应充分发挥其学术监督与教导作用，建立的学术诚信体系应体现教育、预防、监督与惩治相结合的理念。这种问责方式是实现教化目的的一种手段，关键在于教育与预防，而非问责的手段越残酷就越说明治理的效果越好。学者金生鈜认为，现代社会中的教化元素逐渐退场，而规训元素占据了上风，形成了制度对人的新控制，导致人的奴隶化状态。[3]大学不仅仅是学术人积累学术资本的一种无形符号，更是学术人寄托学术精神、唤醒学术灵魂的重要场域，大学应将学术规范和学术诚信教育作为教师培训和学生教育的必要内容，以多种形式开展教育与指导，做好事前的预防与教育工作。同时，教师对其指导的学生应当进行学术规范、学术诚信教育和指导，对学生公开发表的学术论文、研究和撰写学位论文是否符合学术规范、学术诚信要求进行必要的检查与审核。做到早教育、早发现、早纠正，而不是发现学生出现了学术不端行为就一味惩罚。

规训在场的现代性社会将教育对人的支配、压制、形塑看作是规训的主要特征。规训和惩罚不是教育中的一种必然，而是导致教育走向另一种极端的负面影响，是一种恶，使得个人为了避免训斥而失去了基本的德性理性追求，容易产生公共生活风险与危机。学术人面对这种规训的学术问责方式，虽然外表呈现出屈服

[1]金生鈜.规训与教化[M].北京：教育科学出版社，2004：188.

[2]教育部.高等学校预防与处理学术不端行为办法[EB/OL](2016-06-16)[2017-02-21]http://www.moe.gov.cn/srcsite/A02/s5911/moe_621/201607/t20160718_272156.html.

[3]金生鈜.规训与教化[M].北京：教育科学出版社，2004：3.

的态度,但内心并没有意识到学术不端行为的严重性,下次还会存有侥幸心理,扰乱学术秩序。开除公职、开除学籍等改变学术人身份的这种严厉处分万不得已而为之,而非成为家常便饭似的学术问责方式,这样下去,学术人只会畏惧学术创新,为了规避严厉的惩罚而宁愿沦为平庸无为之人,畏首畏尾。

人们不应过度寻求犯罪与惩罚之间的定性关系或恐怖之间的等式:“一个坏蛋在受刑时的嚎叫能够从不可倒转的过去中收回他所做过的事情吗?”[1]人们不应从罪行的角度,而应从防止其重演的角度,来计算一种刑罚。人们需要考虑的不是过去的罪行,而是考虑对未来造成的混乱。人们所要达到的效果应该是使作恶者不可能再有重犯自己罪行的愿望,而且也不再有效仿者。因此,惩罚应是一种制造效果的艺术。人们不应用大量的刑罚来对付大量的犯罪,而应该按照犯罪的效果和刑罚的效果来使这两个系列相互对应。福柯在谈及刑罚和惩罚时曾强调,“刑罚应该对没有犯罪的人造成最强烈的效果。简而言之,如果人们能断定罪犯不会重犯罪行,那么只要使其他人确信罪犯已受到惩罚就行了。”[2]在依罪量刑时,人们应该在各种刑罚中选择那种能给民众的思想造成最持久印象的方式。[3]大学学术不端行为问责是法律法规授予高校等授权学术组织的一种行政行为,这种行政行为与一般行政行为存在区别,主要以教化学术人为主,端正他们的学术行为,惩罚只是一种相对的必要“手段恶”。

现代性教育需要完成由规训向教化的现实转向,规训具有训斥、禁止的短效功能,但无法真正燃起学术人生命和精神之火,只能像石头一样,砌成为身体之间的墙,这墙无法为生命和精神展开一条可能性之路,仅仅是禁锢生命,阻隔爱。学术不端行为问责应挣脱这种“宿命式”的缺乏教化色彩、非人性的学术治理方式,将学术人看作可通过教化方式来唤醒他们学术责任意识的学术主体,注入更多的人文关怀,让学术人在这样“温顺”的问责环境下生成学术自律的共在理念。

[1][法]米歇尔·福柯.规训与惩罚 监狱的诞生[M].刘北成,杨远婴,译.北京:生活·读书·新知 三联书店,2003:103.
[2][法]米歇尔·福柯.规训与惩罚 监狱的诞生[M].刘北成,杨远婴,译.北京:生活·读书·新知 三联书店,2003:105.
[3][法]米歇尔·福柯.规训与惩罚 监狱的诞生[M].刘北成,杨远婴,译.北京:生活·读书·新知 三联书店,2003:105.

结 语

行文至此，本课题对大学学术不端行为问责的相关问题探讨已接近尾声。回顾整个研究过程与研究内容，笔者对大学学术不端行为问责这一问题展开了较为深入的研究，取得了一定的研究成果，但由于本人的研究能力有限以及诸多客观原因，本研究未曾涉足的问题还有很多，这也为今后的相关研究起到抛砖引玉的作用。为了能够更好地把握全文，有必要对本研究的主要观点、创新点、研究不足以及研究展望做个归纳与总结。

一、研究结论

大学作为重要的学术场域，承担着传播高深学问、培养人才、服务社会的使命，以倡导学术自由、弘扬学术精神而闻名遐迩。学术研究是大学实现这些发展使命不可回避的话题，也是学术人必须履行的责任。学术研究的目的在于发现某一学科领域中的新知识、探索真理，传递着人性理智的真理品性，呼唤着学术人与知识的生命相遇。然而，现实总是与理想存在差距，现实中的大学学术场域充斥着扰乱学术秩序的诸多功利性的学术不端行为，诋毁了大学的“科学的精神气质”。学术不端行为远非一种学术行为上的越轨与失范，更是学术人对学术价值本质的全然僭越与亵渎。学术人作为大学学术共同体中的一员，其扮演的是学术研究人员的角色，负有坚持学术操守、促进大学学术发展不可推卸的学术责任。随着责任社会在各领域中的问责发展，学术治理场域引入问责来根治大学学术不端行为，唤醒学术人的学术责任伦理意识，促进学术人形成学术责任认同力、学术责任实现力、学术责任向心力，已是现代大学制度建设中推进学术治理法治化的必然要求。

从目前对大学学术治理困惑与启示来看，大学学术不端行为问责的实行势必能够解决大学学术场域中的诸多学术不端行为毒瘤，推动学术人学术责任意识的提升与问责主体权责的有效落实，为大学学术场域中的学术治理问题提供一个新的研究视角。实行大学学术不端行为问责也是大学学术发展与质量提升的关键，有利于明晰学术不端行为的责任类型，彰显权利、责任与义务相统一的学术秩序伦理理念。大学学术不端行为问责不同于一般意义上的行政问责，有其生成的内在逻辑，是学术共同道德规范发挥效力的“强制善”，属于学术自治公权力的性质，具有惩罚性、报应性、互动性与救济性等特征。然而，随着研究的深入开展，也会引发我们思考如下问题：现实学术场域中的大学学术不端行为问责运行得怎么样？与理想状态下的大学学术不端行为问责相比是否一致？存在哪些差距与问题？如何能够缩小现实问责与理想问责之间的差距，确保大学学术不端行为问责有效实施？

基于此，本研究遵循了从理论到实践再理论的研究逻辑，以大学学术不端行为及其治理困惑为基础指向，引出了学术不端行为问责是大学学术场域中的一种有效学术治理方式，并以善治治理理论、权责一致理论为理论基础，通过问卷调查法、访谈调查法、制度分析法等研究方法考察了大学学术不端行为问责的具体问题。在此脉络与逻辑的观照下，本研究以大学学术不端行为问责为研究焦点，着力对大学学术不端行为问责的内在机理、性质特征以及逻辑构架进行了应然层面的学理分析，形成对大学学术不端行为问责的基本理论认识，即为问责形成应然的理论路向。进而通过应然理论部分建构的大学学术不端行为问责逻辑构架，编制大学学术不端行为问责问卷与访谈提纲，通过实地调研与案例呈现，深入剖析了当前大学学术场域对学术不端行为问责的现状与存在的问题，在此基础上分析了影响大学学术不端行为问责的因素。在实然层面的分析基础上，对优化与完善大学学术不端行为问责制度的内容体系与外部保障机制具体构建指向进行了研究。结合各部分的研究内容，本研究概括出如下五点研究结论。

（一）大学学术不端行为问责是学术治理的有效治理方式

在学术不端行为的“扭曲”场域空间内，学术规范和学术理性仅仅剩下自己的表皮，完全被个人主义“支出一收益”的分析模式替代，学术文化失去了其固有的内在价值与气质，学术理性无法再为整个学术场域提供充足的学术责任伦理标准。在这种共意缺席的学术失伦状态下，部分学术人试图钻营技术手段治理漏洞的空子、挣脱学术制度执行真空的束缚、依赖道德规训追责乏力的道义无奈路径，丧失了应有的学术信仰与学术责任伦理，不曾意识到自己有责任去遵循“约定俗成”的学术责任伦理。大学学术不端行为问责作为大学学术善治的一种必要手段恶，集学术个体之“责”、学术共同体之“善”、社会发展之“理”于一体，建立在“商谈”基础上的教化感悟。大学学术不端行为问责规避了以往治理学术不端的手段缺陷，强调以唤醒学术人的学术责任伦理意识为先导，旨在通过注入富有教化色彩的问责来塑造与学术人角色对应的学术责任认同力、学术责任实现力与学术人向心力。这种问责是内生于学术本质中的一种约定俗成的学术契约，促使他们形成学术责任认知角色与学术责任认同感的内在心理机制，也是连接学术人学术责任意识、身份角色认同以及学术责任认同的桥梁,需要学术人在学术实践中积极践行、勇于承担作为学术人应承担的学术责任。

(二)大学学术不端行为问责有其内在机理与特征

大学学术不端行为问责的生成是一个动态演变的过程,有内在的机理与特性。大学是一种构成意义上的社群,大学场域中的学术个体的自我目的无法独自实现,只有其与场域中的共同目标和理想相结合的情况下才能得以实现。因为大学学术社群组织共同追求的目标不是学术个体选择的单一目标,而是实践理性下的一种角色认同归属,学术个体自我目标是在其所在的大学学术社群组织中实现的。因此,存在意义上的大学社群组织需要依靠学术共同体间的信任、合作等深度互动来达成,这种理想互动的交往模式达成需要依靠秩序来维系。因为秩序是维系大学社群组织有效运行的基础和保障,为学术共同体成员学术合作的生成提供制度性条件。秩序的存在离不开道德规范的润养,一定的社会秩序总是同一定的行为道德规范相联系。学术秩序也离不开学术规范,学术秩序的生成是建立在学术共同体成员善意合作间的学术共同道德规范准则基础之上。学术不端行为是对学术共同道德践踏与公共资源私有化占有的一种狭隘的损人利己行为。当学术人在学术场域中出现了学术不端这一损人利己行为时,问责作为一种必要的学术"善治"方式,是一种必须、合理的惩罚,是一种必要的教化"善",成了普遍意义上的学术共同道德规范发挥效力的"强制善"。

大学学术不端行为问责不同于一般意义上的行政问责,除了具有惩罚性的特征外,还有报应性、互动性与救济性的特征。首先,大学学术不端行为问责遵循的是发展性的报应惩罚观,而非束缚钳制,只是一种临时剥夺学术个体权益的手段,是手段恶与目的善的统一。它与一般意义上的功利性报应不同,大学学术不端行为问责是为了防止更大的学术恶产生(如学术欺诈、侵吞国家科研经费等),是一种维护学术秩序必要的手段恶,最终是为了实现更大的学术善——即学术向善发展。其次,大学学术不端行为问责是一种学术交往主体的共识行动,其产生于学术交互主体对一种普遍意义上的学术问责情境通常的解释已达成的基础上,需要在与内在提出的有效性学术主张相关联中进行理解,需要积极、开放地回应公众以及社会媒体的质疑与监督、及时向公众发布问责相关信息,形成学术共同体内与社会的良性互动，避免因信息不对称而出现学术交往信任危机。最后，大学学术不端行为问责具有救济性，应体现保护学术不端行为问责客体的合法、正当权益，如问责事由知情权、惩处方式透明权、申辩权、寻求帮助等救济权利，是对学术不端行为问责权力滥用的一种矫正与补偿。

(三)大学学术不端行为问责具有学术自治公权力的性质

大学学术不端行为问责是法律法规赋予高校等学术组织机构的一项学术管理权，是学术权力在学术治理领域中的具体体现，这种学术权力实则是一种规范性的学术权力——被修正了的学术权利，是一种得到学术人普遍认可的正当性学术权利，重点关涉学术人对学术义务的遵守。大学学术不端行为问责是一种公共权力，不能排除国家公权力影响的学术自治公权力，是一种管理与被管理、监督与被监督的兼具内部"自治管理"的行政行为与外部行政行为。这种特殊的行政行为具体体现在两个方面。首先体现的是国家意志性，是国家的教育权力，"国家对于大学自治仅就大学学术运作之重要事项扮演框架立法之角色"，是公共权力介入学术自治的一种合法性表现。高校对学术人给予的开除学籍、撤销学位以及开除公职等改变学术身份、严重影响学术人受教育权的学术处分也都是以相关法律、法规为依据，参照相关规章，参考学校正式公布的不违反上位法规定精神的校纪校规，在充分坚守法律保留原则的前提下，对学术人谨慎施以学术惩戒。其次，学术治理中的学术权力也是高校学术自治管理的一种法定权利和应有权利，属于学术自治公权力范畴，是一种公共权力体系下的社会自主权。高校根据法律法规授权制定的学术制度等规范性文件，遵循法律优位原则，视学术人出现的学术不端行为情节严重程度给予的警告、严重警告、记过等内部行政行为，是高校对学术人的内部学术管理行为，具有私行政的性质，属于高校内部的学术自由裁量权。这种学术自由裁量权是高校内部实现对其成员的学术管理方式，也是终结性的行政问责，但对学术人的行政处分不会改变其原有的学术身份或重要的受教育权利。

(四)大学学术不端行为问责有其明确的制度内容指向

正义合理的大学学术不端行为问责体系是确保问责能够释放学术自治教化能量的关键。基于哈贝马斯所言，"法律是建立在事实性与规范性的社会媒介"，大学学术不端行为问责制作为一种特殊的法律表现形式，也应在事实性与规范性之间达成理想状态的平衡。我们认为，在事实有效性层面，大学学术不端行为问责需要成为学术人人人都能加以遵守“约定俗成”的学术行动律令，彰显权威性；在规范有效性层面，大学学术不端行为问责制度本身具有合法性，使得学术人出于对问责制度的遵守而遵守规范成为可能。后者是前者得以落实的基础与保障。

基于此，本研究认为，规范有效的大学学术不端行为问责制应建立在“完整性、科学性与创新性”分析标准基础上，明确“由谁问、问谁、依据什么问、怎么问”这一逻辑主线，明确大学学术不端行为问责体系的内容指向。

一是健全大学学术不端行为问责主客体体系。大学学术不端行为问责主体应包括同体问责主体与异体问责主体。同体问责主体包括国家机关层面的教育部、科技部、文化部等国家教育行政部门和教育厅、科技厅、文化厅等地方教育行政部门以及法律法规授权组织层面的高校。高校内部又包括学术委员会、学位委员会、学会(学术)组织、学术制度制定者。异体问责主体主要包括社会媒体、用人单位以及第三方学术评价机构。大学学术不端行为问责客体主要包括研究生和教师在内的连带责任主体。同时，我们需要明确大学学术不端行为问责主客体间的多维法律关系。

二是确证大学学术不端行为问责依据。大学学术不端行为问责依据主要包括伦理学依据、事实依据和法律依据。从伦理学依据角度来看，功利论导向的行为结果价值为学术不端行为责任的划定提供外在的行为效果依据，道义论导向的行为规范价值为学术不端行为责任的划定提供存在论依据，德性论导向的德能品性价值为学术不端行为责任的划定提供内在德性依据。从事实依据角度来看，大学学术不端行为问责需要考虑学术人产生学术不端行为的实际影响以及产生的后果。在对学术人产生的学术不端行为进行责任判定与归类时，一方面我们需要甄别学术人具体做出了什么学术行为，导致怎样的实际结果以及考虑这种行为产生的因果关系；另一方面我们需要审查学术组织机构在学术人出现这一学术行为过程中起着怎样的作用。树立“学术机构监管为基础”与“学术行为为基础”的“双基”大学学术不端行为责任判断依据。从法律依据角度来看，大学学术场域依照现有国家制定的有关学术规范等相关法律规范性文件的部分条款，制定的大学学术不端行为问责规范性文件应明确责任追究的标准，在认定和追究学术人的学术责任时应采用混合依据，即以过错责任原则为主，以过错推定原则和公平原则为补充。

三是明晰大学学术不端行为问责目标。大学学术不端行为问责应本着人文主义关怀、程序公平正义与和谐共生的理念，注重以人为本、权利优先、正义理性的价值目标，在学术人的互动交往中摆脱技术统治“无家可归”的学术规训机械主义。

四是厘清大学学术不端行为问责程序。大学学术不端行为问责需要有完善的事前、事中和事后程序，进而发挥学术自律与学术他律的作用，能够让学术行动者树立麦金太尔（MacIntyre）呼喊的“学术共同体美德”。

五是划清大学学术不端行为问责责任类型并明确责任的分配方式。大学学术不端行为责任类型应包括以学术个体之“责”、学术共同体之“善”、社会发展之“理”相观照的道德责任类型和以民事责任、行政责任与刑事责任为核心的法律责任。明晰大学学术不端行为责任后，大学学术不端行为问责中的责任分配应在比例原则的规导下遵守合目的性、必要性与狭义比例原则实施学术自由裁量权。由于大学学术场域中的学术不端行为表现形式复杂多样，往往一个学术不端行为的产生会牵扯到不同种类的责任，需要处理好大学学术不端行为道德责任与法律责任、民事责任与行政责任、行政责任与刑事责任以及民事责任与刑事责任之间的聚合问题。

（五）大学学术不端行为问责的有效运行需要外部机制保障

大学学术不端行为问责的有效运行除了制度内容本身具有规范性之外，离不开外部保障机制的推进。在借鉴美国和荷兰大学“自上而下”和“平等协商”的大学学术不端行为治理模式基础上，本研究认为，构建大学学术不端行为问责保障机制应从健全大学学术不端行为问责法律制度供给机制，规范大学学术不端行为问责监督机制，增设大学学术不端行为问责评价改进机制以及构建良好的大学学术不端行为问责文化机制四个方面推进。在法律制度供给机制方面，着力臻善学术法律，医治立法低效桎梏，明晰学术法律的基本理念，确证学术立法的起草程序，加强学术立法的宣传与普及工作，强化与高校学术规范性文件的衔接。在规范监督机制方面，建立大学学术不端行为问责监督共同体，明确问责监督共同体的各自职责，建立问责监督共同体的“激励—共赢”模式。在增设评价改进机制方面，明晰与落实问责评价改进机制的目标与标准，建立问责第三方评价改进机构，强化问责第三方评价机构与高校间的多元联动。在构建问责文化机制方面，明晰问责文化的价值导向功能，释放问责文化的权责能量，增添问责文化的人文元素，观照以人为本的问责生态，注入人本主义关怀下的问责教化元素。

二、研究创新

(1)从选题方面来看，行政问责与大学学术不端行为治理分别是当前法学与教育学领域中的研究热点，但能够将二者结合起来，从学理与法理的角度，基于责任与问责的关系进行系统深入研究并解决大学学术场域中的现实学术问题的研究性成果并不多见。因此，从这个意义上来讲，本研究在研究选题上具有一定的创新之处。

(2)从研究内容方面来看，纵观已有研究性文献，有关学术不端行为问责的研究内容多以道德伦理或制度建设的某一个单一方面入手，未能将学术不端行为进行综合界定与归类。本研究通过对已有学术不端行为治理手段的分析，将责任与问责引入学术不端行为治理中，翔实论证了大学学术不端行为问责的内在机理性质特征、逻辑构架。本研究认为，大学学术不端行为问责与其他的行政问责不同，远非一种奴役的规训，而是学术共同道德规范发挥效力的“强制善”，是一种必须、合理的具有教化色彩的惩罚，是一种学术自治公权力，具有惩罚性、报应性、互动性与救济性的特征。进而通过教育政策内容分析标准得出了大学学术不端行为问责的内容逻辑构架。因此，从这个意义来讲，能够弥补以往研究学术不端行为治理的理论缺陷，具有一定的创新性。

(3)从研究范式与方法方面来看，本研究立足于法学与教育学双重分析范式，试图突破已有研究固有的定性或定量的单一研究范式，遵循默顿所言的价值无涉原则对大学学术不端行为问责展开梳理与调查研究，将现实学术场域中的诸多现实案例作为论据，运用了问卷调查、深度访谈、制度分析等研究方法，对目前大学学术场域中的学术不端行为问责的现实样态、问责应该包含的要素内容、如何有效实施问责等问题进行深入地阐释与论证。另外，在构建大学学术不端行为问责内容体系过程中，引入了德尔菲法为问责内容体系中各维度的具体内容指向提供重要的论据支撑。因此，从这个意义来讲，本研究在研究范式与研究方法上具有一定的创新性。

三、研究不足

由于课题自身的难度，加之本人的理论研究能力有限以及其他方面的限制，本研究尚存不足之处。首先，对当前大学学术不端行为问责的实况资料与访谈资料收集有限。学术不端是大学学术场域中一个较为敏感的现实话题，涉及个人隐私以及大学不公开的信息，在访谈与调查过程中不愿意提供真实想法的情况时有存在，导致有些数据的收集与实况不符，给研究开展带来了困难。其次，由于我国高校对学术不端行为问责完善程度各有所异，加之个人精力所限，本研究仅选取了有代表性的高校及制度文本为样本进行实证调查，考证实然状态下的大学学术不端行为问责境况，这些具有代表性的高校及制度文本的选取是否具有科学性、合理性以及选取的样本数量有限能否真正反映目前我国大学学术不端行为问责的整体水平还有待商榷。最后，对大学学术场域中的学术不端行为分类与责任划定仍需进一步厘清。由于本研究是对大学学术场域中的学术不端行为问责进行研究，那么对其分类是尤为必要的。但由于学术不端行为的种类繁多，以什么样的标准分类能够囊括所有的表现形式以及基于这些表现具体对应的责任承担类型，仍需进一步思考。这些问题与不足也激励研究者对该领域问题后续研究持续进行下去，希冀为我国大学学术治理与学术问责的发展提供新思考。

四、研究展望

在探索大学学术不端行为问责这一研究性问题过程中仍有较多价值的问题值得我们深入探讨。本研究主要是从宏观的角度对大学学术场域中学术不端行为问责构架指向内容进行界定与论证，对于微观层面的具体问题也是本研究在后续研究过程应重点展开论证的。如进一步明确大学学术场域独有的学术不端行为表现，在此基础上确定具体的每种学术不端行为对应的责任类型，具体的相关责任对应哪些问责主体来问、如何问、如何行使学术自由裁量权以及多元责任聚合认定划分等。

另外，学术不端行为问责的司法审查范围与限度以及学术问责法律的运行也是本研究在今后理论与实践探索中的重要发力点。本研究主要基于学理与法理的角度侧重于学术自治的学术不端行为问责研究，虽在外部保障的监督机制中提及了法院对学校规范性文件的附带审查，但对涉及侵犯公民基本权利的学术不端行为问责的具体司法审查范围、内容与审查限度、遵循什么原则、如何审查以及学术自治与司法审查之间的关系界限等问题是今后研究迫切需要深入探讨的。在此基础上，本研究将进一步探讨外部保障部分厘定好的学术问责法律具体内容指向、运行机制以及与学术自治间的运行关系。

主要参考文献

一、外文译著

[1][英]A.J.M.米尔恩.人的权利与人的多样性——人权哲学[M].夏勇,张志铭,译.北京:中国大百科全书出版社,1995.

[2][美]默顿.科学社会学——理论与经验研究[M].鲁旭东,林聚任,译.北京:商务印书馆,2003.

[3][美]麦金太尔.追寻美德——道德理论研究[M].宋继杰,译.南京:译林出版社,2008.

[4][美]艾伦·布鲁姆.走向封闭的美国精神[M].缪青,等译.北京:中国社会科学出版社,1994.

[5][美]爱德华·希尔斯.学术的秩序——当代大学论文集[M].李家永,译.北京:商务印书馆,2007.

[6][西班牙]奥尔加特·加塞特.大学的使命[M].徐小洲,陈军,译.杭州:浙江教育出版社,2001.

[7][波]彼得·什托姆普卡.默顿学术思想评传[M].林聚任,译.北京:北京大学出版社,2009.

[8][美]博登海默.法理学——法律哲学与法律方法[M].邓正来,译.北京:中国政法大学出版社,2004.

[9][法]布尔迪厄.实践与反思——反思社会学引论[M].李猛,李康,译.北京:中央

编译出版社,1998.
[10][美]约翰·S.布鲁贝克.高等教育哲学[M].王承绪,等译.杭州:浙江教育出版社,2001.
[11][美]查尔斯·格罗.不要推卸责任[M].徐海华,编译.北京:群言出版社,2004.
[12][英]达尼洛·马尔图切利.现代性社会学——二十世纪的历程[M].姜志辉,译.南京:译林出版社,2007.
[13][美]道格拉斯·C.诺斯.制度、制度变迁与经济绩效[M].刘守英,译.上海:上海三联书店,1994.
[14][美]德里克·博克.走出象牙塔——现代大学的社会责任[M].徐小洲,陈军,译.杭州:浙江教育出版社,2001.
[15][德]恩斯特·卡西尔.人论[M].甘阳,译.上海:上海译文出版社,1985.
[16][美]凡勃伦.有闲阶级论——关于制度的经济研究[M].蔡受百,译.北京:商务印书馆,1997.
[17][德]滕尼斯.共同体与社会——纯粹社会学的基本概念[M].林荣远,译.北京:商务印书馆,1999.
[18][美]弗莱德·R.多迈尔.主体性的黄昏[M].万俊人,译.桂林:广西师范大学出版社,2013.
[19][英]弗里德利希·冯·哈耶克.法律、立法与自由(第一卷)[M].邓正来,张守东,李静冰,译.北京:中国大百科全书出版社,2000.
[20][波]格里戈里·佩雷尔曼.正义的观念和论证的问题[M].皮特纳,译.伦敦:劳特利奇与基根·保罗公司,1963.
[21][美]赫伯特·马尔库塞.单向度的人——发达工业社会意识形态研究[M].刘继,译.上海:上海译文出版社,2008.
[22][德]哈贝马斯.交往行为理论——行为合理性与社会合理化[M].曹卫东,译.上海:上海人民出版社,2004.
[23][德]黑格尔.法哲学原理[M].范扬,张企泰,译.北京:商务印书馆,2014.
[24][德]胡塞尔.纯粹现象学通论——纯粹现象学和现象学哲学的观念(第一卷)[M].李幼蒸,译.北京:商务印书馆,1992.
[25][美]华勒斯坦.学科·知识·权力[M].刘健芝,等译.北京:生活·读书·新知三联书店,1999.

[26][美]怀特海.科学与近代世界[M].何钦,译.北京:商务印书馆,1997.
[27][美]怀特海.教育的目的[M].徐汝舟,译.北京:生活·读书·新知三联书店,2002.
[28][美]杰克·奈特.制度与社会冲突[M].周伟林,译.上海:上海译文出版社,2009.
[29][美]杰克·D.道格拉斯,[美]弗兰西斯·C.瓦克斯勒.越轨社会学概论[M].张宁,朱欣民,译.石家庄:河北人民出版社,1987.
[30][韩]金钟燮.公共行政的社会建构:解释与批判[M].孙柏瑛,张钢,黎洁等,译.北京:北京大学出版社,2008.
[31][德]卡尔·雅斯斯贝.时代的精神状况[M].王德峰,译.上海:上海译文出版社,1997.
[32][印度]克里希那穆提.教育就是解放心灵[M].张春城,唐超权,译.北京:九州出版社,2010.
[33][法]克洛德·列维.种族与历史种族与文化[M].于秀英,译.北京:中国人民大学出版社,2006.
[34][法]卢梭.社会契约论 一名:政治权利的原理[M].何兆武,译.北京:商务印书馆,1980.
[35][美]罗伯特·K.默顿.社会理论和社会结构[M].唐少杰等,译.南京:译林出版社,2008.
[36][美]罗伯特·诺奇克.无政府、国家与乌托邦[M].何怀宏等,译.北京:中国社会科学出版社,1991.
[37][美]罗纳德·德沃金.认真对待权利[M].信春鹰,吴玉章,译.北京:北京大百科全书出版社,2002.
[38][英]罗纳德·巴尼特.高等教育理念[M].蓝劲松,译.北京:北京大学出版社,2012.
[39][德]马克斯·韦伯.学术与政治——韦伯的两篇演说[M].冯克利,译.北京:生活·读书·新知三联书店,1998.
[40][美]迈克尔·J.桑德尔.自由主义与正义的局限[M].万俊人,译.南京:译林出版社,2001.
[41][法]米歇尔·福柯.疯癫与文明:理性时代的疯癫史[M].第2版.刘北成,杨远婴,译.北京:生活·读书·新知三联书店,2008.
[42][法]米歇尔·福柯.规训与惩罚[M].刘北成,杨远婴,译.北京:生活·读书·新知

三联书店,2010.
[43][德]尼采.尼采生存哲学[M].杨恒达,等译.北京:九州出版社,2003.
[44][英]纽曼.大学的理想[M].徐辉,顾建新,何曙荣,译.杭州:浙江教育出版社,2001.
[45][英]鲍曼.共同体[M].欧阳景根,译.南京:江苏人民出版社,2003.
[46][美]塞缪尔·P.亨廷顿.变化社会中的政治秩序[M].王冠华,译.北京:三联书店,1989.
[47][美]库柏.行政伦理学——实现行政责任的途径(第四版)[M].张秀琴,译.北京:中国人民大学出版社,2001.
[48][美]唐纳德·肯尼迪.学术责任[M].闫凤桥,译.北京:新华出版社,2002.
[49][美]托马斯·麦卡锡.哈贝马斯的批判理论[M].王江涛,译.上海:华东师范大学出版社,2010.
[50][美]雅罗斯拉夫·帕利坎.大学理念重审——与纽曼对话[M].杨德,译.北京:北京大学出版社,2014.
[51][古希腊]亚里士多德.尼各马可伦理学[M].廖申白,译.北京:商务印书馆,2017.
[52][古希腊]亚里士多德.政治学[M].吴寿彭,译.北京:商务印书馆,2006.
[53][德]伊曼努尔·康德.纯粹理性批判[M].邓晓芒,译.北京:人民出版社,2004.
[54][德]伊曼努尔·康德.道德形而上学原理[M].苗力田,译.上海:上海人民出版社,2002.
[55][德]于尔根·哈贝马斯.现代性的哲学话语[M].曹卫东,译.南京:译林出版社,2011.
[56][德]于尔根·哈贝马斯.后形而上学思想[M].曹卫东,付德根,译.南京:译林出版社,2012.
[57][英]约翰·密尔.论自由[M].程崇华,译.北京:商务印书馆,1982.
[58][法]朱里安·本达.知识分子的背叛[M].孙传钊,译.长春:吉林人民出版社,2011.

二、中文著作

[1]陈学飞.美国高等教育发展史[M].成都:四川大学出版社,1989.
[2]陈寅恪.寒柳堂集·清华大学王观塘先生纪念碑铭[M].上海:上海古籍出版社,

1980.
[3]邓正来.学术与自主[M].北京:北京大学出版社,2008.
[4]方晶刚.走出启蒙的神话——霍克海默社会批判理论[M].上海:复旦大学出版社,2013.
[5]方舟子.溃疡——直面中国学术腐败[M].海口:海南出版社,2001.
[6]冯建军.教育公正——政治哲学的视角[M].福州:福建教育出版社,2008.
[7]高兆明.制度伦理研究——一种宪政正义的理解[M].北京:商务印书馆,2011.
[8]郭金鸿.道德责任论[M].北京:人民出版社,2008.
[9]韩水法.大学与学术[M].北京:北京大学出版社,2008.
[10]胡志斌.学术不端行为的法律规制研究[M].北京:中国法制出版社,2014.
[11]黄发玉.学术论——学术的文化哲学考察[M].深圳:海天出版社,2015.
[12]江水法,梁立明,沈谦芳.科技界精神文明概论[M].北京:经济管理出版社,2000.
[13]江新华.学术何以失范——大学学术道德失范的制度分析[M].北京:社会科学文献出版社,2005.
[14]金生鈜.规训与教化[M].北京:教育科学出版社,2004.
[15]晋乾泰.中国共产党纪律学[M].北京:红旗出版社,1993.
[16]康翠萍.一种分析范式:中国高等教育政策研究[M].北京:人民出版社,2010.
[17]李德顺.价值论[M].第2版.北京:中国人民大学出版社,2007.
[18]李龙.良法论[M].武汉:武汉大学出版社,2001.
[19]李思孟.自然辩证法新编[M].武汉:华中理工大学出版社,1997.
[20]李晓燕.教育法学[M].武汉:武汉工业大学出版社,1992.
[21]罗国杰.伦理学[M].北京:人民出版社,1989:
[22]马焕灵.高校学生纪律处分纠纷及其处理[M].北京:教育科学出版社,2011.
[23]马焕灵.高校学生纪律处分制度研究[M].北京:中国社会科学出版社,2012.
[24]祁型雨.利益表达与整合——教育政策的决策模式研究[M].北京:人民出版社,2006.
[25]秦惠民.走入教育法制的深处——论教育权的演变[M].北京:中国人民公安大学出版社,1998.
[26]渠敬东.缺席与断裂——有关失范的社会学研究[M].上海:上海人民出版社,

1999:208.

[27]沈立强.规矩与方圆:商业银行经营管理方略[M].上海:上海人民出版社,2014.

[28]沈仁干.版权论[M].深圳:海天出版社,2001.

[29]世界银行专家组.公共部门的社会问责:理念探讨及模式分析[M].北京:中国人民大学出版社,2007.

[30]宋丽娜.熟人社会是如何可能的——乡土社会的人情与人情秩序[M].北京:社会科学文献出版社,2014.

[31]孙绵涛.教育政策分析——理论与实务[M].重庆:重庆大学出版社,2011.

[32]孙绵涛.教育政策学[M].北京:中国人民大学出版社,2010.

[33]汪渊智.民法总论疑难问题研究[M].北京:商务印书馆,2014.

[34]王成栋.政府责任论[M].北京:中国政法大学出版社,1999.

[35]王海明.新伦理学[M].北京:商务印书馆,2001.

[36]王利明.侵权行为法归责原则研究[M].北京:中国政法大学出版社,1992.

[37]王名扬.美国行政法[M].北京:中国法制出版社,1998.

[38]王玉珍.道德秩序的经济学分析[M].北京:经济科学出版社,2005.

[39]夏勇,胡水君.法理讲义——关于法律的道理与学问(上)[M].北京:北京大学出版社,2010.

[40]谢泳.学术规范是如何失去的[M]//李醒民.见微知著——中国学界学风透视.开封:河南大学出版社,2006.

[41]辛明.制度论——关于制度哲学的理论建构[M].北京:人民出版社,2005.

[42]邢建国,汪青松,吴鹏森.秩序论[M].北京:人民出版社,1993.

[43]严强.公共政策学[M].北京:高等教育出版社,2009.

[44]杨玉圣、张保生.学术规范导论[M].北京:高等教育出版社,2004.

[45]杨桢.英美契约法论[M].北京:北京大学出版社,1997.

[46]俞可平.社群主义[M].北京:中国社会科学出版社,2005.

[47]袁纯清.和谐与共生[M].北京:社会科学文献出版社,2008.

[48]翟学伟.人情、面子与权力的再生产[M].北京:北京大学出版社,2005.

[49]张斌贤,李子江.大学:自由、自治与控制[M].北京:北京师范大学出版社,2005.

[50]张华夏.现代科学与伦理世界[M].长沙:湖南教育出版社,1999.

[51]张树义.冲突与选择:行政诉讼理论与实践[M].北京:时事出版社,1992.

[52]张文显.法理学(第三版)[M].北京:高等教育出版社,2007.

[53]张彦.科学价值系统论[M].北京:社会科学文献出版社,1994.

[54]张意.文化与符号权力——布尔迪厄的文化社会学导论[M].北京:中国社会科学出版社,2005.

[55]章太炎.国学概论[M].上海:上海古籍出版社,1997.

[56]中国科学院.科学与诚信:发人深省的科研不端行为案例[M].北京:科学出版社,2013.

三、中文期刊论文

[1]曹南燕.他山之石可以攻玉——西方发达国家人文社会科学研究学术规范述评[J].中国政法大学学报,2007(1).

[2]曾南燕.大学科研中的诚信问题[J].清华大学学报(哲学社会科学版),2004,19(2).

[3]曾天山.高校教育科研中的法律和伦理问题[J].高等教育研究,2007,28(6).

[4]查永军,蔡锋.从行政主导到学术主导——我国高校内部问责制的反思与重构[J].江苏高教,2012(2).

[5]查自力,熊庆年,李威.我国高校信息公开第三方评估机制研究[J].现代大学教育,2016(2).

[6]陈宏彩.论权利救济与社会和谐的内在逻辑[J].天津社会科学,2008(1).

[7]陈亮,陈恩伦.论学术责任伦理及其塑造[J].现代大学教育,2016(2).

[8]陈亮,陈恩伦.我国教育法学研究的困惑与展望——基于文献之思[J].内蒙古社会科学,2016,37(3).

[9]陈亮,康翠萍.失范与规范:高校学生学术不端行为及纠偏路径——基于惩处制度文本之维[J].大学教育科学,2016(5).

[10]陈亮.低度人权视阈下的合理教育惩戒[J].内蒙古社会科学(汉文版),2015,36(3).

[11]陈亮.法治思维引领下的国家教育治理体系创新[J].河北师范大学学报(教育科学版),2016,18(1).

[12]陈亮.公平正义诉求下的博士招生“申请——考核”制探微[J].现代教育管理,2014(12).

[13]陈周.高校学生处分行为的法律性质[J].中外企业家,2010(14).
[14]程现昆.高校科研评价与道德责任[J].社会科学论坛,2010(4).
[15]董建龙.各国加强学术诚信管理的举措及其启示[J].科学对社会的影响,2007(1).
[16]郭金鸿.道德责任判断的三重根据[J].伦理学研究,2009(1).
[17]侯书栋,吴克禄.高校学生管理中的正当程序[J].高等教育研究,2004,25(5).
[18]胡弼成,孙燕.文化精神:大学内部治理之魂[J].清华大学教育研究,2016,37(3).
[19]胡春艳,李贵.学术危机与学术问责制[J].湖南城市学院学报,2011,32(2).
[20]胡春艳,李贵.学术问责的概念及内在机理解析[J].国家教育行政学院学报,2011(5).
[21]胡剑,史玉民.欧美科研不端行为的治理模式及特点[J].科学学研究,2013,31(4).
[22]胡林龙.论学术不端行为的责任[J].法律科学(西南政法大学学报),2015,33(4).
[23]贾玉娇.社会秩序何以可能——对中国社会秩序重建的理论考量与路径探索[J].河南社会科学,2013,21(4).
[24]金生鈜.教育基本善事物及其意义——基于教育正义的思考[J].陕西师范大学学报(哲学社会科学版),2013,44(1).
[25]金生鈜.为什么说价值是教育性的[J].湖南师范大学教育科学学报,2015,14(5).
[26]李迪.清代盗名盗版算书几例[J].自然辩证法研究,2003(7).
[27]李金艳.高等学校科研不端及其治理[J].中国成人教育,2007(13).
[28]李楠.关于深化高校科技评价改革的思考[J].中国高等教育,2014(9).
[29]李文辉,蒋笑莉.研究生科研违纪主观成因分析及对策[J].学位与研究生教育,2001(1).
[30]王锋.抄袭:不仅仅是道德问题,更是违法行为[J].科研管理,1999,20(2).
[31]李晓燕.美国高校治理学术不端行为制度研究[J].陕西师范大学学报(哲学社会科学版),2014,43(4).
[32]李志峰,高慧,张忠家.知识生产模式的现代转型与大学科学研究的模式创新

[J].教育研究,2014,35(3).
[33]李祖超.中美高校科研道德教育的比较与借鉴[J].高等教育研究,2007,29(8).
[34]梁剑,陈恩伦.论大学章程的合法性审查[J].中国地质大学学报(社会科学版),2016,16(5).
[35]任增元.量化评价、知识生产与理性大学的追寻——兼评《大学理性研究》[J].清华大学教育研究,2014,35(4).
[36]刘宝存.何谓大学———西方大学概念透视[J].比较教育研究,2003(4).
[37]刘德华.学术精神回归的根本路径:学术制度重建[J].湖南师范大学教育科学报,2009,8(3).
[38]刘德林.教育惩罚的本质与运用[J].中小学管理,2004(2).
[39]刘苹.正当程序在美国[J].宪法学、行政法学,1999(4).
[40]刘云生.让法律成为良好的教育文本——全民守法战略前移之策[J].教育发展研究,2016,36(11).
[41]柳亮.大学信任与高等教育问责[J].教育发展研究,2010,30(1).
[42]卢锐、谭安富.关于我国政府问责制的再思考[J].湖北经济学院学报(人文社会科学版),2006(1).
[43]罗生全,刘志慧.论教师伦理发展的共同体逻辑[J].教育研究,2015,36(7).
[44]罗志敏."学术伦理"诠释[J].现代大学教育,2012(2).
[45]罗志敏.从信仰到公共理性: 学术伦理的权力逻辑[J].现代大学教育,2014(4).
[46]罗志敏.何谓学术伦理:一个解析框架[J].复旦教育论坛,2012,10(4).
[47]吕东锋,吴萍.论学术不端行为的民事法律责任[J].广西社会科学,2014(5).
[48]祁型雨.论教育政策的价值及其评价标准[J].教育科学,2003,19(2).
[49]沈岿.析论高校惩戒学生行为的司法审查[J].华东政法学院学报,2005(6).
[50]司林波,金裕景,彭建交.学术问责法律规范体系的构建[J].现代教育管理,2015(6).
[51]司林波,金裕景.对高校学术问责运行机制构建的探讨[J].西北工业大学学报(社会科学版),2014,34(1).
[52]司林波,孟卫东.教育问责制在中国的建构[J].中国行政管理,2011(6).
[53]司林波.学术问责法律规范体系的构建[J].现代教育管理,2015(6).
[54]司林波.学术问责制建设的三维视域——制度建设、体制优化与机制创新[J].

学术论坛,2012,35(10).
[55]宋涛.新公共管理阶段行政问责的变化特点[J].深圳大学学报(人文社会科学版),2007(1).
[56]宋元林.认真践行“三个代表”重要思想大力整治学术违规[J].中国高教研究,2004(2).
[57]孙绵涛,康翠萍.学术自由性与受控性的对立统一——学术自由大学本质观的重新审视[J].教育研究,2011,32(6).
[58]孙绵涛.关于教育政策内容分析的探讨——以中国1978年后高等教育体制改革政策内容的分析为例[J].教育研究与实验,2007(3).
[59]孙笑侠,郭春镇.法律父爱主义在中国的适用[J].中国社会科学,2006(1).
[60]汪勤俭.84篇因学术不端退稿稿件追踪分析与思考[J].编辑学报,2012,24(2).
[61]王彩云.政治学视域中价值理性的回归[J].政治学研究,2013(6).
[62]王峰.科学不端行为及其成因剖析[J].科学学研究,2002,20(1).
[63]王平.同行评议活动中的制度性越轨行为[J].自然辩证法通讯,2000,22(4).
[64]王清平.论科研不端行为的法律性[J].安徽农业大学学报(社会科学版),2011,20(6).
[65]王喜平.学者的类型与道德[J].自然辩证法通讯,2000(6).
[66]吴春江.试论行政问责制的伦理价值[J].行政与法,2010(8).
[67]徐玖平.大学秩序:善治、自主、共治[J].中国高等教育,2014(21).
[68]薛二勇.中国高校科研经费管理制度改革的政策分析[J].北京社会科学,2014(3).
[69]薛二勇.协同创新与高校创新人才培养政策分析[J].中国高教研究,2012(12).
[70]禤思,王恩华.学术自由与学术责任——一个科学伦理视角[J].求索,2007(9).
[71]浮躁:学术创新的大敌[N].光明日报,2002-03-19.
[72]闫光才.高校学术失范现象的动因与防范机制分析[J].高等教育研究,2009,30(2).
[73]杨强.论高校学术问责制的理论建构[J].江苏高教,2009(4).
[74]杨勇萍.从命令行政到契约行政——现代行政法功能新趋势[J].行政法学研究,2001(1).
[75]渝纪法.关于问责制有关问题的思考[J].高教探索,2005(4).

[76]张斌.仪式象征权力与学术秩序——学术会议过程的社会学分析[J].高等教育研究,2012(1).

[77]张慧芳.合理设定学术不端的法律责任[J].学术界,2015(3).

[78]张立,王华平.学术不端行为的模型化研究[J].科学学研究,2007(1).

[79]张学文.大学理性失范:概念、表现及其根源[J].北京师范大学学报(社会科学版),2010(6).

[80]赵景来.关于学术规范与学风建设若干问题研究综述[J].学术界,2005(2).

[81]朱生营.当前我国高校问责制的不足与改进[J].煤炭高等教育,2006(6).

[82]祝贺.韦伯的大学观——《以学术为业》研读[J].高校教育管理,2009,3(3).

[83]李真真.转型中的中国科学:科研不端行为及其诱因分析[J].科研管理,2004,25(3).

[84]邹承鲁,等.再论科学道德问题[J].教育科学研究,1992(1).

四、中文学位论文

[1]王晖.行政问责制的法理基础与制度构建[D].兰州:西北师范大学,2011.

[2]白勤.高校教师学术不端行为治理研究[D].重庆:西南大学,2011.

[3]王慧.法律责任意识培养对防治学术不端的作用研究[D].呼和浩特:内蒙古科技大学,2012.

[4]金希根.我国高校的学术问责研究[D].长沙:中南大学,2013.

[5]伍洪杏.行政问责的伦理审视[D].长沙:中南大学,2010.

[6]陈大兴.高等教育中责任与问责的界定——基于学理与法理的研究[D].上海:华东师范大学,2014.

[7]袁潇.美国公立高等院校内部问责制研究[D].重庆:西南大学,2013.

[8]高军.我国大学教师学术评价制度研究[D].南京:南京师范大学,2008.

[9]罗志敏.大学学术伦理及其规制研究[D].武汉:武汉大学,2010.

[10]江新华.大学学术道德失范的制度分析[D].武汉:华中科技大学,2004.

[11]龙红霞.学术伦理及其规制研究[D].重庆:西南大学,2014.

[12]朱燕.美国大学生学术不端的防治研究[D].北京:北京大学,2008.

[13]朱缨.学术规范教育及其制度安排研究[D].南京:南京大学,2013.

附　录

附录一　大学学术不端行为问责的访谈提纲

尊敬的＿＿＿＿＿＿＿＿＿：

您好！非常高兴您抽出宝贵时间参与我的半开放性匿名访谈调查。我是陕西师范大学教育学院青年教师陈亮。我正在开展关于“法理与学理:大学学术不端行为问责研究”的研究与撰写工作。通过与高校相关领导、从事科研与教学工作的教师以及研究生就学术不端和有关问责进行面对面的交流式访谈,可以让本研究对目前大学对大学学术不端行为治理有个清晰的认识,了解一线学术人对学术不端行为问责真实看法,进而丰富本研究对大学学术不端行为问责的研究。

需要强调的是:访谈者会对整个半开放的匿名访谈过程中涉及的个人资料、个人对某个问题的看法及观点进行保密,并且访谈的内容仅做研究之用。

感谢您的配合与支持!

(一)针对高校教师、研究生的访谈提纲

1.您认为学术秩序、学术自由与学术不端行为之间的关系是怎样的?

2.您所在学校是否对学术不端行为有明确的范围界定?谈谈您对学术生活中学术不端行为的看法,您认为大学出现学术不端行为的原因有哪些?

3.您如何看待学术不端行为问责这一治理方式?能否有效地规制学术不端行

为滋生？对净化学术风气作用大吗？您所在学校对于学术不端问责落实如何？

4.您周围存在的一些隐性学术不端行为，如论文署名不按贡献大小的顺序、导师对于学生指导不够，您认为这些现象该不该进行问责？如果将一些平常不追究的学术不端行为进行问责，会对您的学术生活产生何种影响？

5.您所在学校学术不端问责中，责任追究的种类有哪些？法律问责、道德问责、专业问责实行情况如何？您有哪些意见与建议？

6.对于研究生出现的学术不端行为追究导师的连带责任、学术人个人出现的学术不端行为追究单位的责任，您怎么看？

7.您对学校学术不端行为问责程序有何看法？存在哪些问题？您所在学校在学术不端行为问责落实过程中，存在哪些问题？产生这些问题的原因是什么？

（二）针对高校领导的访谈提纲

1.您认为学术秩序、学术自由以及学术治理间的关系是怎样的？

2.您认为治理大学中学术不端行为频发这一现象的有效措施是什么？您如何看待学术不端行为问责这一治理方式？

3.贵校有没有制定有关学术不端行为的问责制度？如果有，都包含了哪些要素？问责遵循的理念是什么？

4.您认为目前学术不端行为问责落实过程中，存在哪些问题？您认为产生这些问题的原因是什么？

5.您所在学校学术不端行为问责中，责任追究的种类有哪些？若出现了责任竞合问题，贵校是怎样处理的？法律问责、道德问责、专业问责应该如何协调？您所在学校在这方面有哪些经验？存在哪些问题？

6.对于学术不端问责过程中存在的一些行政与学术之间的相互牵扯，您认为目前有何好的方式去处理？贵校有何经验？

7.您认为，贵校在对教师、研究生等不同主体出现的学术不端行为问责比例是否一致？是否应该一视同仁来对待？对于研究生出现的学术不端行为追究导师连带责任，学术人个人出现的学术不端行为追究单位的责任，您怎么看？

8.您认为，学术不端行为问责是一种什么性质？与其他的行政问责有何不同？大学应该从哪些方面改进与提高学术不端行为问责的效果？问责主体还应具备哪些素质？

附录二　大学学术不端行为问责现状调查问卷(师生问卷)

尊敬的老师、同学们:

您好!

真诚感谢你参与本次调查,我是陕西师范大学教育学院青年教师陈亮,当前进行的是大学学术不端行为问责现状的调查研究,本次调查结果仅用于科学研究,望你按照题项要求、根据实际情况认真作答。本问卷采用不记名方式填写,研究者将会对调查结果严格保密,请您放心作答。

在答题前,请您先认真填选第一部分个人基本信息;然后完成问卷主体部分,本部分每题都有五个可供选择的答案;第三部分为多选题及开放题。最后本问卷共有正反两页,请您检查有无漏题。

第一部分　个人信息

基本信息:(请在适合您的选项上打"√",或在横线上填写)

您的性别:(1)男　(2)女
您所在学校:______________________
所在学校类型:(1)国家"双一流"建设高校　(2)地方"双一流"建设高校
所在学院:______________________________________
您的职业:(1)教师　(2)硕士生 (3)博士生　(4)其他______________
您的职称:(1)教授(研究员)　(2)副教授(副研究员)　(3)讲师(助理研究员) (4)助教(实习研究员)　(5)无
专业类别:(1)文史类　(2)理工类

第二部分　问卷主体部分

以下是学术不端行为问责的一些行为表现,请您阅读这些简短描述,然后判断这些描述在多大程度上符合您个人情况,并在相应的选项上划"√",请不要漏题。

描述	完全不符合	比较不符合	有点符合	比较符合	完全符合
1.我不清楚我校的学术不端行为具体处理机构					
2.学术不端行为问责机构对于治理学术不端行为来说十分必要					

续表

描述	完全不符合	比较不符合	有点符合	比较符合	完全符合
3.学校会对教师和研究生的学术成果定期检查,主动发现学术不端					
4.学校学术不端问责机构主要受理实名投诉、举报的案件					
5.学校学术不端行为的调查较为公正客观					
6.学校学术不端行为问责各机构之间能够形成有效监督					
7.学术不端问责客体有待进一步明确					
8.学生为第一作者的学术论文导师署名时,若出现学术不端行为,一般只会追究学生的责任					
9.出现学术不端行为,学校一般不会追究当事人所在单位的责任					
10.学校一般只追究学术不端行为第一作者的责任					
11.学校学术不端行为问责规章较为完善					
12.学校学术不端行为问责会考虑行为产生的因果关系					
13.我校学术不端行为问责会考虑到当事人特殊情况酌情或加重处理					
14.学校的学术不端行为问责往往需要从上位法中寻找间接的法律依据					
15.我校学术不端行为问责有着公开透明的程序					
16.学校学术不端行为的问责程序过于简单					

续表

描述	完全不符合	比较不符合	有点符合	比较符合	完全符合
17.学校学术不端行为问责过程中学术人能够民主参与					
18.学校学术不端行为救济方式仅限于申诉					
19.学校设置有学术道德委员会对抄袭、剽窃等学术不端行为当事人进行批评教育					
20.学校对于学术不端行为问责缺乏法律约束					
21.我校学术不端行为问责往往多种行为并罚					
22.对于涉及刑事责任的重大学术不端行为，学校配合司法部门进行调查					

23.您认为学术不端行为问责存在哪些阻力？（　　）（可多选）

①学校相关部门的不作为；②学术不端行为界定模糊；③官本位思想严重；④为了组织单位的名誉；⑤和为贵，能不追究就不追究思想；⑥行政与学术交织纠缠；⑥其他。

24.您所知道的本学校制定的有关学术不端问责或者学术行为失范处理的规章制度有哪些？

25.于艳茹系北京大学历史学系博士毕业生，中国社会科学院世界史所博士后。2014年8月身陷抄袭门，抄袭的论文不属于在校期间发表论文，论文发表前就已达到博士学位要求。2015年1月10日北京大学通报决定撤销于艳茹博士学位 。1月20日，于艳茹正式向北大提出申诉。2015年03月18日，北大学生申诉处理委员会认定世界历史专业博士于艳茹发表的论文存在严重抄袭行为，决定维持原处理决定，撤销于艳茹博士学位。7月17日，于艳茹将北京大学诉至法院，要求判令撤销《关于撤销于某某博士学位的决定》并恢复其博士学位证书的法律效力。北京市海淀区人民法院受理了此案。

您对上述北大对于艳茹案件的处理有何看法？

再次感谢您的参与，谢谢！

附录三　大学学术不端行为问责现状调查问卷(校领导问卷)

尊敬的校领导:

您好!

真诚感谢您参与本次调查,我是陕西师范大学教育学院青年教师陈亮,当前进行的是大学学术不端行为问责现状的调查研究,本次调查结果仅用于科学研究,望您按照题项要求、根据实际情况认真作答。本问卷采用不记名方式填写,研究者将会对调查结果严格保密,请您放心作答。

在答题前,请您先认真填选第一部分个人基本信息;然后完成问卷主体部分,本部分每题都有五个可供选择的答案;第三部分为多选题及开放题。最后本问卷共有正反两页,请您检查有无漏题。

第一部分　个人信息

基本信息:(请在适合您的选项上打"√",或在横线上填写)

您的性别:(1)男　(2)女
您所在学校:______________________
所在学校类型:(1)国家"双一流"建设高校;(2)地方"双一流"建设高校
所在部门:______________________________________
您的职务:(1)校长　(2)院长　(3)处长　(4)普通职员　(5)其他__________
您的职称:(1)教授(研究员)　(2)副教授(副研究员)　(3)讲师(助理研究员)
(4)助教(实习研究员)

第二部分　问卷主体部分

以下是学术不端行为问责的一些行为表现,请您阅读这些简短描述,然后判断这些描述在多大程度上符合您个人情况,并在相应的选项上划"√",请不要漏题。

描述	完全不符合	比较不符合	有点符合	比较符合	完全符合
1. 我校学术不端行为问责主体机构明确					
2. 学术委员会及其下设机构是我校学术不端行为问责的最主要的机构					

续表

描述	完全不符合	比较不符合	有点符合	比较符合	完全符合
3.我校学术不端行为问责主体权力相对集中					
4.学术不端行为问责主体能进行部门间的互动					
5.学术不端行为异体问责主体能够发挥效力					
6.关于学术不端问责，学校一般只追究被举报人的相关责任					
7.当学生为第一作者的学术论文导师署名时，若出现学术不端行为，一般只会追究学生的责任					
8.对于多人合作学术成果中的学术不端行为，学校会对所有署名人进行不同程度的问责					
9.学校一般不会追究学术不端当事人所在单位的责任					
10.我校学术不端行为问责相关规章制定往往是根据上位法的精神					
11.我校在进行学术不端问责时能够考虑行为产生的因果关系					
12.我校学术不端行为问责的目标明确					
13.我校学术不端行为问责实施最主要是依据相关法律规章					
14.我校学术不端行为问责有着明确的实施原则					
15.我校学术不端行为问责缺少以监督为目的的程序规范					
16.学术不端行为调查认定过程中会邀请相关专业专家参与					
17.我校具有学术不端行为问责的事后评估规定					

续表

描述	完全不符合	比较不符合	有点符合	比较符合	完全符合
18.学校设置有学术道德委员会对抄袭、剽窃等学术不端行为当事人进行批评教育					
19.当学术人在申报项目时出现虚假申报时，学校会配合科研立项部门追究其缔约过失责任					
20.我校学术不端行为问责往往多种责任并罚					
21.对于涉及刑事责任的重大学术不端行为，学校配合司法部门进行调查					

22.您所在的学校对于学术不端或者失范行为主要是涉及哪些机构部门在处理?(可多选)

①学术委员会;②学位委员会;③研究生院;④人事处;⑤学会组织;⑥用人单位;⑦社会媒体;⑧第三方学术评价机构;⑨制度制定者;⑩其他。

23.贵校学术不端行为的受理机构为(　　)(可多选)

①学术委员会及其下设机构;②学位委员会;③研究生院;④社科处;⑤制度制定者; ⑥其他。

24.贵校学术不端行为的调查机构为(　　)(可多选)

①学术委员会成立专家小组;②学院学术委员成立专家小组;③ 第三方学术机构;④学位委员会;⑤研究生院成立专家小组;⑥学会组织;⑦用人单位;⑧其他。

25.贵校学术不端行为最终裁决机构是(　　) (可多选)

①校学术委员会;②院学术委员会;③ 校长办公室;④研究生院;⑤学位委员会;⑥其他。

26.下列属于贵校问责客体有哪些?(　　)(可多选)

①在校师生员工;②离退休教职工;③博士后流动站研究人员;④以高校名义从事学术活动的访问学者;⑤研究生课程进修班学员;⑥进修教师;⑦兼职人员;⑧已经取得学位的上述类别人员;⑨其他。

27.当研究生以第一作者的学术论文抄袭、剽窃、造假时，其他合作者会受到怎样惩罚?(　　)(可多选)

①只追究第一作者的责任;②按照署名顺序酌情处理其他作者;③导师署名

时,无论如何,都要追究导师的监管责任;④导师署名时,在导师不知情的情况下,可不追究其责任;⑤只要是合作者都会受到一定的处罚;⑥其他。

28. 在学术不端行为问责过程中,学校会对哪些情况追究连带责任?(　　)(可多选)

①当我校教师在承担省部级科研项目中出现了挪用、滥用科研经费的行为,所在单位会受到行政处分;②已答辩的硕博士论文若查出抄袭,学校会追究导师责任;③申报科研项目完成后,若发现申报材料作假问题,我校对项目申报评审者予以追究;④当在调查过程中发现了非被举报者的学术不端行为,我校会对其进行处理;⑤在以上情形均不会追究连带责任。

29. 贵校进行学术不端行为问责的最主要目标是什么?(　　)(可多选)

①为了维护学术道德;②营造良好的学术环境;③规范的学术行为;④严明学术纪律;⑤弘扬优良学风;⑥引导学术向善发展;⑦维护学校声誉;⑧提高研究生培养质量;⑨唤醒学术人遵守学术规范的自觉意识;⑩其他。

30. 对于学术不端行为认定和追究责任过程中,您遇到过下列哪些情况?(　　)(可多选)

①发生学术不端行为,但找不到关于相关法律规章处理依据;②出现道德两难情况;③存在"既可以追究,也可以不追究的学术不端行为";④存在"既可以这样追究,也可以那样追究的学术不端行为";⑤我没有遇到过上述情况。

31. 在我校学术不端行为问责过程中主要涉及哪些环节?(　　)(可多选)

①初步调查程序;②告知程序;③正式调查及事由说明;④听取当事人陈述和申辩;⑤必要时举行学术听证;⑥做出处分决定;⑦送达处分通知;⑧学术不端事后评估与救济;⑨将处分记录存档备案;⑩其他。

32. 贵校学术不端行为问责坚持的原则有(　　)(可多选)

①教育与惩罚相结合; ②实事求是原则;③依法的原则;④从严治学的原则;⑤公正、公开、公平的原则;⑥惩防并重、重在预防的原则;⑦惩前毖后的原则 ⑧民主集中制的原则;⑨其他。

33. 我校学术不端行为问责的责任类型主要有哪些?(可多选)

①道德责任;②刑事责任;③民事责任;④行政责任;⑤其他。

34. 贵校依据国家相关法律规定,制定的有关学术不端行为问责的规章制度有哪些?

再次感谢您的参与,谢谢!

附录四　大学学术不端行为问责体系设定的专家征询问卷

尊敬的专家、学者：

您好！

首先非常感谢您能够在百忙之中抽出宝贵时间完成本问卷。本人正在从事"法理与学理：大学学术不端行为问责研究"的相关研究工作，熟闻您在该领域有独到的见解，也是本研究认定的12位专家之一，期望您能为此提出您的宝贵意见，期许为本研究的开展提供启示。

为了使大学学术不端行为问责内容体系设计更具科学性，本研究在设计的每一步都力求得到专家的广泛认可，不足的地方认真修正。本问卷完全采用匿名的德尔菲问卷方式进行设计，试图征集有关大学学术不端行为问责的改善建议与具体路径指向。

问卷填写说明：

1.本问卷整体设计是采用开放式的德尔菲专家调查法，该方法是对一个问题进行专家多次意见的沟通征询达到最终研究目的的一种沟通研究方法。德尔菲专家调查法进行的步骤如下：专家对问卷的问题进行填写，每次填写后统一返给研究者，研究者根据专家的意见进行两到三次的修改，以至在专家中达成共识。

2.判断的标准：本问卷的设计框架与内容没有统一的标准，专家根据自身学识和经验对问题进行定性评价，勾选出您认为合适的答案，并给出具体整改意见。

一、大学学术不端行为问责研究的内容整体维度

①问责主体；②问责客体；③问责依据；④问责程序；⑤责任类型。

□同意；□不同意；整改意见：________________________________

二、大学学术不端行为问责内容整体维度包含的主要指标

（一）大学学术不端行为问责主体

①同体问责主体；②异体问责主体。

□同意；□不同意；整改意见：________________________________

(二)大学学术不端行为问责客体

①大学教师;②学生。

□同意;□不同意;整改意见:________________

(三)大学学术不端行为问责依据

①伦理学层面依据;②客观事实层面依据;③法律层面依据。

□同意;□不同意;整改意见:________________

(四)大学学术不端行为问责程序

①事前调查程序;②事中审查程序;③事后救济程序。

□同意;□不同意;整改意见:________________

(五)大学学术不端行为责任承担

①道德责任;②法律责任。

□同意;□不同意;整改意见:________________

三、大学学术不端行为问责内容整体维度包含的次级指标

划定完大学学术不端行为问责内容主要指标后,仍需对主要指标包含的要素进行划分。由于指标较多,将其分为有效指标、参考指标、无效指标进行三轮专家咨询。

如果您认为下表中次级指标下的某条目应该作为对应的一级指标的主要表现或特征,请在其后的“必要指标”一栏划“√”;

如果您认为次级指标下的某条目可以作为对应的一级指标下的参考表现或特征,就在其后的“参考指标”一栏划“√”;

如果您认为表中次级指标下的某条目不应该作为对应的一级指标下的主要表现或特征,就在其后的“无效指标”一栏划“√”。

修改意见的填写。请您主要对各个次级指标提出修改意见,也可以对一级指标本身提出修改意见,并填写在“修改意见”一栏。

1.次级指标专家咨询问卷(第一轮)

维度	一级指标	次级指标	必要指标	参考指标	无效指标	修改意见
问责主体	同体问责主体	学位委员会				
		学术委员会				
		学生处				
		教务处				
		研究生院				
		人事处				
		学术(学会)组织				
	异体问责主体	第三方学术评价机构				
		用人单位				
问责客体	教师	在职教师				
		兼职教师				
	学生	硕士生				
		博士生				
	相关单位	高校内机构				
		以高校名义的从事活动校外机构				
问责依据	伦理学依据	功利论				
		道义论				
	事实依据	因果关系				
		行为事实				
	法律依据	法律				
		行政法规				
		部门规章				
		规范性文件				

续表

维度	一级指标	次级指标	必要指标	参考指标	无效指标	修改意见
问责程序	事前调查程序	事前通知				
		初步调查				
		启动告知程序				
	事中审查程序	正式调查				
		说明事由				
		听取当事人陈述与申辩				
		举行听证				
		做出处分决定				
	事后救济程序	送达处分通知				
		事后评估				
		告知救济程序				
责任类型	道德责任	批评教育				
		道德谴责				
	法律责任	民事责任				
		刑事责任				
		行政责任				
		纪律责任				

2.次级指标专家咨询问卷(第二轮)

维度	一级指标	次级指标	必要指标	参考指标	无效指标	修改意见
问责主体	同体问责主体	学位委员会				
		学术委员会				
		研究生院				
		人事处				
		学会(学术)组织				
		制度制定者				
	异体问责主体	第三方学术评价机构				
		用人单位				
问责客体	教师	在职教师				
		兼职教师				
	学生	本科生				
		硕士生				
		博士生				
	相关单位	高校内机构				
		以高校名义的从事活动校外机构				
问责依据	伦理学依据	功利论				
		道义论				
	事实依据	因果关系				
		行为事实				
	法律依据	法律				
		行政法规				
		部门规章				
		规范性文件				

续表

维度	一级指标	次级指标	必要指标	参考指标	无效指标	修改意见
问责程序	事前调查程序	事前通知				
		初步调查				
		启动告知程序				
	事中审查程序	正式调查				
		说明事由				
		听取当事人陈述与申辩				
		举行听证				
		做出处分决定				
	事后救济程序	送达处分通知				
		事后评估				
		告知救济程序				
责任类型	道德责任	批评教育				
		道德谴责				
	法律责任	民事责任				
		刑事责任				
		行政责任				
		纪律责任				

3.次级指标专家咨询问卷(第三轮)

维度	一级指标	次级指标	必要指标	参考指标	无效指标	修改意见
问责主体	同体问责主体	学位委员会				
		学术委员会				
		研究生院				
		人事处				
		学会(学术)组织				
		制度制定者				
	异体问责主体	第三方学术评价机构				
		用人单位				

续表

维度	一级指标	次级指标	必要指标	参考指标	无效指标	修改意见
问责客体	教师	在职教师				
		兼职教师				
	学生	硕士生				
		博士生				
	相关单位	高校内机构				
		以高校名义的从事活动校外机构				
问责依据	伦理学依据	功利论				
		道义论				
	事实依据	因果关系				
		行为事实				
	法律依据	法律				
		行政法规				
		部门规章				
		规范性文件				
问责程序	事前调查程序	事前通知				
		初步调查				
		启动告知程序				
	事中审查程序	正式调查				
		说明事由				
		听取当事人陈述与申辩				
		举行听证				
		做出处分决定				
	事后救济程序	送达处分通知				
		事后评估				
		告知救济程序				
责任类型	道德责任	批评教育				
		道德谴责				
	法律责任	民事责任				
		刑事责任				
		行政责任				

附录五 大学学术不端行为问责现状调查研究之专家征询问卷

尊敬的专家：

您好！

我是陕西师范大学教育学院青年教师陈亮，正在进行有关“学术不端行为问责现状调查”的研究。恳请您抽出一点宝贵时间帮助我完成问卷。本问卷采取匿名方式，研究结果仅用于科学研究。请您依据自己的看法填写，谢谢您的支持与合作！

问卷填写说明：

1.一级指标的阐释。本问卷所提供的一级指标是在文献梳理的基础上提炼而成的。

2.二级指标等的评议。

如果您认为下表中二级指标下的某条目应该作为对应的一级指标的主要表现或特征，请在其后的“必要指标”一栏划“√”；

如果您认为二级指标下的某条目可以作为对应的一级指标下的参考表现或特征，就在其后的“参考指标”一栏划“√”；

如果您认为表中二级指标下的某条目不应该作为对应的一级指标下的主要表现或特征，就在其后的“无效指标”一栏划“√”。

3.修改意见的填写。请您主要对各个二级指标提出修改意见，也可以对一级指标本身提出修改意见，并填写在“修改意见”一栏。

学术不端行为问责现状调查研究之专家征询问卷(第一轮)

<table>
<tr><td rowspan="11">大学学术不端行为问责现状</td><th>一级指标</th><th>二级指标</th><th>必要指标</th><th>参考指标</th><th>无效指标</th><th>修改意见</th></tr>
<tr><td rowspan="5">学术不端行为问责主体现状</td><td>机构的明确性</td><td></td><td></td><td></td><td rowspan="10"></td></tr>
<tr><td>效用发挥性</td><td></td><td></td><td></td></tr>
<tr><td>权力的集中性</td><td></td><td></td><td></td></tr>
<tr><td>主体间互动性</td><td></td><td></td><td></td></tr>
<tr><td>主体可靠性</td><td></td><td></td><td></td></tr>
<tr><td rowspan="5">学术不端行为问责客体现状</td><td>全面性</td><td></td><td></td><td></td></tr>
<tr><td>明确性</td><td></td><td></td><td></td></tr>
<tr><td>能动性</td><td></td><td></td><td></td></tr>
<tr><td>完整性</td><td></td><td></td><td></td></tr>
<tr><td>配合度</td><td></td><td></td><td></td></tr>
</table>

续表

大学学术不端行为问责现状	学术不端行为问责程序现状	原则明确性				
		透明性				
		民主参与性				
		公平性				
		完整性				
	学术不端行为责任类型现状	责任追究类型多样性				
		责任并罚性				
		责任层次性				
		责任完整性				
		责任明确性				

大学学术不端行为问责现状调查研究之专家征询问卷(第二轮)

	一级指标	二级指标	必要指标	参考指标	无效指标	修改意见
大学学术不端行为问责现状	学术不端行为问责主体现状	机构的明确性				
		效用发挥性				
		权力的集中性				
		主体间互动性				
	学术不端行为问责客体现状	全面性				
		明确性				
		能动性				
		完整性				
	学术不端行为问责程序现状	原则明确性				
		透明性				
		民主参与性				
		完整性				
	学术不端行为责任类型现状	责任追究类型多样性				
		责任并罚性				
		责任层次性				
		责任完整性				

学术不端行为问责现状调查研究之专家征询问卷（第三轮）

	一级指标	二级指标	必要指标	参考指标	无效指标	修改意见
大学学术不端行为问责现状	学术不端行为问责主体现状	机构的明确性				
		效用发挥性				
		权力的集中性				
		主体间互动性				
	学术不端行为问责客体现状	全面性				
		明确性				
		能动性				
	学术不端行为问责程序现状	原则明确性				
		透明性				
		民主参与性				
		完整性				
	学术不端行为责任类型现状	责任追究类型多样性				
		责任并罚性				
		责任层次性				
		责任完整性				

后　记

时光荏苒，岁月如梭。经过六年的学术洗礼，论著终稿在认同赞许与批判质疑共存中画上了休止符。本书是我在博士论文的基础上修改完善而成的，后期的反复打磨与润色凝结着我对论题的不断理解和思考。

博士论文写作是一次能力与心志的修炼。在论文开题之前就期盼这一刻的到来，然而从最初的欣喜与憧憬，到中途的困惑与不安，再到后期的惶恐与紧迫，心中却充满了难以言说的滋味。在整个过程中，我经常纠结于自己的论文够不够成熟、足不足以问世这样的问题。纠结的同时，自己身上的学术使命感也与日俱增，大脑中无时无刻不在思考一个问题，即作为新世纪的学术人，我们如何才能假自己所学之长更好地为教育服务，为教育现代化事业的发展尽一份微薄之力。学术探究的领域是一个万花筒，需要深入研究的问题还有很多，作为新一代青年学者的我们不仅需要澄清"是什么"的问题，还需要我们时刻秉承问题背后"为何是"以及"何以是"的深层思考。这或许就是"学术无止境""学然后知不足"的学术诠释，或许应该成为我们每一位学者步入学术场域探究学术奥秘的良好"惯习"。我深知，本书离最初的理想期待尚存一定的差距，但如果本研究能够在某一视角为我国大学学术不端行为问责研究提供借鉴与启示，哪怕只有一点点，于愿足矣。

本书是我对学术领域中的学术不端行为问责的具体问题进行聚焦研究的一个总结与反思。回首三年的博士求学之路以及修改书稿的整个阶段，我感慨万千、激动不已。做学问不仅仅需要毅力、定力与执行力，更需要一份感恩之心。正是因为感恩，人才能在不断反思中获得成长；正是因为感恩，人才能以平静之心面对繁华浮躁的外在诱惑;正是因为感恩,人才能以豁达之心赏识他人,进而看到自己的不足。我感恩于在学术成长道路上给予我帮助与鼓励的所有人,正是有了你们的助力,才成就了今天的我;正是因为有了你们的鼓励,我才有勇气选择挑战;正是因为有了你们的支持,我才有动力在艰难中选择坚持与宁静。

每当翻看书稿时,我就回味起学术与生活的味道,回想起近年来生活变迁、身份转变等场景。这些无疑是在人生班车上看到的美丽景色,值得感恩。我要感谢我的母校西南大学,感谢恩师陈恩伦先生、师母张文娟女士、博士后合作导师陈鹏先生多年来对我的关心与帮助;感谢陕西师范大学的领导、老师和同事们的关照与支持;感谢家人的陪伴与付出,感谢妻子廖婧茜女士对我的支持,默默承担了很多家务;感谢《教育发展研究》《现代大学教育》《高校教育管理》《江苏高教》《学位与研究生教育》《吉首大学学报(社会科学版)》《内蒙古社会科学(汉文版)》《高教发展与评估》等杂志刊发本书的相关学术研究成果;感谢学界同仁们的关心与帮助。

本书的出版得益于教育部人文社会科学研究青年基金项目(项目批准号:20YJC880004)资助以及西南大学党委宣传部副部长,西南师范大学出版社与期刊社党委书记杨毅、西南师范大学出版社总编辑李远毅以及责任编辑翟腾飞的热情帮助与大力支持,对上述人员表示衷心的谢意。

限于本人学识和时间所限,书中定有欠妥之处,敬请各位读者批评指正。

陈亮

2020年11月4日于西安曲江